2012年度国家社会科学基金项目：美国关于恐怖主义的话语策略研究（2001—2011）（批准号：12BYY129）

光明社科文库
GUANGMING DAILY PRESS:
A SOCIAL SCIENCE SERIES

·政治与哲学书系·

美国反恐话语批评研究

高 航 | 著

光明日报出版社

图书在版编目（CIP）数据

美国反恐话语批评研究 / 高航著. -- 北京：光明日报出版社，2022.10
ISBN 978-7-5194-6845-3

Ⅰ.①美… Ⅱ.①高… Ⅲ.①反恐怖活动—话语语言学—研究—美国 Ⅳ.①D771.288②H31

中国国家版本馆 CIP 数据核字（2023）第 010362 号

美国反恐话语批评研究
MEIGUO FANKONG HUAYU PIPING YANJIU

著　　者：高　航	
责任编辑：梁永春	责任校对：张慧芳
封面设计：中联华文	责任印制：曹　净

出版发行：光明日报出版社
地　　址：北京市西城区永安路 106 号，100050
电　　话：010-63169890（咨询），010-63131930（邮购）
传　　真：010-63131930
网　　址：http://book.gmw.cn
E - mail：gmrbcbs@gmw.cn
法律顾问：北京市兰台律师事务所龚柳方律师
印　　刷：三河市华东印刷有限公司
装　　订：三河市华东印刷有限公司
本书如有破损、缺页、装订错误，请与本社联系调换，电话：010-63131930

开　　本：170mm×240mm	
字　　数：332 千字	印　　张：18.5
版　　次：2023 年 5 月第 1 版	印　　次：2023 年 5 月第 1 次印刷
书　　号：ISBN 978-7-5194-6845-3	
定　　价：99.00 元	

版权所有　　翻印必究

道者,令民与上同意,可与之死,可与之生,而不畏危也。
——春秋·孙武《孙子兵法·计篇》

战国时有说齐王曰:"凡伐国之道,攻心为上,攻城为下;心胜为上,兵胜为下。是故,圣人之伐国攻敌也,务在先服其心。"
——唐·赵蕤《长短经·攻心五四》

Words—so innocent and powerless as they are, as standing in a dictionary, how potent for good and evil they become in the hands of one who knows how to combine them.

(词语在词典里时显得那么简单无力,但是在那些懂得如何把词语组合起来的人手中,它们变得多么强大,既可以行善,也可以作恶。)

——霍桑(Nathaniel Hawthorne), The American Notebooks

The historian A. J. P. Taylor wrote that in 19th century Europe, the mark of a great power was the ability to prevail in war, but as John Arquilla notes, in today's global information age, victory may sometimes depend not on whose army wins, but on whose story wins.

(历史学家A. J. P. 泰勒曾写到,在19世纪的欧洲,大国的标志是能够在战争中取得胜利,但是正如约翰·阿奎拉指出的那样,在今天的全球信息时代,胜利可能有时候不取决于哪个国家的军队能够获胜,而是取决于哪个国家讲的故事能够赢得对方。)

——约瑟夫·奈(Joseph S. Nye), The Information Revolution and Soft Power

序

上海师范大学外国语学院的高航教授告诉我，他的国家社科基金项目"美国关于恐怖主义的话语策略研究（2001—2011）"的结项成果（结项等级为优秀）准备付梓，希望我能写一个序，我欣然同意。

这部著作以批评话语分析理论为基本框架，系统深入考察了"9·11"事件之后美国政府和媒体在塑造美国的正面形象和建构其反恐话语中所采取的各种话语策略。作者从语言对思维的影响开始，通过生动的案例分析向读者展示了"话语的力量"，以及语言符号及其使用如何被商品化和市场化，美国政府和社会如何从符号竞争走向符号战争："美国政府为了追求霸权，把反恐斗争建构为一场战争"，并"将其塑造为正义战争"，"一场美国为了所谓文明世界的生存而进行的战争"。美国政府借助主流媒体生产反恐话语，通过各种话语策略，"把政府关于恐怖主义的意识形态制造为美国社会的共识，从而使反恐战争顺利进行"，不仅达到了其地缘政治目的，也收获了巨大的经济利益。

读高航教授这部专著处处都给人一种厚重坚实的立体感，这首先体现在其研究的理论基础和分析视角上。著名的批评话语分析学者 Van Dijk 强调研究理论和方法上的跨学科性，呼吁批评话语分析兼容并蓄，采纳不同学科的各种相关理论和方法，以便更好地揭示语言、权力和意识形态的关系。在作者所采用的批评话语分析的理论框架中融会了社会符号学、认知语言学、传播学、民俗学和社会心理学等多种理论和视角，尤其是他对认知语言学中一些重要理论和概念的应用再次表明了认知研究领域的理论、方法和成果对批评话语分析的重要性。其次，这种立体感也体现在对重要的理论概念，如话语、权力、意识形态、恐怖主义、范畴化、概念隐喻等的阐释上。作者通过大量的文献梳理和对比，上下求索、旁征博引，在深入细致考察的基础上给出自己的理解和界定。再次，作者对每个问题或案例的分析都基本遵循了 Fairclough 提出的批评话语分析三维框架和 Wodak 的话语历史方法，不仅有语言层面的分析，更有基于语言/语篇分析的结合具体社会、文化和历史语境的解读和解释。最后，我在阅读中能够深刻感受到作者动态辩证地看问题的态度，仅举几例："每个隐喻的选择都是对现实的反映和偏离。""概念隐喻把复杂的自然现象和社会现象简化为人们熟悉的事物，使其变得清晰。同时，它所提供的理解表面上是客观中立的，但实际上是有偏见的，反映了特定的视角和意识形态。""尽管语言是规约性的，在个体的控制之外，但也是可以塑造的……框架化的过程把社会现实的某些方面进行策略性的配置和重复……由此决定公众是否注意到一个特定问题，如何理解和记忆该问题，以及如何对其做出评价和反应。"这些例子都在说明一个道理：语言和意识形态之间并无固定的对应关系，话语和社会是相互作用、动态塑造的。

我个人很赞成作者表达的两个观点。一是反恐话语在各种实体的范畴化中广泛使用了二元对立的范畴，把美国所认为的恐怖组织的威胁无限夸大，使公众产生恐惧，其结果就是有效简化了恐怖主义这一复杂的社会现象，掩盖了其背后复杂的原因和真相，并在很大程度上压制了其他话语，有效实现了对舆论的操纵，使公众几乎注意不到还存在对美国一再发起的反恐战争的各种质疑和反对意见。二是美国政府和媒体在反恐话语中说服公众依靠的不是事实和证据，而是诉诸情感和心理，其反恐话语充满了谬误。然而，事实证明它们合谋建构的这种反恐话语对公众具有强大的说服作用；这说明，话语的力量往往不在于准确说明事实，或提出有力的证据。这一点对我们今天理解美国政府、政客和媒体在全球抗击新冠疫情中对国际国内舆论的各种操作和操弄及其后果具有很好的启发意义和参考价值。

辛斌
南京师范大学
2021年4月6日

前 言

本书的研究对象是美国"9·11"事件后在其发动的所谓反恐战争中采取的话语策略，试图从语言学视角揭示美国政府和媒体如何塑造美国的正面形象，建构对手的负面形象，动员国内民众和国际社会对其反恐战争的支持。通过考察美国在恐怖主义问题上的话语策略，能够更深入地理解美国是怎样在关于恐怖主义的国际话语体系中占据主导地位的。

本书倡导语言学走出象牙塔的思路，把语言分析与现实问题结合起来，因此聚焦美国反恐战争中的话语策略。目前，以美国为首的西方国家在国际话语体系中居于霸权地位，主导国际事务的发展方向。同时，它们对以中国为代表的发展中国家不断实施意识形态的渗透，对发展中国家的现代化进程造成很大干扰。美国之所以拥有强大的国际话语权不仅仅是因为其强大的科技、经济和军事实力，而且是因为其有效的话语策略。

本书的主要内容是在批评话语分析的框架内考察美国在反恐战争中使用的话语策略，包括以下四个方面。

第一，在评述马克思主义关于语言、权力与意识形态的关系理论的基础上，通过案例分析论证了话语策略在国际政治中的重要作用。这些论证表明，话语权力已成为影响国际政治的重要因素。

第二，在详细回顾批评话语分析的起源、发展、目标及方法论的基础上，论证了该学科开放的思路和方法论的多样性。对各种分析工具做了比较全面的描述，并在研究中遵循面向问题的原则，根据研究问题和语料选择合适的分析工具。

第三，对恐怖主义的概念进行了全面的探讨。评述了学术界、政府和国际组织等关于恐怖主义的定义，论证恐怖主义的界定不仅是一个法律问题，而且是一个政治问题。国际社会很难达成共识，但可以采取操作性定义，因此并不妨碍对具体的恐怖主义行为进行打击。在没有普遍界定的情况下，居于霸权地位的国家更容易将其关于恐怖主义的定义强加于其他国家。

第四，以美国政治领导人的演讲和主流媒体的新闻报道构成的反恐话语为语料，分析了美国在反恐战争中使用的主要话语策略。这些策略包括范畴化、概念隐喻、概念转喻、委婉语和冒犯语、正面框架和负面框架、政治漫画等。这些话语策略不仅体现在文本层面，更重要的是依赖于美国公众集体记忆深层的民族认同和民族神话。此外，本书论证了反恐话语的生产和传播依赖于媒体，美国主流媒体背离了其倡导的所谓客观公正的原则，帮助美国政府操纵公众舆论。

本书的研究成果能够指导话语实践。通过对美国反恐话语进行批判性分析，能够使我们识别其操纵舆论的方法和手段，同时有针对性地采取策略提升我国在国际事务中的话语权。成果还能够应用于国际政治、新闻学、传播学和外语等专业的教学中，有助于培养学生的思辨能力，使学生在阅读外语文本时有更敏锐的批判意识，并在跨文化交际中注意不同立场的识别与评价。

目 录
CONTENTS

绪 论 …………………………………………………………… 1

第一章 话语的力量 …………………………………………… 11
第一节 语言对思维的影响 ………………………………… 11
第二节 话语、权力与意识形态 …………………………… 13
第三节 案例分析 …………………………………………… 18
第四节 从符号竞争到符号战争 …………………………… 21
第五节 小 结 ……………………………………………… 25

第二章 批评话语分析 ………………………………………… 26
第一节 理论背景 …………………………………………… 26
第二节 批评话语分析的产生 ……………………………… 32
第三节 主要原则与目标 …………………………………… 39
第四节 四种主要思路 ……………………………………… 42
第五节 概念工具 …………………………………………… 49
第六节 小 结 ……………………………………………… 54

第三章 恐怖主义概念的界定 ………………………………… 56
第一节 辞典及百科全书中的定义 ………………………… 57
第二节 学术界的定义 ……………………………………… 59
第三节 官方定义 …………………………………………… 62
第四节 小 结 ……………………………………………… 70

第四章 范畴化 ·· 72
   第一节 范畴与范畴化的概念 ··· 72
   第二节 范畴化与意识形态 ·· 74
   第三节 反恐话语中的二元对立 ·· 81
   第四节 小 结 ·· 91

第五章 概念隐喻 ·· 92
   第一节 概念隐喻理论 ·· 92
   第二节 概念隐喻与意识形态 ··· 96
   第三节 反恐话语中的概念隐喻 ··· 101
   第四节 小 结 ··· 123

第六章 概念转喻 ··· 125
   第一节 概念转喻的认知基础 ··· 125
   第二节 概念转喻与意识形态 ··· 127
   第三节 宏观层面的概念转喻 ··· 128
   第四节 微观层面的概念转喻 ··· 138
   第五节 小 结 ··· 147

第七章 委婉语与冒犯语 ·· 148
   第一节 委婉语与冒犯语的概念 ·· 148
   第二节 反恐话语中的委婉语 ··· 151
   第三节 反恐话语中的冒犯语 ··· 157
   第四节 结 语 ··· 166

第八章 框架分析 ··· 167
   第一节 框架的概念 ··· 167
   第二节 框架与意识形态 ··· 171
   第三节 反恐话语中的几个主要框架 ·································· 172
   第四节 小 结 ··· 186

第九章 政治漫画 ············ **187**
- 第一节 多模态研究 ············ **187**
- 第二节 关于"9·11"事件和阿富汗战争的漫画 ············ **191**
- 第三节 关于拉登被刺杀事件的漫画 ············ **200**
- 第四节 小 结 ············ **214**

第十章 民族认同与民族神话 ············ **215**
- 第一节 民族认同与民族神话的概念 ············ **215**
- 第二节 美国的民族认同与民族神话 ············ **218**
- 第三节 反恐话语中的民族认同与民族神话 ············ **223**
- 第四节 小 结 ············ **238**

第十一章 美国主流媒体与政府的合谋 ············ **239**
- 第一节 文本的生产、传播与消费 ············ **239**
- 第二节 消息来源 ············ **241**
- 第三节 战争支持者作为主要消息来源 ············ **246**
- 第四节 美国主流媒体关于恐怖主义报道的偏向、错误和夸大 ············ **250**
- 第五节 小 结 ············ **252**

结 语 ············ **253**

参考文献 ············ **259**

后 记 ············ **281**

绪 论

作为现代国际政治中的一个热点议题，恐怖主义一直是各国政府和国际组织关注的问题，同时又是一个存在很大争议的问题。不同国家都从自己的利益出发对恐怖主义做出界定，并制定各种法律和措施打击恐怖主义。1991年冷战结束以后，两个超级大国对立的局面消失，世界许多热点地区出现了权力真空。同时，非国家行为体（non-state actor）的影响力上升。这些都在很大程度上导致了恐怖主义的兴起。人类社会进入21世纪后，"9·11"事件的爆发更是彻底改变了国际政治的走向。美国进入了长期的所谓"反恐战争"（War on Terror）时期。①

美国在反恐战争中不仅充分发挥其强大的军事和经济实力，而且十分重视占据道义高地。本研究的重点是美国围绕战争所编织的反恐话语，试图揭示其使用的各种话语策略。这些策略对于动员国内和国际社会的支持，孤立其对手起到了重要作用。

一、研究背景

2001年美国东部时间9月11日上午（北京时间9月11日晚），位于纽约的世界贸易中心和位于华盛顿的美国国防部所在的五角大楼受到被劫持的客机撞击，造成世界贸易中心被摧毁和五角大楼的一角被撞毁，造成重大人员伤亡和财产损失。该袭击事件被称为"9·11"事件。事件发生的当天晚上，时任美国总统的小布什（George W. Bush）宣布美国受到了恐怖袭击，美国政府和军方将

---

① 这里提到的"反恐战争"的说法之所以加上引号，是为了表明这里采用的是美国官方的说法，并不表示这样的说法是被普遍接受的。事实上，美国在恐怖主义问题上一直采取双重标准，以反恐的名义干预一些国家的内政，以维护美国的地缘利益和霸权地位。因此，反恐是其国家政策向外延伸的一个重要支柱。下文为了行文方便，不再使用引号。

对恐怖主义宣战。① 随后，美国在国内采取了一系列措施加强安全，并于10月7日以反恐名义发动了阿富汗战争，两年以后又发动了伊拉克战争。

"9·11"事件彻底改变了美国政府的外交、军事和安全的重点，反恐战争成为其首要任务。恐怖主义不仅是政府和公众注意力的焦点，而且是不同学科的研究者关注的热点问题。普通民众对恐怖主义的威胁感到恐惧，而学术界则试图揭示恐怖主义的本质、根源和手段。哲学、历史学、心理学、政治学等多个学科都在探索这一复杂的社会政治现象，语言学家也不例外。美国在反恐战争中不仅采取政治、经济制裁及军事打击，而且采取各种手段动员国内外的舆论力量，以最大限度地争取盟国、友好国家及其他国家的支持，孤立其所谓的恐怖主义组织。因此，这场战争同时是一场心理、舆论和法律等领域的较量。本书把话语（discourse）作为最重要的分析对象，试图通过对反恐话语的考察揭示美国政府及媒体在反恐战争中使用的话语策略（discourse strategies），阐明美国是怎样操纵国内外舆论以使其发动的战争得到民意支持的。

二、研究对象与目的

本书的研究对象是美国在"9·11"事件后关于恐怖主义的话语策略，试图从语言学视角揭示美国政府和媒体如何塑造美国的正面形象，同时建构恐怖主义的负面形象，动员国内民众和国际社会对反恐战争的支持。通过考察美国在恐怖主义问题上的话语策略，我们能够更深入地理解美国是怎样在关于恐怖主义的国际话语体系中占据主导地位的。这一研究能够为我们理解美国在整个国际话语体系中的霸权地位提供重要启示。

1991年冷战结束以来的国际体系中，美国不仅在经济和军事实力方面占据绝对优势，而且在话语领域占据霸权地位。按照美国学者约瑟夫·奈（Joseph S. Nye）的观点，前者是硬实力（hard power），而后者是软实力（soft power）。奈认为，国际事务中像美国这样的大国相对于其他国家有更大的权力，即影响他国以获得自己希望的结果的能力。权力的运用可以采取威胁恐吓的手段，也可以采取奖赏的柔性手段，而软实力的本质在于不使用以上两种手段的情况下，劝诱对方达到自己想达到的目的。奈认为，国际竞争中，胜利不仅仅取决于哪

---

① 美国第43任总统（George Walker Bush）与其父亲Geroge Herbert Walker Bush（曾任美国第41任总统）同名。前者被称为小布什（George Bush Junior），后者被称为老布什（George Bush Senior）。为了行文方便，下面在不引起混淆的情况下，我们使用"小布什"或"布什"的说法，均指美国第43任总统布什。在提到第41任总统的情况下，使用"老布什"的说法。老布什已于2018年11月30日去世。

个国家使用军事力量战胜对方，而且取决于哪个国家的话语能够赢得人心（Nye，2014）。因此，美国在"9·11"事件之后的反恐战争中，一方面运用强大的军事实力发动了两场局部战争，一方面运用其在国际政治领域的话语霸权地位，动员国内民众及其他国家的支持。以往军事领域的研究不可胜数，但话语领域的研究相对较少，并且缺乏系统性。因此，有必要对美国关于恐怖主义的话语策略进行考察，剖析其中的意识形态，这对认识其反恐战争的本质和对国际舆论的操纵策略有重要价值。

三、研究意义

话语权不是行为主体发出语言的权力，而是话语的影响力。行为主体通过话语对议程设置及其结果进行影响和控制，从而实现既定意图。话语权不限于国内，而且延伸到国际政治领域。话语权成了政治权力的一种越来越突出的表现方式，国际政治甚至在一定程度上成了话语权政治。国际政治中存在政府组织、非政府组织及广大民众等众多行为体，话语权所涉及的领域包括政治、经济、文化、传媒、军事等。国际话语权是国家间的权力关系的反映，同时对这种权力关系有建构作用。国际话语权是对国际事务、国际事件（如是否把"9·11"事件定性为恐怖袭击）的定义权，对各类国际标准和游戏规则的制定权，对国际事务的评议权、裁判权，以及国际议程的设定权（邹应猛，2010）。在国际话语体系中居于主导地位的国家能够以对自己有利的方式定义国际事务，制定国际游戏规则，并对国际事务做出解释和评判，从而占据道义高地。

作为一种影响力，话语权是国家权力的组成部分。其获得方式不是通过传统的军事实力征服，而是通过对其他国家的话语影响力，在国际组织中的规则制定、议程设置等方式。中国是大部分国际组织的成员国，积极参与国际事务，但在议题设置和规则制定方面能力有限，对国际事务的定义和评判上影响力不大，不断困扰于西方国家提出的所谓"中国威胁论""中国责任论"、民主、人权等问题。中国的国内生产总值居世界第二位，仅次于美国，但在国际话语体系中仍然居于弱势地位。这使得中国的现代化进程受到很大干扰，在很多情况下维护国家利益时处于不利地位。

在国际话语体系中居于优势地位的国家在国际事务中有更大的自主性，能够更好地维护本国的利益。目前，以美国为首的西方国家在国际话语体系中居于霸权地位，主导国际事务的发展方向。同时，它们对以中国为首的发展中国家不断实施意识形态的渗透，这在很大程度上对中国的发展造成困扰。西方国家不仅在价值观和意识形态上处于强势地位，而且在政治、经济、文化等各领域的话语同样占据主导地位。

国际话语权的大小与国家实力之间不是简单的对应关系。美国拥有强大的国际话语权不仅仅因其实力强大，而且因为其有效的话语策略。一方面，美国不断宣扬体现其价值观和意识形态的自由、民主、平等、人权、法治等概念，在不同时机和场合下的话语有很强的逻辑性和一致性，说服力较强。另一方面，美国不断创造新的理论、概念和视角，引导其他国家，从而使话语转化为权力。冷战后国际主流话语中源自美国的理论和概念层出不穷，包括历史终结论、文明冲突论、民主和平论、霸权稳定论、民主化第三波等理论，以及软实力、权力转移、无核武器世界等概念。

在恐怖主义问题上，以美国为首的西方国家从自身利益出发做出定义，并把一些威胁或损害其国家利益的机构界定为恐怖主义组织。而这些定义不一定得到国际社会的普遍认同。但是，美国凭借强大的话语权，以恐怖主义问题为中心编织了一个强大的反恐话语体系。这一体系既包括政府及其领导人的话语，也包括其主流媒体的话语。其反恐话语不仅在美国国内有强大的影响力，而且借助其在国际话语中的霸权地位，广为传播，在塑造国际社会关于恐怖主义的观念方面起到了重要作用。从语言学视角研究反恐话语能够揭示美国所使用的话语策略，对于反恐战争的本质有更加深刻的理解，并对我国增强国际话语权的努力有重要启示。

四、国内外的主要研究状况

恐怖主义属于复杂的社会政治概念，很难进行客观的界定。国际社会中，不同国家按照各自的利益对恐怖主义提出不同的定义，以此为媒体和公众对这些概念的理解提供框架。目前，国内从语言学视角对美国关于恐怖主义的话语策略进行的研究比较少见。范可（2003）对反恐话语中常用的象征和概念进行解析，提出西方媒体长期以来一直在妖魔化伊斯兰教和穆斯林。林宝珠（2009）从认知视角探讨了政治演讲者如何运用隐喻的框架化功能、情感移就功能和凝聚功能来表达特定的政治观点，操纵其意识形态。郜丽娜等（2010）运用批评隐喻分析（Critical Metaphor Analysis）方法对小布什在伊拉克战争前的演讲进行了考察，发现小布什通过隐喻性话语把萨达姆政权塑造为邪恶、残暴和不合法的形象，为发动伊拉克战争的必要性和合法性提供根据。王磊（2009）以小布什的反恐话语为研究对象，笔者认为小布什的反恐话语遵循宗教、民主和保守三个规范，这些规范基于美国社会的文化价值观念。通过媒体的作用，小布什的反恐话语对美国民众关于恐怖主义根源和恐怖主义身份的认知产生深刻影响，从而对其向外发动战争提供支持。

"9·11"事件之前,国外关于恐怖主义的研究主要集中在国际政治学界和法学界,但远远没有达到后来的重要地位。"9·11"事件后,恐怖主义成为众多研究者关注的重心。据英国东伦敦大学的学者西尔克(Andrew Silke)估计,可能90%的关于恐怖主义研究的文献都产生于"9·11"事件后,以英语撰写的关于恐怖主义的书籍每6小时就有一本出版(Silke, 2014)。而关于恐怖主义的学术论文增长了300%(Jackson, 2006)。许多大学开设了关于恐怖主义的研究生课程,并设立专门的恐怖主义研究中心。美国、英国和欧盟对恐怖主义研究的经费支持大幅增加。恐怖主义研究的主要视角包括国际政治、法学、心理学、社会学和人类学。这些研究数量巨大,无法赘述。我们在本书中更关注的是语言学视角的研究。[①]

在语言学领域,关于恐怖主义的研究有两个大的方向。一个方向是从批评性的视角分析与恐怖主义有关的话语。例如,Jackson(2006)考察了关于美国在反恐战争中的虐囚行为的几种解释。笔者运用批评话语分析的方法分析了美国政府的公共话语,认为美国政府创造的一个强大的精英话语体系对作为对手的恐怖分子进行非人化和妖魔化,从而使得对恐怖主义疑犯进行虐待显得十分正常。Hodges & Nilep(2007)主编的《话语、战争与恐怖主义》(*Discourse, War and Terrorism*)体现了恐怖主义研究中对话语分析的重视。该书中收录的文章代表了各种批评性语言研究的视角,包括社会文化语言学、交际、媒体、文化和政治研究。这些文章考察了美国和世界各国如何通过反恐话语建构各种身份,塑造各种意识形态,形成共识。内容涉及对手是如何被定义和识别的,政治领导人和民众有什么样的反应,不同社会的成员如何理解自己在恐怖主义问题上的立场。

Bhatia(2009)认为,像恐怖主义这样的概念无法得到客观的定义,在国际社会中处于强势地位的国家根据自己各自的利益和议题,在描述各种社会和政治情况时使用模糊的和隐喻性的表述,由此塑造媒体和公众的认识。通过对政治话语和媒体话语的批评性分析,尤其是反恐话语的分析,可以对公众领域中的这些话语策略进行解构。Cameron(2010)从语义和情感(affect)两方面考察了人们在讨论恐怖主义风险时所使用的隐喻。笔者根据性别、宗教(穆斯林/非穆斯林)和社会经济地位把96名英国民众分为12个小组,并进行访谈。对

[①] 我们关于语言学视角的恐怖主义研究的评述不是穷尽性的,只是列举一些有代表性的研究,以此说明本研究的定位和价值。

谈话进行转写后识别出12362个隐喻，定性和定量分析表明，普通人使用各种概念隐喻讨论恐怖主义，而不是媒体和政治话语中使用的负面隐喻。情感因素在这些隐喻中和一些非隐喻性语言中都起作用。Qian（钱毓芳，2010）从批评话语分析的视角比较了中国的《人民日报》和英国的《太阳报》在"9·11"事件后的恐怖主义报道。笔者在分析中使用语料库语言学的手段，包括词频、主题词、搭配、语境共现（concordance）、话语韵律（discourse prosody）。笔者发现，《人民日报》在恐怖主义报道上比较谨慎克制，强调国际合作，共同打击恐怖主义；而《太阳报》注重取悦于读者，并明确支持美国发动的反恐战争。

Spencer（2012）运用隐喻分析的方法考察了2001至2005年期间英国《太阳报》关于恐怖主义的报道，以此说明采取建构主义的视角理解恐怖主义和反恐问题的重要意义。笔者发现，有4类概念隐喻分别把恐怖主义建构为战争、犯罪、野蛮的邪恶、疾病。这些隐喻对反恐政策的制定产生了影响，使军事打击、法律措施或移民政策成为反恐政策的主要选项，而把谈判等其他选项排除在外。

Los Ríos & Alonso（2017）应用认知语言学的概念隐喻和转喻理论以及多模态分析方法，考察了2014至2016年《经济学人》封面关于恐怖主义和移民主题的10幅图片。笔者发现，隐喻、转喻和意象图式对于恐怖主义的描述十分重要，其中转喻的使用多于隐喻。此外，色彩是一种重要的认知工具，在所考察的图片中强化了战争的恐怖及其对人们的威胁。Vergani & Bliuc（2018）分析了"伊斯兰国"（ISIS）和"基地"组织（Al-Qaeda）出版的互联网英文杂志，发现两个组织所使用的语言有明显差别。前者中的威权主义和宗教信仰成分显著高于后者。而后续的实验研究表明，前者的宣传策略有效，这与在美国和欧洲发生的本土恐怖主义行为是一致的。

此外，还有一些关于恐怖主义问题的词典。例如，Herbst（2003）编写了《关于政治暴力的诱导性语言词典》(*A Dictionary of the Loaded Language of Political Violence*)，收录了各种与恐怖主义活动有关的诱导性词汇。其中包括描述那些从事或支持政治暴力的个体、团体或国家的词汇和与他们对立一方所使用的词汇，以及恐怖分子所使用的丑化对手、招募成员和宣扬其活动的正义性的词汇。Fred Halliday（2011）编写了《震慑：反恐战争词典》(*Shocked and Awed: A Dictionary of the War on Terror*)。该词典收录了反恐战争期间使用的重要词汇，每个表达形式都给出了定义。

另外一个方向是从计算语言学和语料库语言学的角度考察恐怖主义话语的特征，目的是能够识别出潜在的恐怖主义活动参加者。这些研究认为，伊斯兰教的一些极端派别或个体的话语在用词和主题上不同于温和派团体或个体。因此，通过定量的文本分析可以识别出极端分子或潜在的恐怖分子。例如，Pennebaker & Chung（2008）考察了58篇"基地"组织发布的音频或视频的文字稿，主要是拉登（Osama bin Laden）和扎瓦西里（Ayman al-Zawahiri）的声明。他们发现，这些声明在语言上有其明显的特征，包括高频词、搭配、代词、习惯用语、表达强烈情感的词。在内容上，它们表达的主题范围十分明确，包括解放巴勒斯坦、伊斯兰世界的团结、美国偷窃伊斯兰国家的石油等。拉登和扎瓦西里在世界各地的追随者的话语，在语言和内容上与其相似。这些话语的语气具有恐吓性、操纵性和威胁性。Smedt et al.（2018）应用自然语言处理和机器学习的技术，开发了一个自动检测在线圣战者（jihadist）仇恨言论的系统，准确率超过80%。其训练语料为2014年10月至2016年12月期间收集到的4.5万条有颠覆性的推特（Twitter）信息。笔者对其中圣战者话语的修辞进行了定性和定量分析，考察其用户网络，并简要说明了对系统进行训练的技术程序。

综观国内外对美国关于恐怖主义的话语研究，还有比较大的探索空间。首先，大部分研究以定性分析或案例分析为主，仅仅选择个别语篇进行分析，考察范围上比较狭窄。其次，研究中所使用的概念分析工具普遍集中于系统功能语言学中的个别概念，在思路上有一定的局限性，没有注意根据所分析的话语选择适当的分析工具。最后，尚未看到对美国自2001至2011年期间的反恐话语进行系统分析的研究，个别零散的研究虽然也能在一定程度上说明美国的精英阶层所使用的话语策略，但不够全面。因此，这些研究还不能够为我们提供完整的认识。

五、研究思路

本书的研究思路是从批评话语分析的视角考察美国10年反恐战争期间的精英话语，以此揭示出美国政府和媒体所使用的建构恐怖主义的话语策略。批评话语分析认为，话语受到统治（domination）结构的制约，每个话语都是在历史中产生和理解的，即在时间和空间中产生。拥有权力的群体通过其意识形态使其统治结构合法化。统治结构使社会规约保持稳定，并显得自然，即权力和意识形态在意义产生过程中的影响被掩盖，因此获得稳定的、自然的形式，被认为是既定的事实。对统治结构的反抗是通过打破稳定的话语实践形式而实现的（Fairclough & Kress, 1993）。

批评话语分析把语言看作社会实践（social practice），而口头和书面的语言使用都是社会实践的形式（Fairclough & Wodak, 1997）。把话语描写为社会实践意味着一个特定的话语事件与其所在的情境、机构和社会结构之间存在一种辩证关系：话语事件受到这些因素的塑造，并反过来塑造它们。话语不仅受到社会的制约，而且对社会有构成作用（socially constitutive），即帮助维持和再现（reproduce）社会身份和社会现状，或者在特定情况下帮助进行社会变革。①由于话语在社会中的重要地位，它与权力问题密切相关。话语实践可能产生重大的意识形态方面的影响，能够帮助产生或再现不平等的权力关系，如在不同社会阶级之间、女性与男性之间、多数种族或文化群体与少数族群或群体之间的不平等的权力关系，其手段是通过话语表征（represent）事物和对人们进行定位（Fairclough & Wodak, 1997: 258）。

目前的主要研究思路有 Fairclough（1989，1992，1995）的三维分析框架、van Dijk（1998）的社会认知分析、Wodak（2002）的话语历史分析和 Chilton（1985，1986，1988，2004，2005）的认知心理分析。系统功能语言学一直被视为批评话语分析的基础，该理论的概念和范畴被普遍应用于语篇分析。尽管不少学者强调理论和方法论的多样性，但实际上很少借鉴其他语言理论或方法论（Blommaert, 2005），尤其是 20 世纪 90 年代后成为主流语言研究范式的认知语言学。在批评话语分析的 4 位主要代表人物中，Chilton（1985，1986，1988）的研究部分汲取了认知语言学的思想。他在多篇文章中对批评话语分析和认知语言学两个学科在政治领域的研究进行了综述，并考察了隐喻映射中的选择性推理问题。Chilton 认为，国际政治中的概念隐喻是两个认知域的映射，当我们在目的域中进行推理时，受到其中的逻辑限制，迫使我们采取该认知域的视角，因此如果能够把概念隐喻强加给大众，就能诱导他们自愿地接受主流意识形态。除了 Chilton 以外，Stockwell（1999）和 Hart（2014）都主张把批评话语分析与认知语言学结合起来，并认为隐喻分析是两者重要的接触点。

认知语言学的代表人物之一 Lakoff（1996/2002）近些年来把其概念隐喻理论应用于政治话语的分析，认为人们的政治推理在很大程度上受到无意识的隐喻的影响，对语言的控制就是对思维的控制。他考察了美国政治中的概念隐喻，认为共和党与民主党的世界观体现在两个不同的概念隐喻上，即"严父"（strict father）与"慈母"（nurturing mother）。共和党的严父隐喻强调纪律与服从，而民主党的慈母隐喻强调自由与平等。

国内的批评话语分析领域研究广泛使用系统功能语言学的概念和范畴，或

---

① 本文把 reproduce 和 reproduction 译为"再生产"或"再现"，根据行文方便而使用，两者没有区别。

者由系统功能语言学派生出的评价理论，所使用的分析工具集中在分类、及物性、情态、转化这4个概念上。近年来开始有部分学者探讨从其他视角进行批评话语分析的可能性。洪艳青和张辉（2002）、张辉和江龙（2008）、张辉和张天伟（2012）主张从认知语言学角度进行意识形态分析。

我们赞同把批评话语分析看作一个开放的范式，主张根据研究对象选择恰当的概念分析工具。我们在反恐话语的考察中既使用批评话语分析中传统上使用的一些概念，同时更多地使用认知语言学中的分析工具。同时，除了文本分析以外，注重考察文本产生过程中的意识形态因素，以及文本的社会、文化和历史语境。

本书将对批评话语分析领域的研究进行梳理，在参考批评话语分析以往使用的概念和工具的基础上，更多地使用认知语言学的概念考察反恐话语中的意识形态。所使用的政治话语语料包括反恐战争期间担任第43任总统的小布什的演讲、部分政府官员和军方领导人的演讲、第44任总统奥巴马的演讲。新闻语料为《纽约时报》该期间关于恐怖主义的所有报道。而图片分析中使用的政治漫画来源于美国政治漫画家协会的网站。

六、本书的主要内容

第一章讨论话语的力量，说明为什么选择从语言学的视角考察恐怖主义问题。我们将论述中国古代学者关于话语的力量的讨论和马克思主义关于话语的认识，并结合多个案例说明话语对社会现实强大的建构作用。

第二章论述本研究使用的理论框架。我们将讨论批评话语分析应用于意识形态分析的价值和主要的分析工具。

第三章考察恐怖主义的概念。作为国际社会中最有争议的概念之一，民众、学术界和官方对恐怖主义都有自己的理解，本章将考察各种有代表性的定义，说明有关争议的背后动因。

第四章分析范畴化（categorization）的作用。范畴化取决于人们的目的，完全可以根据不同的标准把同一事物归入不同范畴。因此，范畴化总是反映特定的意识形态，并对意识形态有塑造作用。美国在反恐话语中反复使用二元对立的范畴化手段，把恐怖主义与美国及所谓的文明世界构成对立，从而建构自己一方的正面形象，而塑造对手的负面形象。

第五章讨论概念隐喻（conceptual metaphor）的作用。不同的概念隐喻凸显事物的不同方面，居于霸权地位的机构或人们把体现其意识形态的概念隐喻强加于大众，从而使他们接受主流的意识形态。美国使用概念隐喻建构恐怖主义的负面形象，唤起民众的恐惧与仇恨，从而为其在国内采取一系列侵犯公民权利和隐私的政策及在国际上采取各种霸权主义的做法赢得支持。

第六章讨论概念转喻（conceptual metonymy）的作用。概念转喻凸显事物的不同方面，从而影响人们对事物的认识。美国的反恐话语通过宏观和微观两个层面的概念转喻塑造美国公众关于恐怖主义的认识，动员他们对于反恐战争的支持。

第七章分析反恐话语中的委婉语（euphemism）与冒犯语（dysphemism）。分析表明，美国政府和媒体通过委婉语掩盖自己的政治目的，鼓舞美军和公众的士气，而冒犯语的使用能够贬低和羞辱对手，塑造其负面形象。

第八章考察框架（frame）的作用。这一章分析了反恐话语中一些主要的框架，包括正面框架和负面框架。正面框架把美国的军事行动塑造为反恐战争，把美国发动的阿富汗和伊拉克两场战争塑造为解放战争。负面框架把"基地"组织和伊拉克等对手塑造为邪恶的象征。

第九章分析政治漫画（political cartoon 或 editorial cartoon）的作用。我们考察了美国主流媒体中政治漫画作为反恐话语的重要组成部分所发挥的作用。

第十章分析美国文化中的民族认同（national identity）及与其有关的一些民族神话。这些神话在反恐话语中发挥了关键作用，并与历史上不同时期的政治话语保持连续性和一致性。因此，它们是十分有效的意识形态塑造工具。

第十一章分析反恐话语的生产和传播中，美国主流媒体与政府的合谋对塑造公众观念的重要作用。主流媒体在反恐战争中背离新闻报道的客观公正原则，成为支持美国政府发动战争的重要工具。

结语对美国政府和媒体在所谓反恐话语中使用的主要语用策略进行总结，并指出批评话语分析对于促进民众思想解放的作用。对于美国反恐话语进行批评分析的目的是把这些话语背后的意识形态清晰地暴露出来，由此使民众对美国政府的舆论操纵手段有清醒的认识，从而避免成为其侵略扩张政策的工具。

第一章

话语的力量

语言不仅反映人类的思想，而且反过来对人类的思想产生塑造作用，并进而在很大程度上影响其行为。古今中外的哲学家对此早有论述。早在春秋战国时代，孔子在《论语·子路》中就提出了正名理论，认为"名不正，则言不顺；言不顺，则事不成；事不成，则礼乐不兴；礼乐不兴，则刑罚不中；刑罚不中，则民无所措手足"。孔子的政治理论的核心思想是希望通过正名恢复奴隶制社会制度，规范不同等级的人的行为，从而使混乱的社会趋于稳定有序。孔子的思想不仅涉及语言，实际上是通过各种符号系统（包括仪式）的使用强化人们对当时等级制度的服从。

马克思主义关于语言、权力与意识形态的关系有完整、深刻的理论。我们在本章中将评述这些思想，并选择一些案例说明话语策略在国际政治中的重要作用。我们认为，话语对抗是一种符号竞争，目前以美国为首的西方国家话语体系在竞争中占据优势，对以中国为代表的发展中国家的话语体系产生了严重影响，并干扰了中国的现代化进程。符号竞争不仅在和平时期无处不在，而且战争时期除了战场上的对抗以外，符号世界同样在进行对抗。

第一节　语言对思维的影响

一、语言崇拜

人类在原始社会就已经开始了对语言的力量的崇拜。世界各地不同的原始部落中，人们都把语言视为一种神秘的力量，认为语言能够改变自然、社会和人的命运。语言崇拜体现在咒语上。原始部落中的人们患疾病时，认为疾病是妖魔鬼怪造成的，会请巫师通过特定的仪式和咒语驱除妖怪，以使患者免受疾病之苦。许多宗教中都有各种各样的咒语。例如，"唵、嘛、呢、叭、咪、吽"

是藏传佛教中尊崇的一句咒语，被称为六字真言。藏族僧俗对六字真言有一种虔诚的信仰，通过不断念诵，祈求幸福，驱除烦恼，净化心灵。他们相信真言能够帮助他们逢凶化吉，所有的愿望都能满足，不会受到疾病和其他灾难的困扰。

语言崇拜在日常生活中体现在很多方面。例如，在中国文化中，人们广泛使用同音字，希望达到趋利避害的目的。一个常见的例子是，年画中都会有鲤鱼的形象，因为"鱼"与"余"同音，而"余"表示家中富足，食物供应超过需求，会有剩余，同时表示幸福的生活会一直长久下去。又如，人们在给孩子起名时，会选择有美好寓意的字，而回避有负面意义的字。例如，像"龙、凤、阳、月"等有美好联想的字出现频次很高，而"狼、恶、黑、贱"等有负面联想意义的字不会出现，甚至它们的同音字也不会被使用。语言崇拜的另一个体现是日常生活中的禁忌语。例如，中国北方地区的人们在选择电话号码时不喜欢有"4"的号码，因为"4"在汉语中的发音近似于"死"，容易使人想到死亡。在中国沿海地区，渔民忌讳听到与"翻"发音相同的字，因为担心会带来厄运，使渔船出海时翻掉沉没。

二、语言对思维和行为的影响

尽管现代科学目前没有明确的证据说明像咒语这样的语言形式会对人们产生明显的作用，但语言对思维的影响问题历来是哲学、心理学和语言学中的研究热点。关于语言与思维关系最有影响的理论是沃尔夫假说（Whorf Hypothesis）或者称萨丕尔-沃尔夫假说（Sapir-Whorf Hypothesis）。这与美国语言学家萨丕尔（Edward Sapir）及其学生沃尔夫（Benjamin Lee Whorf）的著述相联系。萨丕尔认为，人类对世界的认识在很大程度上受到语言的制约，不同的语言表征不同的社会现实，由此决定我们所感知到的不同世界（Sapir，1921）。沃尔夫进一步提出，人类按照语言所规定的界限对自然界进行分割，不同的语言从现象世界所分割出来的范畴是不同的，因此对世界的认识是不同的。

语言学家根据他们的著述区分两种版本的沃尔夫假说。一种是极端的观点，即语言决定论（Linguistic Determinism）；另一种是温和的观点，即语言相对论（Linguistic Relativity）。语言决定论受到广泛批评，被认为是不成立的，因为如果语言完全决定思维，那么我们就无法理解自己母语之外的语言所描述的现实，不同语言之间的翻译交流就无法实现。语言相对论强调语言模式对思维方式有明显的影响，强化特定的认知风格和文化观点，进而对人们的行为产生影响。沃尔夫指出，没有人能绝对客观地描述世界，即使当他认为自己是完全客观时，其实已经偏向某些理解。所有的观察者在面对同样的物质证据时，形成的对于世界的认识并不相同，除非他们的语言背景相似或是以某种方式调整（Carroll，1956）。

目前来看，沃尔夫假说中的语言相对论有其合理之处，它所强调的语言对思维和行为的影响值得注意。这一认识在一定程度上与认知语言学的推论是一致的。按照认知语言学基于使用的模型（Usage-based Model），语言使用中存在频次效应（frequency effects），高频语言形式会固化下来（entrenched），成为人们语言知识的一部分（Taylor，2002）。根据这一思路推导，如果针对特定群体的人们使用特定的语言形式的频次足够高，就可以影响他们的思维，并进而影响其行为。此外，像沃尔夫一样，认知语言学认为所谓的客观世界并不具有独立于人类心智而存在的结构，不存在所谓绝对真理，因为真理总是相对于一个概念系统而言的。绝对真理的观点不仅是错误的，而且从社会方面和政治方面都是很危险的（高航，2003）。

第二节 话语、权力与意识形态

意识形态、价值观和信仰在阶级关系的再生产以及掩盖矛盾中的作用是无所不在的。马克思主义很早对此就有论述（Heywood，1994）。马克思认为，经济上的剥削不是资本主义的唯一驱动力量，资本主义制度的巩固还依赖于统治阶级的思想和价值观的主导地位。恩格斯指出，"虚假的意识"（false consciousness）使工人阶级无法认识到自己的被压迫地位，也就无法反抗资产阶级的压迫。列宁曾指出，资产阶级意识形态的力量十分强大，如果无产阶级没有正确的领导，他们虽然会产生提高自己物质条件的愿望，但不会产生推翻资本主义制度的愿望。一个著名的类比是，工人阶级接受从餐桌上掉下来的面包屑或者是为了使他们保持安静而分发给他们的面包屑，但想不到去要求在餐桌上有自己的合法位置。此后，马克思主义的理论家们发展出一系列关于话语、权力与意识形态关系的著述。

一、葛兰西

意大利共产党领导人葛兰西（Antonio Gramsci）在《狱中札记》（*Prisoner Notebooks*）中对马克思主义的一些命题和观点进行思考和发展，提出了一系列新的概念，包括文化霸权（cultural hegemony）[①]、制造共识（manufacture of consent）、有机知识分子（organic intellectuals）[②]、阵地战（entrenched warfare）、实践哲学（philosophy of praxis）。其中，文化霸权的概念是对马克思主义意识形态理论的完善和发展，对后来的学者产生了重大影响。它指统治阶级对社会文化进行操纵，使统治阶级的信仰、观念、价值观和道德原则成为占据主导地位的意识形态和世界观，使现有的社会、政治和经济现状成为自然的、不可避免的、似乎对每个人都有利的制度，使被统治阶级认识不到现有的社会制度只是对统治阶级有利的、人为创造的制度。葛兰西认为，资本主义国家由政治社会（political society）和市民社会（civil society）两个部分组成。前者通过暴力（force）实现统治，而后者通过获得被统治阶级的同意（consent）而实现统治。政治社会是由政府、军队和司法部门组成的强制性的国家机构，行使暴力性质的强制功能。统治者在这个领域通过暴力手段，利用军队、警察、法院、监狱等国家机器推行自己的意识形态，使被统治者屈服。市民社会则由媒体、学校、教会等非强制性的机构组成，以柔性的方式推行资产阶级意识形态，使无产阶级自觉地接受统治阶级的意识形态，从内心深处认同（Gramsci，1971）。由此无产阶级会自觉维护资产阶级统治的合法性。

葛兰西认为，一个社会集团在取得政治领导权之前，必须首先获得意识形态领导权，在取得政治领导权之后，则更要加强其意识形态领导权，这样才能有效地、持久地维护其统治。确立意识形态领导权的过程是一个统治阶级将于己有利的价值观和信仰推广到社会各阶级的过程，它不是通过强制性的暴力措施，而是依赖大多数社会成员的自愿认同实现的。葛兰西认为，在西方资本主义社会，资产阶级的统治主要不是靠政治社会，而是靠市民社会通过意识形态说服教育的方式来维持的。

二、阿尔都塞

马克思把国家（state）界定为镇压机器（machine of repression），使得统治阶级能够确保对工人阶级的统治，由此使工人阶级一直处于剩余价值被剥削的地位。阿尔都塞（Louis Althusser）将这一经典概念称为国家机器（state apparatus），认为其功能在于镇压工人阶级，以维护资本主义制度。Althusser（1970）

---

① 也有学者把 cultural hegemony 译为"文化主导权"。
② 复旦大学俞吾金教授在 2005 年第 8 期《社会观察》上发表《何谓"有机知识分子"》一文，提出把 organic intellectuals 译为"有机知识分子"的说法是错误的。他认为，根据葛兰西的论述判断，应译为"有组织的知识分子"或"(被)组织起来的知识分子"。

把国家机器分为镇压性国家机器（repressive state apparatus）和意识形态国家机器（ideological state apparatuses）（Althusser, 1971）。镇压性国家机器包括国家领导人、政府、警察、法院、监狱、军队等，使用暴力和强制手段镇压被统治阶级，以维护统治阶级的控制地位。镇压性国家机器由统治阶级控制，因为他们拥有国家权力。镇压性国家机器作为一个统一的实体（有机的整体）而运作，针对构成威胁的个体或组织采取逮捕、审判、监禁等手段。而意识形态国家机器是各种各样、多元的，但它们最终是由统治阶级的意识形态所控制的。它们的运作是隐蔽的、以符号形式进行的。阿尔都塞认为，政府或政权之所以能够维护其控制地位是因为，它们所塑造的主体（subject）相信自己在社会结构中的地位是自然的。意识形态是人们拥有的背景观念，关于世界运作的方式和人们在世界中是怎样运作的认识。这些体现为意识形态国家机器，规定主体的地位，由此维护现有的社会关系。阿尔都塞主张，无产阶级的专政是必要的，产生资产阶级的主体的意识形态国家机器必须被那些产生无产阶级或共产主义主体的意识形态国家机器所取代。

意识形态国家机器包括家庭、媒体、宗教组织，还有资本主义社会中最重要的意识形态国家机器，即教育制度以及其传播的被普遍接受的思想。阿尔都塞提出了两个观点。第一，意识形态代表了个体与其真实存在状况之间的关系，而这种关系是虚构的（imaginary）。这与人们熟悉的马克思主义的意识形态观是一致的，即意识形态有掩盖阶级社会所赖以存在的剥削关系的功能。第二，意识形态不是以思想或有意识的"表象"（representations）的形式存在于个体的心智中，而是存在于个体的行为中。个体的行为体现在其遵从的惯例中，而这些惯例受制于物质的意识形态机器所规定的物质仪式。

阿尔都塞认为，在前工业社会，家庭单元作为意识形态国家机器起着重要作用，其地位仅次于教会。而在法国大革命（1789—1799）之后，为巩固资产阶级统治而向青年一代灌输资本主义思想的任务由教会转移到教育，后者成为我们后工业时代最重要的意识形态国家机器。儿童在最容易受到塑造的年龄段，受到学校和家庭双重意识形态的作用。尤其是学校按照统治阶级的意识形态对他们进行灌输，并且这种教育是义务性的（甚至是免费的），针对所有儿童，每周5到6天，每天8小时，因此产生的影响最大。

三、福柯

福柯（Foucault, 1972, 1980, 1990）认为，权力关系在社会中无处不在，是一张无法逃避的网络，不存在没有权力关系的社会。因此，在政治上不可能完全消除权力关系,以实现社会的解放,而只能对当前的权力关系进行更合理的配置。福柯指出,现代西方文明中的权力关系来自17世纪以来的几个关键的变化,包括自然科学、工业革命和资本主义民族国家(nation state)的兴起。自然科学的出现使人们对世界的理解从宗教和迷信这些传统概念的束缚中摆脱出来,而同时兴起的人文主义强调人(或者至少是那些处于权力位置的人所界定的群体中的人)的自由、平等、博爱。工业革命和与其伴随的资本主义经济的兴起需要大批的熟练工人作为劳动力资源,需要使他们形成能够自愿服从地、稳定地为资本主义经济制度而工作,支持权力关系的现状。这些都需要对人实施有效的控制,这是社会科学研究的内容,思路是把自然科学中发展出来的方法应用于人的管理。例如,在法律领域有各种规定及执法人员规范人们的行为,在学校有各种校规及老师规范学生的行为。社会科学的不同学科(如心理学、教育学、社会学)有一个共同之处,即都关注秩序和控制。

福柯认为,权力和话语存在密不可分的联系,话语体现特定的权力结构,并构成权力运作的根本中介。话语本身也是权力,是人们斗争的手段和目的。人类社会既是话语的社会,又是权力的社会,权力的主体和对象在其中不断地进行话语的博弈。特定话语在权力斗争中被保存下来,而其余话语被完全压制而消失,从而实现文化的传承。权力与话语的关系在新闻语篇中体现得最为明显。在关于同一事件的报道中,不同的新闻媒体都从自己的立场对其进行描述和评价,而主流媒体在其中占据优势地位,传播有利于统治阶级的意识形态,维护现有的权力关系。话语是权力的工具和权力的结果,没有话语作为中介,权力无法实现其作用。权力结构的变迁(解构与重构)与话语实践存在密不可分的联系,话语权力形成的真理机制把知识和权力联系在一起,由此形成话语霸权。

福柯认为,话语通过两种方式建构主体。首先,话语对所建构的主体进行范畴化,从自己的立场将其归入特定的范畴并命名,由此影响和固化人们对主体的认识。例如,在中东地区巴勒斯坦与以色列的长期冲突中,美国等西方国家把伊斯兰抵抗运动组织哈马斯(Hamas)称为"恐怖分子",而第三世界国家则将其称为"自由战士"(freedom fighter)。哈马斯的本质完全取决于权力话语,西方国家则在话语权力的争夺中处于主导地位,能够影响其他国家的认识。其次,话语在对主体进行范畴化的同时,将主体放置在预定的位置中,使其在社会权力机制中获得说话的合法性。不同的社会群体在话语中有与其阶层对应的主体地位,主体只能在预定的位置中实施言语行为。不同主体(如警察—犯罪嫌疑人、老师—学生、医生—病人)在话语空间中相互依存,体现出权力的不

16

对称分布。处于特定的主体位置后，个体必须按照特定的社会语境所要求的话语规则说话，表达其意志和立场，脱离了既定的话语规则，话语权就会被剥夺。福柯认为，话语分析（discourse analysis）不仅研究人们的语言使用，而且更注重考察建立秩序和控制所使用的各种实践策略及规则，揭示话语背后的权力关系。

四、布迪厄

布迪厄（Bourdieu，1977，1986）认为语言研究的重点不应是语法结构或规则，而是语言在现实中的实践，即语言在实践中呈现出来的权力问题。语言不仅仅是沟通手段，而且是整个社会结构进行建构和再生产的中介，也是社会中处于不同地位和拥有不同资本的行动者及群体寻求各自利益、提高各自社会地位并发挥实践能力的中介。在语言市场中，表面上看，语言交换的只是语言符号，实际上在进行权力关系的相互比较、调整和竞争，不同说话人各自的社会地位、力量、才能、知识和资本等能够显示权力的因素都在语言表达中显示出来。语言关系总是符号权力的关系。

像商品交换的市场一样，语言市场同样存在生产者、消费者、资本、价值、利润和调节规律。不同的说话人通过自身占有的语言资本（即在特定的语言市场中生产适当话语的能力）的不同，在语言市场的规则调节下，进行追求最大预期利润的语言交换活动。语言资本的分配与确定个体在社会空间中位置的其他资本（如经济资本和文化资本）的分配方式有关。上层阶级的成员占有大部分语言资本，尤其是正式场合的语言能力，能够使他们在正式或官方场合下得体地表达，从而收获符号利润（symbolic benefits）。来自下层或弱势阶层的成员在语言资本方面处于劣势，他们生存的社会条件决定了他们很难适应正式场合的语言表达的要求。在语言资本上处于优势或垄断地位的社会阶层所产生并普遍推行的语言被称为"合法化语言"或"官方语言"。

官方语言成为语言实践的衡量标准，并由于在官方场合与官方场所（学校、公共行政机关、政治机构）中的使用，其地位不断巩固。在大多数公众场合下，弱势阶层的成员必须努力使自己的语言表达符合正式语言市场的要求，因此他们说话时为了符合主流规范而不断修正自己的话语，结果在表达上显得局促不安，很不流利。因此，他们很难适应正式场合的语言要求，这反过来限制了其社会地位的提高。由此，布迪厄提出了"符号权力"（Symbolic Power）或"符号暴力"（Symbolic Violence）的概念，即社会行动者本身认可的情况下施加于其身上的权力或暴力（傅敬民，2010）。现代生活中，权力很少以公开、武力的面目出现，而以符号权力的形式呈现时，能够获得其他形式的权力无法获得的合法性。弱势阶层的成员在符号权力的等级关系之中，无法认识到这一等级关系实际上只是为特定的阶层或群体服务的社会结构，因此在无意识的情况下参与了对自己不利的评价体系的建立。符号权力成功实施的条件是，参与其中的人不仅要相信权力的合法性，而且要相信实施权力的人是合法的。

第三节　案例分析

一、以色列的地图命名战略

王炎（2011）讨论了地图命名在以色列政府增加公民的民族认同和强化所占领土的合法性中的重要作用。地图总是处于一个特定的文化与意识形态框架中，对读者的思维和习惯有潜移默化的塑造作用。以色列政府对其境内与所占领土的地理名称实施希伯来化，凸显犹太历史文化与其存在的联系，强化公民的国家认同，增强对所占领土实施控制的合法性。与此同时，被占领土的巴勒斯坦人与领土之间的历史联系却被割裂，对其民族文化和民族意识的传承造成了严重损害。

在英国托管巴勒斯坦（1923—1948）期间，犹太复国主义运动开始努力游说英国托管当局，希望在官方地图上把希伯来语地名与英语和阿拉伯语地名同时标注，但收效甚微。1948年以色列建国后，政府开始推动一场以希伯来语命名整个以色列的运动。首先，对占以色列领土近一半的内盖夫沙漠进行命名。把其中的各个地方、山脉、河流、道路的名称由阿拉伯语翻译为希伯来语，并在《圣经》、《犹太法典》、埃及或亚述碑文，甚至希腊、罗马文学中寻找历史根据，炮制希伯来地名。其制定的命名规则要求尽量使用《圣经》中的名称，或是犹太历史人物名称。对反映地标和地貌的阿拉伯地名，直接翻译为希伯来语；而无法确定历史渊源的阿拉伯地名，则音译为希伯来语地名。

在内盖夫沙漠的地名希伯来化取得成功后，以色列政府于1951年3月成立了政府地名委员会，由当时著名的考古学家、历史学家、地理学家和文学家组成，在以色列全境推广希伯来化。以色列政府地名委员会所实施的总的原则是，把所有阿拉伯地名更改为希伯来地名，并给无名的地方命名。所有以阿拉伯人名命名的地方，更换为希伯来名称，而描述地貌或自然现象的阿拉伯地名被翻译为希伯来语。此外，阿拉伯地名发音与希伯来语相近的，采取音译的方法命

18

名。而在阿拉伯人聚居村地名不宜希伯来化的情况下,如有对应的古代希伯来名称,则建议更改名称。截至1992年,共勘定希伯来地名7000个,并在国家地图中不断更新。

1967年,"六日战争"以后,以色列占领了戈兰高地、约旦河西岸、加沙地带和耶路撒冷东区。地名委员会对这些被占领地区同样实施希伯来化政策,将约旦河西岸改名为犹大(Judea)和撒玛利亚(Samaria)。按照《圣经》的记载,古代巴勒斯坦的南部地区为犹太人建立的犹大王国,而撒玛利亚是公元前9世纪以色列王国的都城。此外,以色列把摩利亚山顶(Mount Moriah)改名为圣殿山(Temple Mount)。并且,以色列政府禁止官方使用"巴勒斯坦人"的说法,把居住在约旦河西岸和被占领土的巴勒斯坦人统称为阿拉伯人。

二、"中国威胁论"问题

20世纪90年代以来,所谓"中国威胁论"在西方尤其是在美国的对华思维中占据主导地位,对美国的外交战略和政策产生了深刻影响。"中国威胁论"的本质观点是,一个日益强大的中国有可能威胁到地区的安全与稳定,并在意识形态、粮食安全、环境、网络空间等各个方面对现有的国际秩序造成严重冲击。国内学术界从冷战后的国际环境,中美在政治制度、意识形态、经济结构等方面的差别,两国实力对比的变化等多个角度论证所谓"中国威胁论"的根源,并提出相应的对策。这些研究揭示了西方政界和学界在传统国际关系理论的框架内提出的所谓"中国威胁论"存在根本的逻辑缺陷,反映了西方政府领导人和国际关系学者狭隘的视野。

这些观点对"中国威胁论"的批判可以概括为两个方面。第一种观点认为,中国现有的经济和军事力量与美国相比,还有很大差距,不可能对美国构成威胁。这一观点存在逻辑缺陷,因为它暗示中国现在不构成威胁是因为实力不够,等到实力足够强大时就会威胁美国。第二种观点认为中国历史上虽然实力强大,但一直没有对外扩张和追求霸权的传统,因此不可能对美国构成威胁。这一观点同样存在逻辑缺陷,因为基于历史的论证不能令人信服,历史上没有向外扩张不能保证以后不会这样做(王子昌,2003)。这些说明,在应对"中国威胁论"时,国内使用有效的话语策略方面存在不足。因此,"中国威胁论"在西方国家的官方、学术和媒体话语中仍然根深蒂固,不仅影响美国民众对中国的认识,而且对其他国家的民众也产生重要影响。

三、美国媒体关于昆明恐怖袭击的报道

2014年3月1日晚,中国云南昆明火车站发生暴力恐怖事件后,美国的主流媒体在报道该事件时却没有像报道其本国发生恐怖袭击时表现出明确的立场。它们对袭击事件的性质没有清楚地说明,态度暧昧。不愿意使用terrorist(恐怖分子)指称发动恐怖袭击的人。例如,作为美国主流媒体的代表,《华盛顿邮报》于2014年3月1日刊登的一篇美联社关于昆明恐怖袭击事件的报道,在描述制造昆明袭击事件中的恐怖分子时,将其称为"持刀的袭击者"(knife-wielding attackers)。①此外,《华盛顿邮报》称,中国的官方媒体虽然没有说明此次袭击事件的动机或什么组织发动的袭击,但中国政府常常使用"恐怖分子"的说法来描述新疆的分离主义分子。

另一家媒体美国有线新闻电视网(Cable New Network,CNN)在2014年3月2日关于昆明恐怖袭击的报道中,把恐怖分子描述为"用长刀武装起来的人"或"袭击者",如下面例句所示。②

(1) A day after men armed with long knives stormed a railway station…

(2) Police shot dead at least four of the attackers…

该报道中明确使用terrorist有4次。该表达式两次出现在直接引语中,一处是一名遇难者的妻子接受采访时把袭击者称为恐怖分子,另一处是中国国家主席习近平要求执法部门依法调查,对恐怖分子予以惩处。该报道把terrorist这一表达式置于引号中,以此暗示自己不赞同这样的指称形式。例如:

(3) "Why are the terrorists so cruel?" asked Chen, her husband's bloody ID card shaking in her hands.

(4) Chinese President Xi Jinping urged law enforcement "to investigate and solve the case and punish the terrorists in accordance with the law," according to Xinhua.

(5) Two weeks ago, 11 "terrorists" died in the Xinjiang region, Xinhua reported.

(6) The report referred to them as terrorists.

这些描述暗示,袭击者被确定为恐怖分子只是中国官方和民众的一面之词,他们的性质到底是什么还不能确定。报道提到消息来源时,有意突出其官方来

---

① WAN W. Knife-wielding attackers kill 29 at Chinese train station, more than 100 injured [EB/OL]. Washingtonpost, 2014-03-01.

② WATKINS T, ELLIS R, "China train station killings described as a terrorist attack". CNN, 2014-03-02.

源。例如：

(7) …authorities described what happened as a premeditated terrorist attack.

(8) …officials told the state-run Xinhua News Agency.

昆明恐怖袭击事件针对无辜平民，是明显反人类、反文明、反社会的行为，但美国主流媒体在报道时表现出来明显的偏见和双重标准。由于这些媒体拥有强大的国际影响力，能够塑造西方世界及广大发展中国家关于恐怖主义的认识，因此对中国的反恐工作造成不利影响。

第四节 从符号竞争到符号战争

一、符号竞争

人类生活的世界是一个符号无所不在的世界，符号对人类社会的存在与运作起着根本作用。从非语言符号到语言符号，符号的产生和阐释使得人类能够把秩序和意义赋予杂乱无章的外部世界，使得概念系统和思维过程成为可能。无论是语言学、心理学、人类学、哲学、社会学、文学评论还是精神分析和文化研究，符号都是社会科学和人文学科研究的中心对象。之所以把各种符号现象（语音、文字、图形、图片、视频、手势、服饰、饮食、音乐、雕塑、交通信号灯、莫尔斯电码等）作为一个整体，正是因为它们本质上都是产生意义的过程，相互之间有内在联系。

当代社会科学的研究普遍认为，所谓的现实世界是由符号系统建构而成的，并没有独立于人类心智阐释的客观存在（张凤，2008）。意义不是客观地存在于各种符号中，而是人类按照特定的代码和规约创造的结构。无论符号系统建构的现实世界多么逼真，它离真实世界总是有距离的，各种符号及代码在建构过程中有过滤和扭曲的作用。通过对这些符号的分析和解构，可以揭示现实世界的哪些方面被凸显，哪些方面受到压制。

自人类开始使用包括语言在内的符号系统传递信息以来，对世界的认识越来越少地依赖自身感官对世界的直接感知，而是越来越多地依赖符号。对普通人而言，大部分情况下不可能也没有必要去观察现实世界的每个方面究竟是什么样的，主要依赖他人和媒体所使用的符号来建构自己眼中的现实世界。例如，在西方媒体的报道中，伊朗被描述为一个专制、封闭、混乱甚至是邪恶的国家。但《环球时报》资深编辑王文曾于2012年2月9日至16日访问伊朗，参加伊斯兰革命胜利33周年庆祝活动。他在访问中发现，真实的伊朗完全不是媒体所描述的那样。但是，对一般人而言，不可能每个人都去伊朗实地考察一下该国社会的真实情况是什么样的，而只能依赖媒体的报道或他人的叙述形成自己的理解。在这一过程中，那些拥有强大的符号生产能力和传播能力的国家、组织和个体居于霸权地位，他们提供的符号直接塑造和影响了我们对世界的认识。美国媒体关于伊朗的报道有选择性地集中在其负面问题上，而有意忽视其悠久的历史和文化、民主选举制度、追求和平的愿望和维护民族尊严的决心。这些报道所设置的议题被个别中国媒体所接受，使其在报道中错误地遵循与西方媒体同样的话语逻辑，并进而对中国民众关于伊朗的认识产生影响。

信息的本质是符号，全球传媒行业的竞争本质上是符号的竞争。符号现实是构成人类思维交流传播的符号总和，包括语言、文字、图像、取向、视野、世界观、意识形态等。人们通过这些语言和符号元素来组织意义系统并开展传播活动（吴玫，2003，2014）。目前在全球符号市场上，西方媒体在符号的制造和流通中居于主导地位，而中国有些媒体在国际报道中引进西方媒体的符号，而不是自己生产符号，因此实际上是在帮助西方媒体传播其意识形态和价值观。由于在符号竞争中处于劣势，中国有些媒体塑造的民众的价值观以很隐蔽的方式与西方价值观保持一致，影响了中国民众对本国及国际问题的判断，因此会逐渐形成对事物的偏见。

二、西方话语体系对中国媒体的影响

1991年苏联解体和冷战结束以来，西方话语体系在国际政治中占据霸权地位。以西方的自由、民主、人权等价值观和意识形态为主的话语成为国际社会主流话语，对包括中国在内的发展中国家产生重大影响。在国际议题的设置方面，恐怖主义、核武器的扩散、人道主义干涉、气候变化与减排、生物多样性、欧洲债务危机等都是由西方话语确立，并成为主流议题的（张志洲，2012）。

西方话语的霸权地位对中国的媒体报道有直接影响，来自欧洲和美国的新闻报道被中国媒体广泛引用，其立场、逻辑和表达方式成为中国民众的意识形态的一部分。上文提到的《环球时报》编辑王文在赴伊朗访问前，检索了《环球时报》从2002年至2012年的报道，发现大约90%关于伊朗的新闻都与伊朗和美国的博弈、战争、以色列、恐怖主义、核危机等负面关键词有关，而关于伊朗经济、文化和社会的报道极少。①关于伊朗的负面报道均来自西方媒体，并

---

① 王文.《伊朗十记》告诉你一个真实的伊朗［EB/OL］. 环球网，2016-01-23.

且在许多语境中，伊朗和朝鲜、利比亚、伊拉克、委内瑞拉、古巴等与美国敌对的国家共同出现，整体形象是负面的。由此可见，西方话语塑造的伊朗形象已成为中国媒体和民众的集体意识中的一部分，使得《环球时报》的立场不自觉地偏向欧美国家。

以美国为首的资本主义国家在国际秩序中占据主导地位。除了其强大的政治、经济和军事实力之外，美国的文化和传播产业在扩大其意识形态和文化吸引力方面起了重要作用。按照马克思主义的观点，实现资本主义文化统治的最隐蔽的方式，是促使资产阶级的意识形态被民众内化。赵月枝（2006）认为，尽管中国媒体仍然由政府控制，但中国的新闻媒体话语显示出美国资本主义文化霸权的迹象。笔者讨论了两个重要的例子说明中国媒体的这一倾向。第一个例子是1999年11月15日中美两国签署《中美达成关于中国加入世界贸易组织的双边协议》。国内许多媒体在关于这一事件的报道中依赖美国驻华使馆及美国媒体提供协议的内容和对协议的诠释，甚至成为跨国公司及其代言人的宣传工具。在笔者分析的近500篇相关新闻报道和评论中，几乎没有一篇文章反映中国民众的声音。因此，这些报道宣扬了新自由主义的全球化观念，并使跨国公司拥有话语权。第二个例子是中国媒体2003年关于美国入侵伊拉克的报道。中国政府的官方立场是反对这场战争的，国内许多媒体的报道表面上服从于政府的立场，实际上却在一定程度上抵消了政府的反战立场。这一方面是因为媒体没有刊登任何反战的文章，另一方面是因为媒体在报道中没有针对关键问题，即战争的合法性以及布什政府发动战争的理由问题，而是把报道焦点集中在美军的战争策略上，并对其武器装备进行冗长的分析。此外，中国媒体在战争报道中主要依靠美国媒体来获得美国国防部提供的战争画面，结果造成一场残忍的侵略战争成为展示美国军事力量和帝国主义扩张的现场直播。这一过程体现了中国媒体对美国媒体的技术、话语逻辑和新闻框架的隐性服从，在一定程度上无意识地为美国的侵略战争提供了支持。

三、符号战争

符号竞争在冷战时期达到顶峰。以美国为首的资本主义国家和以苏联为首的社会主义国家除了在经济和军事领域的竞争以外，都希望通过更微妙的方式宣传自己的政治主张和价值观，以分化瓦解对方阵营并维护自己阵营内的团结。美国政府认为，通过经济和文化领域的交流能够传播西方的民主价值观和制度，赢得社会主义国家人民的认同，使他们对本国的制度产生不满；而苏联政府则希望通过交流获得西方的科学和技术信息，并促进西方对苏联的了解，提高苏联的国际威望。双方在传媒、文化、教育、图书出版、科学、体育和旅游方面进行广泛的交流（郭又新，2007）。结果是美国在这场符号的竞争中占据上风，使得东欧国家和苏联的官员及民众对本国的制度失去信心，最终造成苏联的解体和东欧剧变，美国赢得了冷战的胜利。

　　冷战后，美国发动了多场局部战争，在战争中充分使用舆论、心理和法律手段，确立自己在道义和法律上的优势，为战争的合法性提供根据，争取国内外的支持。因此，除了物理意义的战场对抗以外，美国同时进行了一场符号世界的战争，争取西方盟国及其他国家的支持，最大限度地孤立对手。这些都对战争结果产生了重要影响。

　　先来看舆论手段。国际新闻市场由西方几个大的通讯社垄断，由它们提供全球约80%~90%的资讯，从而导致全球舆论由西方媒体主导。这些媒体在美国发动的几场局部战争中配合美国的军事行动，通过各种符合美国政府意图的报道分化瓦解对手，鼓舞美军的士气，争取国际社会对美军行动的支持。例如，在1999年的科索沃战争前几年，美国政府和媒体都把科索沃解放军（Kosovo Liberation Army）看作恐怖主义组织，但是在发动战争前几个月尽量地减少或避免关于该组织实施的暴力恐怖活动的报道，把报道的重点集中在塞尔维亚在科索沃地区进行种族清洗和灭绝的活动，而这些报道都没有可以证实的消息来源。此外，美国媒体把南斯拉夫联盟总统米洛舍维奇的形象塑造为罪犯、恶霸、纳粹和屠夫，称他为"独裁者"，但实际上他是南联盟经过民主选举产生的领导人。这些报道为美国及其北约盟国在巴尔干地区的战争行动获得其国内民众的支持起到了关键作用。

　　再来看心理领域。心理战的本质是通过有计划地利用信息影响人们的态度和行为。在2001年阿富汗战争中，美军首先把将阿富汗广播通信系统确定为首批空袭目标之一，将其迅速摧毁，从而切断了塔利班的对外宣传渠道。美国在空袭行动中向阿富汗空投了数十万个用来收听美国广播电台节目的袖珍收音机，同时通过空中广播电台利用被炸毁的塔利班广播电台的频率，对阿富汗进行广播宣传。"美国之音"电台也加强了对阿富汗的广播，延长了阿富汗两种主要语言普什图语和达里语的广播时间。美军战机除了投送炸弹以外，同时空投的还有食品、药品和数以千万计的宣传手册。这些手册有阿富汗两种主要语言广播节目的播出时间和频率，并向阿富汗民众解释美军行动的目的，阐明其行动针对拉登等恐怖分子及为其提供庇护的塔利班政权，而不是穆斯林或阿富汗人民，拉登和塔利班当局应对阿富汗人民的困难负责。这些心理战行动减少了阿富汗民众对美国军事行动的敌对情绪，对美军快速推翻塔利班政权起到了重要作用。

24

此外，美国政府和军方十分重视法律手段对战争的重要作用，因为战争的合法性问题对于是否得到国际社会的支持至关重要。法律手段的本质在于通过各种形式宣传自己一方军事行动的合法性，塑造对方进行战争的非法性，从而赢得国际社会政治和道义的支持。在1991年海湾战争前，美国政府和军方反复强调以美国为首的多国部队对伊拉克的军事行动得到联合国678号决议的授权，并且战争是一场反侵略战争，目的在于把科威特从伊拉克的占领下解放出来，维护地区和平。而在2003年，美国为了发动伊拉克战争，宣称伊拉克拥有大规模杀伤性武器，并且与"基地"组织有直接联系，希望得到联合国授权。在未能得到联合国安理会授权的情况下，美国又宣称伊拉克违反了关于武器核查的决议，遂以维护安理会决议和已取得安理会"事实授权"为理由对伊拉克发动战争。

舆论、心理和法律手段本质上都是符号世界的战争。它们都是为了配合美军在物理战场上的军事行动，构成一个相互协调的整体，旨在巩固己方内部的团结，孤立和瓦解对手，为战争的胜利创造条件。自"9·11"事件以来的反恐战争中，美国政府和军方一直重视舆论、心理和法律的作用，在这3个领域相对于其他国家拥有明显优势。

第五节 小 结

本章论述了马克思主义关于语言、权力与意识形态的观点，并讨论一些案例，以此论证话语策略在国际政治中的重要作用。我们认为，符号竞争已经成为国际社会中一种无处不在的现象，而在这场竞争中，以美国为首的西方国家占有霸权地位。除了符号竞争以外，在冷战以后发动的几场局部战争中，美国除了物理意义的战场上的军事行动以外，同时在符号世界里开展了一场以舆论、心理和法律为核心的符号战争。符号世界的战争对物理世界的战争的结果产生重要影响，已成为美国在历次战争中的重点。

第二章

批评话语分析

20世纪70年代以前,语言研究一直处于结构主义语言学和形式主义语言学的主导之下,忽视对语言使用的研究,也忽视语言的社会基础。20世纪70年代,随着社会语言学和批评语言学的兴起,语言使用中的社会因素开始引起语言学家们的关注。其中,批评语言学及后来的批评话语分析尤其重视社会因素的考察。批评话语分析试图揭示机构话语和大众文本背后存在的意识形态,对居于霸权地位的意识形态进行批评,从而促进大众思想的解放和社会的变革。批评话语分析把语言分析和社会分析结合起来,揭示意识形态对话语的影响和话语对意识形态的塑造作用。本章概要评述批评话语分析的背景、发展、目标、方法论及概念分析工具。[①]

第一节 理论背景

从事科学研究的人们总是在特定的范式下进行自己的探索工作。由于不同的认识论基础,不同的理论范式在研究课题和研究方法上存在很大差别。而且,任何理论都不是在真空中产生的,都是科学研究发展到一定阶段后对以往思想产生怀疑和反思的结果。批评语言学和批评话语分析的产生之源是哲学、社会学和人类学中的批评传统和语言学中对结构主义语言学及生成语言学质疑的结果。

一、从语言的形式分析到语言使用的研究

从语言学的视角观察,批评话语分析的诞生实际上是一个对主流的语言研

[①] 关于批评话语分析理论与实践的详细论述,可参看:辛斌. 批评语言学:理论与应用[M]. 上海:上海外语教育出版社,2005;田海龙. 批评话语分析:阐释、思考、应用[M]. 天津:南开大学出版社,2014.

究范式提出疑问的结果，是从形式取向的语言研究向社会取向的语言研究转变的结果。这一转变是在对结构主义语言学和生成语言学的传统挑战过程中发生的。

1916年，根据索绪尔的讲稿整理而成的《普通语言学教程》一书出版，标志着现代语言学的开端。在索绪尔的影响下，结构主义成为语言研究的主流范式，对语言系统进行共时描写成为语言研究的常规，尤其是在以 Bloomfield（1933）为代表的美国结构主义语言学中达到顶峰。Chomsky（1957）出版《句法结构》（*Syntactic Structures*）一书后，结构主义语言学被生成语言学取代，句法分析成为语言研究的主流。但是，生成语言学在两个方面保持了结构主义语言学的传统，包括语言的形式分析和共时分析。因此，语言使用本身以及其中涉及的社会语境因素仍然受到忽视，语言结构的研究是在独立于语言使用的研究的情况下进行的。许多语言学家开始怀疑，仅仅把注意力集中在语言形式，把语言结构的研究与语言使用的研究割裂的做法是否恰当。20世纪70年代，奥斯汀、塞尔、格赖斯等语言哲学家的研究揭示了把语言看作一个封闭系统的观点所存在的狭隘性和危害，使人们认识到研究活的、社会语境中的语言对理解人类语言和心智的重要性（严辰松、高航，2005）。此后，越来越多的语言学家开始重视语言使用的研究，尤其是社会语言学家。

社会语言学不把语言视为一种心智现象，而是视为一种社会现象，在研究语言时重视其社会功能。社会语言学认为，语言的主要功能是交际，人们在特定的场景中，为了特定的交往目的而使用语言。语言既反映了人们社会生活的各个方面，又影响这些方面，因此研究社会语境中的语言对于理解语言和社会本身都是至关重要的。有一部分社会语言学家关注语言使用中的社会等级和权力问题。Hymes（1972）认为，生成语法所说的语言能力（competence）应称为语法能力（grammatical competence），仅仅拥有语法能力还不能保证交际的成功，还应拥有交际能力（communicative competence），即不仅熟悉语言的结构，而且懂得如何在各种语境中得体地运用语言。

交际能力是人们在社会化过程中获得的，交际能力的高低与个人的家庭环境、社会经历和实际需要密切相关。Bernstein（1971）提出，现代教育中存在两种不同的代码（code），即不同的语言使用模式。这两种代码是有限语码（restricted code）和复杂语码（elaborate code）。有限语码的特点是句子结构简单，词语范围狭小，表达的内容大多是具体的、叙事性的、描写性的，而复杂语码的特点是句子结构冗长、措辞严谨，适于分析、归纳、推理。按照 Bernstein 的调查，在英国的工人家庭里，父母教育子女时，使用的语言形式比较简单，命令式较多,造成儿童习惯上使用有限语码;而中层阶级家庭里,父母与子女讲话时多讲道理,使用复杂的语言形式,因此使儿童在掌握有限语码的同时,对复杂语码也能较好地掌握。由于学校教育处处要求学生使用复杂语码,这样就使工人家庭的子女处于不利地位。他们对学校中正规教育所规定的语言学习任务不能适应,与老师之间的交流产生障碍,因此在班上显得特别迟钝,学习成绩很糟糕。由此得出的一个重要原则是,把一种语言的资源等同于所有使用者的资源的观点是一种谬误(Hymes,1996:213)。每个人的语言资源都是不同的,各自控制一个不同的语言资源复合体。这反映了各自的社会状况,同时决定他们能够使用语言所做的事情。并非每个人都有同样的交际手段,能够实施相同的交际功能。

除了社会语言学外,语用学的研究同样推动了批评视角的语言研究。语用学的研究表明,话语对现实产生建构作用。按照 Austin(1979)的言语行为(speech act)理论,人们在说话的同时也在实施一种行为,其言语行为力量对现实产生影响。Austin 提出该理论的目的是反对逻辑实证主义的语义观,论证句子的意义与其真值条件没有必然联系。言语行为理论表明,话语本质上是一种社会实践,而不仅仅是现实的镜像和表述的工具。欧洲大陆的语用学家尤其重视语言使用中的认知、社会和文化方面的复杂因素,从语用角度探索语言的功能,把语言研究与经济、社会、政治及文化因素联系起来。他们关注社会因素和意识形态对人类语言行为的限制,尤其是处于强势地位的社会群体如何通过语言手段控制、操纵弱势群体。他们对格赖斯的合作原则及其准则提出批评,认为必须把社会因素考虑在内,才能正确地运用这些原则和准则。语言学家必须考察会话参与者的社会身份、地位、权力、利益、期望等因素与语言使用之间的关联。在社会语境或机构语境(如医院、保险公司、警察局、移民局)中,政府机构或社会机构与个体的交际过程中,机构与个体有不同的目标,可能存在利益和意识形态的冲突,因此他们的交际并不是经典的合作原则所界定的合作(Sarangi & Slembrouck,1992)。

结构主义的语言研究认为,语言符号本身是一套中立于说话人的规则系统,就像国际象棋的规则一样。无论任何两个人下棋,同样的规则系统都存在,独立于说话人的目的和立场。但是,在实际的语言交际中,语言的各个层面都能表现出非中立性(non-neutrality),体现说话人不同的立场。例如,在语义上近似的名词或形容词之间的选择意味着说话人不同的态度。例如,把一个国家的政策描述为 conciliation(和解)表达了一种赞赏的态度,而将其描述为 appeasement(绥靖)则表达了一种贬低的态度。把一个事物描述为 the good things of life

（生活中的美好事物）体现了一种赞赏的态度，luxuries（奢侈品）体现的是一种中立的态度，而将其描述为 extravagances（过度奢侈的事物）则表达了一种批评态度（Bolinger & Sears，1981）。在句法层面，不同的句法形式往往表现出不同的立场，因此说话人能够通过选择恰当的形式对他人产生自己希望达到的影响。例如，在被动结构中如果省略施事，能够产生有利于说话人的结果。比如：

(1) Man protects threatened animals.

(2) John was supposed to be here at ten o'clock.

(3) Principal Accused of Misconduct. (Bolinger & Sears，1981)

句（1）是一个电视节目提出的口号，旨在报道人类努力保护濒临灭绝的野生动物的各种措施。从句法结构上无法看出野生动物受到的威胁来自什么地方，但这个电视节目的内容却清楚地表明，正是人类的活动本身威胁野生动物的生存。因此，该口号隐瞒了人类是威胁动物生存的原因，反而对人类的行为进行赞美。句（2）中的"be supposed to"已经成为英语中的一个习语，其本质作用在于要求他人完成一个特定的义务，并且使得这样一个义务显得合乎情理。句（3）的表达式在新闻报道中常常出现。如果董事会中只有一名成员指责校长玩忽职守，却使用句（3）中的形式而不是"Board Member Accuses Principal of Misconduct"，读者会认为，校长受到了董事会中多名成员的指责。

语言是众多符号系统中的一种，因此语言形式的非中立性在其他符号系统中同样存在。以法国符号学家巴特（1972）的经典分析为例来说明。巴特分析了《巴黎竞赛报》上刊登的一幅新闻照片，照片中有一位年轻的黑人士兵正在向法国国旗敬礼，如图2-1所示。①

照片通过物理和化学作用记录视觉现实，应该是客观真实的。但是，正是由于其可信性，照片更能掩盖其被操纵的痕迹。上面的照片中，一位黑人士兵正在向法国国旗敬礼。表面上看，这一场景没有什么特别之处，但是如果考虑到该照片发表时的国际政治背景，就能解析出照片所传递的深层意义。从20世纪50年代开始，阿尔及利亚正在争取摆脱法国的殖民统治，双方正在进行一场血腥的战争，法国政府受到了国际社会的广泛批评，承受的政治压力很大。但法国国内的媒体支持政府维持在阿尔及利亚的统治，在其报道中不断批评阿尔及利亚人的反抗。《巴黎竞赛报》上所刊登的照片表达的意义是，法国是一个伟大的国家，无论种族或肤色，所有人都是平等的，阿尔及利亚人喜欢并拥护法

---

① 图片来源：法国《世界外交论衡月刊》（Le Monde Diplomatique）（网址：https：//www.monde-diplomatique. fr/publications/manuel_ d_ histoire_ critique/a53241）

图 2-1　《巴黎竞赛报》的照片

国的统治。巴特认为，像这样以隐蔽方式传递意义的符号在社会生活中最有欺骗性，能够促使人们把一些人为操纵产生的思想意识看作自然的或合理的。巴特把这样的思想意识称为"神话"（转引自张凤，2008）。

二、批评语言学与系统功能语法

批评话语分析（尤其是其前身批评语言学）在产生之初受到系统功能语言学的深刻影响。以韩礼德为代表的系统功能语法是一种社会学倾向的功能主义语言学流派，是 20 世纪最有影响的语言学理论之一。系统功能语法把语言视为一种社会符号（language as a social semiotic），强调语言使用的研究（Halliday，1978）。系统功能语法的建立基于两个观察。第一个观察是，人们在使用语言进行交际的过程中，实际上是在一组系统中进行选择，并且努力在社会交往中实现不同的语义功能。第二个观察是，语言与人们的社会活动存在密切联系，语言的使用不能脱离社会语境。因此，系统功能语法把语言的实际使用视为研究的重点，与结构主义语言学和生成语法的研究传统截然对立。

系统功能语法分为系统语法和功能语法两个部分（Halliday，1994）。系语法认为，语言的深层意义应当是可以进行语义选择的系统。所谓系统是一组相互排斥的选择，在语言结构中的特定位置起作用。这些选择决定人们在一种语言能够说出的无限多的句子中说出哪一个特定的句子。由不同的系统和子系统构成的网络说明了语言作为系统的内部底层关系，语言是由意义相关联的、供人们不断选择的多个子系统构成的系统网络。系统中存在连锁系统和选择系统。连锁系统描写组合关系，处理语法的结构维度；而选择系统描写聚合关系，处理语法的意义维度。因此，系统就是存在于语法中的一系列选择。例如，在英语的"数"系统中，有单数和复数两种选择，而人称系统中提供3种选择，包括第一、第二和第三人称。此外，英语中还存在其他系统，如性、时态和语态。特定系统中的选项互相排斥，但有共同之处，都属于同一个语义范畴，不同选择的作用在于对事物进行严格的区分。人们在表述其希望表达的语义时，必须在系统网络中进行选择，因此选择就是意义。内容决定形式，形式要由实体体现。

系统语法中的系统网络描写功能的3个部分，即3个元功能，而每个元功能都是一个复杂的系统，包含其他系统。这些在功能语法中得到说明。功能语法强调作为一种社会符号的语言是社会交往的工具，语言系统的形成是人们在长期交往中为了实现各种不同的语义功能所决定的结果。当人们在语言系统中进行选择时，也是根据所要实现的功能而进行的活动。韩礼德认为，语言的功能千变万化，有无限的可能性，但都可以归纳为三大抽象的元功能，包括概念功能、人际功能、语篇功能。概念功能又包括经验功能和逻辑功能，是语言对人们在现实世界（包括内心世界）中各种经验的表达，反映客观和主观世界所发生的事、所涉及的人和物，以及有关的时间、地点等因素。概念功能包括及物性（transitivity）、语态（voice）和归一度（polarity）。及物性语义系统的作用在于对人们在现实世界的所见所闻、所作所为进行分类，将其分为若干种过程（process），并指明与各种过程有关的参与者（participant）和环境成分（circumstantial element）。例如：

(4) Last year the workers built a new road between the village and the town.

句（4）所描写的是一个物质过程，其中作为参与者的工人是动作者，而另一个参与者道路是动作的目标，而其余成分分别说明时间和地点，属于环境成分。

人际功能（interpersonal function）是指通过语言手段表达社会关系，对说话人的身份、地位、态度、动机及其对事物的推测进行说明。通过人际功能，说话人参与到特定的语境中，表达自己的态度和判断，并试图影响他人的态度和

31

行为。此外，人际功能表示与语境有关的角色关系，如提问者与回答者。人际功能通过语气和情态来实现。说话人选择特定的语气，就赋予听话人特定的言语角色。例如，选择了命令语气，就承担了命令者的角色，而使听话人承担遵守命令的角色。情态则指说话人对自己所说的命题的成功性和有效性做出判断，或者在命令中要求对方承担义务，或者在提议中表达个人意愿。情态由语法的情态系统实现。

语篇功能（textual function）是指语言中存在一种机制将口头或书面的语言成分组织成连贯统一的语篇，这种机制使实际的言语区别于一系列的随意的句子。尽管两个句子在概念功能和人际功能方面可能完全相同，但在语篇功能方面可能存在较大区别。语篇功能满足了使实际应用中的语言前后相关联的要求，使实际的上下文具备一定的结构，从而使实际的篇章区别于语法或者词典中一个个孤立的条目。它提供了一系列潜在的可用的意义，使语言结构的组织成为可能。语篇功能包括3个子系统，即主位—述位系统（或称主位结构），已知信息—新信息系统（或称信息结构）和衔接系统。

第二节　批评话语分析的产生

一、批评语言学

在这一背景下，以英国东英吉利大学 Roger Fowler 和 Gunther Kress 为代表的学者提出一个被称为"批评语言学"的新的语言研究思路。他们赞同系统功能语法的观点，认为语法应被看作表征人类的经验模式（pattern of experience）的手段，使人类能够建立关于现实的认识，理解关于世界和自身的经验。

在批评语言学的起源中，系统功能语法构成了其理论基础。系统功能语法把语言视为社会符号，强调语言使用的研究，这种社会取向与批评语言学家的取向是一致的。社会符号学理论对批评语言学的发起者 Fowler 和 Kress 等学者产生了深远的影响，而系统功能语法则为他们的批评提供了分析框架和众多的分析概念及工具。因此，系统功能语法在批评语言学及后来的批评话语分析中产生了巨大影响。社会符号学试图解释人类交际与社会过程中的变化、不规则和不和谐，说明社会结构的符号学维度，包括社会阶层、权力等级体系、社会冲突等方面的语义特征。同时，社会符号学试图解释社会成员建构社会符号，以及社会现实被塑造、限制、修改的过程，而这些过程对社会现实的建构并不如所描述的那样，而是往往对短视、偏见、误解视而不见甚至制度化（Halliday，1978；转引自丁建新，2007）。

Fowler 等人在提出批评语言学理论之前一直从事文体学研究。当时在 20 世纪 60 年代至 70 年代初，以 Fowler 和 Geoffrey N. Leech 为代表的语言学家主张把语言学的概念和分析方法应用到文体研究中，避免以往文学批评中过分依赖个人的直觉和主观判断的方法。语言交际的过程是说话人在系统网络中进行选择的过程，不同的选择实现不同的语义功能。对文体分析而言，作者选择不同的语言形式能够传递不同的意义，产生不同的文体效果，对读者产生不同的影响。以英国小说家戈尔丁的《继承者》(*The Inheritors*) 为例说明（Leech & Short，1981）。

（5）The bushes twitched again. Lok steadied by the tree and gazed. A head and chest faced him, half-hidden. There were white bone things behind the leaves and hair. The man had white bone things above his eyes and under the mouth so that his face was longer than a face should be. The man turned sideways in the bushes and looked at Lok along his shoulder. A stick rose upright and there was a lump of bone and the small eyes in the bone things over the face. Suddenly Lok understood that the man was holding the stick out to him but neither he nor Lok could reach across the river. He would have laughed if it were not for the echo of the screaming in his head. The stick began to grow shorter at both ends. Then it shot out to full length again.

The dead tree by Lok's ear acquired a voice.

"Clop!"

His ears twitched and he turned to the tree.

[William Golding, *The Inheritors*]

戈尔丁的小说叙述了史前人类进化中现代人（homo sapiens）和尼安德特（Neanderthal）人的生存斗争，最终导致后者灭绝。小说中尼安德特人的形象和现代人形象的一个重要差别是通过语言符号而建构的。以上段落所描写的尼安德特人的一个成员洛克（Lok）的语言在语法上十分有限，尤其缺乏有直接宾语的小句或以人类名词作为主语的小句。例如：

（6）Lok saw the man.

（7）The man raised his bow and arrow.

在小说中，洛克的语言充满了无生命主语或不及物动词的小句，或者既是无生命主语又是不及物动词的小句。如：

（8）The bushes twitched again.

(9) Lok steadied by the tree.

(10) A stick arose upright.

并且，除了时间和空间短语以外，没有副词或副词性短语。通过以上语言手段所建构的形象是，像洛克这样的尼安德特人在认知上处于原始状态，从一个有限的视角看待世界，对事物之间的因果关系缺乏理解（在上文的描写中不理解另外一个人在使用弓箭向他射击这样一个事实，而只是观察到一系列不连贯的现象），并缺乏在心理上控制事物的能力，因此最终被现代人所消灭。

从文体学到批评语言学只有一步之遥，因为批评语言学正是通过语篇各个层面的语言分析来揭示其中隐含的意识形态和权力关系，其本质上是另外一个视角的文体分析。20世纪70年代，英国格拉斯哥大学的传媒研究小组对电视新闻进行了系统分析，发现工业新闻中普遍存在有利于政府和工业资本家的有偏见的报道。此外，Stuart Hall领导的伯明翰大学当代文化研究中心（The Birmingham Center for Contemporary Cultural Studies）在研究与英国后资本主义社会的转型有关的社会、文化和政治问题中，对新闻报道进行了批评分析。Fowler等人（Fowler et al., 1979）主编的《语言与控制》（*Language and Control*）一书出版，在该书最后一章中正式提出"批评语言学"的概念，并对系统功能语法在批评语言学中的源头作用和分析工具进行阐述。该书的研究把注意力集中在新闻语篇的分析上，并强调语篇分析的语言学视角。

批评语言学创始阶段的经典研究是Trew（1979）关于两篇新闻报道的分析。Trew描写了两家报纸对同一个事件的报道是怎样体现不同的意识形态立场的。1975年的罗德西亚（即今天的津巴布韦），首都哈拉雷的警察向一群没有武器的抗议者开枪，造成13人死亡。两家报纸对这一事件的报道如下：

(11) A political clash has led to death and injury.（《罗德西亚论坛报》）

(12) Rhodesia's white supremacist police (…) opened fire and killed thirteen unarmed Africans.（《坦桑尼亚每日新闻报》）

在对两篇报道的分析中，Trew令人信服地证明，政治观点和立场的编码不仅体现在词汇上，如freedom fighter（自由战士）与terrorist（恐怖分子）可以指同样的实体，而且也体现在语法结构上。在以上两句话中，把开枪事件编码为名词death还是动词kill对认识该事件有不同的影响，因为动词要求主语police和宾语Africans都必须明确。另一个重要手段是被动化，即把主语省略。如果《坦桑尼亚每日新闻报》使用Thirteen unarmed Africans were killed这句话，作为施事的警察可以被省略，从而会产生另外一种意识形态效果。

通过这样的研究，批评语言学家迈出了与主流语言研究完全不同的一步，即把语法结构看作潜在的意识形态的痕迹。这一认识与主流语言学把同一事物的不同表达方式看作表达同一意义的不同变体的观点是针锋相对的。这一时期的批评语言学研究是后来的批评话语分析的前身,系统功能语法是这一时期进行语篇分析的最重要的框架。批评语言学家在对社会符号学理论、语域理论、语篇思想、三元纯理功能思想、多层级系统观借鉴和进行必要简化或修改的情况下,把这些思想广泛应用于语篇分析中。

批评语言学在诞生后不久就陷入停滞时期,一直到20世纪80年代中期。其创始人之一 Gunther Kress 在回顾批评语言学研究时指出,现有的语篇分析都充分证明语篇与社会结构、社会过程、意识形态之间的密切联系,但这样的研究过于简单,重复性的分析较多。他提出,下一步的发展应运用批评语言学的现有研究成果模式作为社会变革的工具,通过武装读者进行批评性阅读,使其实现社会上和政治上的自我解放,从而合理地改造社会。Fowler(1986)出版《语言学视角的批评》(*Linguistic Criticism*)一书,1987年发表《关于批评语言学的意见》(*Notes on Critical Linguistics*)一文,强调批评语言学在理论与方法上的完善。但这一时期的研究整体而言比较单一,数量较少。两位创始人的不同思考导致了批评语言学朝两个方向发展。Fowler(1991)把注意力集中在巩固深化现有的理论和方法上,并专注于分析新闻话语中的意识形态。Kress(1991)则不断拓展批评语言学的视野,把语言视为社会符号进行研究,并把视觉图像等纳入研究范围中。Kress 等学者提出,不应把注意力仅仅集中在语言上。话语是一种社会实践,不仅是实现社会权力和实施控制的手段,而且是建构社会文化和现实的工具。话语通过各种符号实现,语言只是其中一种。文本、图片、动画、声音、颜色等多模态符号都能够在意识形态的建构中起作用。因此,他们在研究中把语言之外的各种符号都包括在内。

二、从批评语言学到批评话语分析

20世纪80年代中期,语言学之外多个学科的学者开始加入语言与意识形态的研究工作中,包括符号学、心理学、传播学、社会学。批评语言学不再仅仅把注意力集中在语言的结构分析上,视野更加开阔。在语言学视角的研究中,在继承批评语言学研究的基础上,以 Norman Fairclough、van Dijk、Ruth Wodak、Paul Chilton 为代表的学者开始了一个新的研究方向,即批评话语分析(Critical Discourse Analysis)。这一方向开始于1992年,上述学者当时在荷兰阿姆斯特丹召开会议讨论语篇分析的批评视角。这些发言后来作为论文在《话语与社会》(*Discourse and Society*)的一期专刊中发表。这一群体逐渐壮大,并开始定期召开会议，并在 1996 年又把一些影响较大的论文收录为一个论文集而发表。2004年在西班牙的瓦伦西亚举行第一次大规模的国际会议，同年创立了两个新的期刊《批评话语研究》(*Critical Discourse Studies*) 和《语言与政治期刊》(*Journal of Language and Politics*)。

　　批评话语分析在许多方面超越了批评语言学。首先，批评话语分析试图把话语分析建立在批评性的社会理论的基础上，并对话语与其所在的社会实践之间的关系进行剖析。到 20 世纪 90 年代早期，话语已成为后现代哲学和文化研究中的一个关键概念，这些领域中研究的一个主导倾向是把社会现象归结为话语现象，并认为社会现象只是话语现象。但是，批评话语分析不赞同这一倾向。例如，Fairclough（1993）对公共话语的市场化进行分析发现，市场化等概念不仅包括变化中的实践（市场实践被引入到许多机构中，包括大学），而且也包括变化中的话语，而正是这些话语在实践的变化中起关键作用。这些话语提出变革，并使变革合法化，训练人们适应新的实践，要求人们学习新的会话和写作方式等。由于大学必须互相竞争争取招到更多学生，把学生看作顾客，大学的话语也发生了市场化，开始强调与市场竞争有关的价值观。Fairclough 强调话语的这些变化反过来对社会实践产生重要影响。其次，批评话语分析超越批评语言学，采用一个更多的跨学科的思路，不仅研究语篇和会话，而且通过历史方法或民族志等多种方法考察社会语境。最后，批评话语分析不仅关注语言，而且重视话语实现的多模态，如图片、视频、视觉符号等。

三、话语、批评、意识形态

（一）话语

　　话语的概念在不同的研究和不同的学术文化中各不相同。在欧洲语言学界，区分文本（text）和话语，这与篇章语言学（text linguistics）和修辞（rhetoric）的传统有关。在英美学术文献中，话语常常指书面的和口头的语篇（Schiffrin, 1992）。这些研究中通常把话语视为比孤立的句子更大的复杂的语言形式，或者使用中的语言（即人们在实际生活中使用的语言结构）（de Beaugrande & Dressler, 1981; Brown & Yule, 1983）。在研究话语的过程中，语言学家逐渐认识到有必要对语言研究采取一种动态的、灵活的、以活动为中心的（activity-centered）思路，并且对语篇层面的结构（如信息结构、衔接、连贯）进行考察。

　　批评话语分析目前的主流观点是对话语的概念有一个广泛的理解，即所有产生意义的符号行为（Blommaert，2005）。符号行为总是在特定的社会、历史、文化语境中，而传统上所理解的语言只是其中一种表现形式。文本、图片、动画、声音、图像、色彩、身势语等非言语形式都应被视为符号工具，它们在许多语境中共同发生作用。

（二）批评

马克思在不同作品中强调意识形态的不同方面。在《德意志意识形态》一书中，批判了德意志意识形态的虚假性和批判性，德意志意识形态是维护统治阶级的，"统治阶级的思想在每一个时代都是占统治地位的思想……占统治地位的思想不过是占统治地位的物质关系在观念上的表现，不过是以思想的形式表现出来的占统治地位的物质关系，因此，这就是那些使某一个阶级成为统治阶级的关系在观念上的表现，也就是这个阶级的统治的思想"（蒯正明，2016）。马克思认为，意识形态总是掩盖或扭曲现实的关系，主张观念统治世界，颠倒了物质和意识的关系。马克思在《资本论》（*Capital*）中指出，社会存在决定社会意识，社会意识形态作为上层建筑，对社会存在有反作用，但是意识形态有自己的独立性，即与历史发展的继承性、与经济发展的不同步性和特定阶段的超前性。葛兰西认为，意识形态是"一种在艺术、法律、经济行为和所有个体的及集体的生活中含蓄地显露出来的世界观"（Gramsci，1971）。按照其意识形态的文化领导权或文化霸权理论，无产阶级只有夺取了意识形态的领导权，才能推翻资产阶级的统治。

马克思主义的理论家继承马克思哲学的批判精神，对资本主义社会现实的不公平现象进行了理论和实践的批判，旨在引导人民群众确立批判意识。其中法兰克福学派的社会批评理论产生了巨大的影响。法兰克福学派的早期创始人之一霍克海默（Max Horkheimer）在《批判理论》（*Critical Theory*）一书中提出，以马克思的政治经济学批判为基础提出了批判理论，强调批判的实践。一方面揭示技术主宰下的资本主义社会中人的生存总体异化的状态，由此对资本主义社会展开批判；另一方面通过跨学科的研究寻求解决问题的办法，追求社会的和谐发展，使人获得身心解放。"批判理论就是希望透过现实或现实的批判与否定，来唤醒或转变群众意识，也就是希望社会理论家的分析、判断能被群众所取用，以破除他们的错误意识，从而唤起群众自发性的行动来改革社会现状，迈向合理的社会秩序"。①

法兰克福学派对意识形态进行了强烈批评，认为它在当代工业社会中有社

---

① 马克斯·霍克海默. 批判理论［M］. 李小兵, 等译. 重庆：重庆出版社, 1989.

会操纵和社会欺骗的作用，其目的在于控制人们的思想，巩固和扩大统治阶级的利益。意识形态本质上是一种虚假的意识，其主要功能在于美化现实生活，为现实辩护，消除人们对社会的否定因素。在发达工业社会中，科学技术演变成为一种新的意识形态，通过广播、电视等现代技术工具，把特定的思维方式、行为方式、价值标准以潜移默化的方式施加于人们。由于对科学技术的盲目崇拜，资产阶级上升时期的启蒙精神已经蜕化为意识形态，导致人们丧失了思想自由，由此维护现存的社会统治。

Simpson（1993）讨论了批评话语分析视角的意识形态。他认为，从批评语言学的视角，这一术语描写了我们的语言和思维与社会相互作用的方式。因此，意识形态来自人们习以为常的观念、信仰和价值体系，这些都是社会群体成员集体共有的。当我们所说的意识形态是一个特别强大的社会群体的意识形态时，该意识形态被认为是主流的（dominant）（Simpson，1993）。意识形态被认为是一种对社会现实的解释或诠释，尽管被视为客观的，但实际上是片面的，反映的是特定的政治群体、经济群体或其他群体的利益和关注对象。意识形态是不同社会群体、阶层或组织获取根本利益的工具，使群体的权力、活动和需求合法化。主流的意识形态力量强大，无处不在，人们很难意识到其存在。除了主流的意识形态以外，处于被统治地位的群体也有意识形态，即反抗与抵制的意识形态。

批评话语分析认为，所有话语都有社会性质，这是一个不言而喻的事实。人们随时随地都在使用话语，语言和其他有意义的符号的使用可能是使人类与其他物种区别的一个根本标志。话语是建构各种各样的社会结构中必不可少的一种工具，社会、文化和政治环境的每个方面都离不开话语。批评话语分析认为，资本主义的社会关系主要依靠文化（包括意识形态）来维持或再生产，而话语是其中的根本手段。统治阶层通过话语传播主流的意识形态，在思想上控制被统治阶层，使他们接受社会现状，从而消除任何对统治阶层的反抗。在主流话语的控制下，被统治阶层无法认识到社会关系的本质。因此，批评话语分析主张，通过对主流话语采取批判性的态度，揭示出以话语为中介的各种社会活动、政治活动与社会性的建构之间的联系。按照 Fairclough 的说法，事物之间的相互关联和因果链条可能被扭曲，以至于人们看不清楚。因此，"批评"（critique）的本质是把事物的相互关联揭示出来（Fairclough，1995）。如果处于弱势地位的社会阶层或群体认识到社会关系的本质以后，就会产生变革的愿望和热情，并付诸实践。

（三）意识形态

法国哲学家特拉西（Destutt de Tracy）在 1759 年创造了"意识形态"（法语中为 idéologie，英语中为 ideology 这一术语。特拉西在《意识形态的要素》（Éléments d'idéologie, *Elements of Ideology*）一书中使用意识形态的概念，旨在建立一门观念体系的学说，通过观念的研究获得理性知识。此后，意识形态的概念被广泛使用，在不同时代被赋予不同的功能和意义。马克思在《德意志意识形态》（Die Deutsche Idéologie, *The German Ideology*）中从否定的角度使用意识形态，将其视为阶级社会中统治阶级的社会意识形态形式，是对社会现实的颠倒的反映。另外在《路易·波拿巴的雾月十八日》（*Eighteenth Brumaire of Louis Bonaparte*）等著作中把意识形态作为观念的上层建筑，既包括正确的意识，也包括错误的意识（蒯正明，2016）。后来的马克思主义对意识形态的研究有两个主要思路：一个是以卢卡奇、葛兰西为代表，围绕无产阶级革命这一中心命题进行意识形态的研究，建立了"意识形态革命"理论；另一个思路是以法兰克福学派为代表，对资产阶级意识形态进行批判，形成了"意识形态批判理论"。

阿尔都塞的研究在以上两派意识形态的基础上，把意识形态看作一种存在于特定社会历史中"具有独特逻辑和独特结构的表象（形象、神话、观念或概念）体系"，形成了自己独特的意识形态理论。阿尔都塞认为，意识形态是社会生活的一个基本组成部分，是先于个体而普遍存在的无意识的社会结构，个体无法对其选择和控制。并且，意识形态反映了人与其生存的世界的一种虚幻的关系，不能准确和完整地反映现实（王晓升，2012）。意识形态的主要功能在于实践。人们生活在一个特定的社会中，必须学习该社会的意识形态，否则无法与社会建立联系，进行社会实践。

第三节　主要原则与目标

语用学和传统的社会语言学中的大部分研究试图在语言系统与语境变量之间建立简单的相关关系，批评话语分析避免在语篇与社会之间建立这样过分简单化的决定关系。批评话语分析认为，话语受到统治结构的制约，每个话语都是在历史中产生和理解的，即在时间和空间中产生。拥有权力的群体通过其意识形态使其统治结构合法化。统治结构使社会规约保持稳定，并显得自然，即权力和意识形态在意义产生过程中的影响被掩盖，因此获得稳定的和自然的形式，被认为是既定的事实。对统治结构的反抗（resistance）是通过打破稳定的话语实践形式而实现的（Fairclough & Kress，1993）。

一、主要原则

批评话语分析的研究者在实践中主要遵循下列几个原则（Fairclough & Wodak，1997）。首先，批评话语分析不应把自己限制于单一的思路、方法和视角，而应该采取多学科或跨学科的视角，在理论和方法上兼收并蓄。当代社会中的问题极其复杂，从单一视角进行研究很难对其有深刻的理解。因此，批评话语分析的研究者会借鉴相邻各个学科的理论，并对适合理解和解释研究对象的多个理论和方法论进行整合。不同学科的研究者组成研究团队，共同工作。在分析范畴和工具的选择上，既按照通常的步骤来确定，也应根据所研究的特定问题和特定的语料确定。这意味着采取一种兼收并蓄和实用主义的思路。批评话语中不同的思路使用不同的语法理论，尽管许多人以各自的方式使用系统功能语言学。其次，批评话语分析有强烈的问题意识，在研究中面向特定的社会问题（如种族歧视、身份、社会变迁），而不是仅仅进行语言分析。并且在研究中强调实地调查和民族志（ethnography）以探索研究对象（即从其内部进行研究），作为进一步的分析和形成理论的前提条件。这样能够避免对语料削足适履，使其适应理论。理想的做法是，研究中同时运用自下而上和自上而下的思路，在理论与实证数据之间反复互动。此外，批评话语分析强调话语的历史语境分析，并将其融入对话语的解释中，并且强调分析各种体裁和各种公共空间的话语，尤其是其中的互文性（intertextuality）和互话语性。

二、目标

批评话语分析认为，采取批评的立场要求研究者与语料保持距离，把语料置于社会语境下，明确自己的政治立场，分析过程中不断反思。对所有从事批评话语分析的学者而言，研究的目的是实践和应用，应将研究结果提供给不同领域（如教育、医疗、政治、法律）的专家，通过他们的应用来改变不公正的话语实践和社会实践。例如，《现代汉语词典》（以下简称《现汉》，第2版，1983）中关于动物的词条中普遍反映了以人类为中心的视角，对动物的描写都是从人类对其利用的角度进行的。以虎为例，《现汉》第2版中关于"虎"的释义如下：哺乳动物，毛黄色，有黑色的斑纹。听觉和嗅觉都很敏锐，性凶猛，力气大，夜里出来捕食鸟兽，有时伤害人。毛皮可以做毯子和椅垫，骨、血和内脏都可以制药。通称老虎。《现汉》对"虎"的这种解释在当时的时代背景下是很自然的，人们普遍缺乏动物保护意识，关于老虎的认识停留在历史上陈旧的观念水平上。因此，关于动物词条的释义反映了社会主流的意识形态。这样的话语反过来对社会成员的意识形态产生重要影响，尤其是从小使用《现汉》的儿童就会很自然地接受关于虎的主流观念。20世纪90年代以后，随着主流意识形态的变化，动物保护的观念深入人心，虎作为一种珍稀动物的价值日益受到重视。《现汉》中有关词条的释义受到普遍批评，最终导致编者对这些词条做出修改，删去其中描写对人类用途的说明。《现汉》（第5版）中的释义修改如下：哺乳动物，头大而圆，毛黄色，有黑色横纹。听觉和嗅觉都很敏锐，性凶猛，力气大，善游泳，不善爬树，夜里出来捕食鸟兽。通称老虎。

批评理论和批评话语分析的目的都在于使人们得到启蒙和解放，不仅仅在于描写和解释语言现象，更重要的是使人们培养对自己的需求和利益的意识，通过解析意识形态而使话语变得通俗化，或者揭去其神秘的面纱。批评话语分析常常选择弱势群体的视角，对那些有权势的人的语言使用进行批评分析，因为这些强势的个体或群体是造成不平等存在的原因，并且他们拥有改进社会状况的手段和机会。此外，批评话语分析强调跨学科的研究，以正确理解语言如何在构成和传播知识、组织社会机构、行使权力中发挥作用。

批评话语分析的本质特征是关注权力这一社会生活中最重要的状况，并且努力建立一种权力作为一个重大前提而纳入其中的语言理论。权力意味着存在有差别的关系，尤其是社会结构方面差别。语言以多种方式与社会权力交织在一起。权力并非来自语言，但是语言能够用以挑战权力、颠覆权力、改变权力的分配。语言为等级性的社会结构中的权力差别提供一个载体。很少有语言形式没有在某些阶段，通过句法或语篇中的隐喻过程而表达权力。批评话语分析感兴趣的正是各种语言形式是如何用以表达和操纵权力的。权力不仅通过语篇中的语法形式来指示，而且通过对语篇体裁的控制实现。

因此，我们可以把批评话语分析界定为对语言中体现的透明的或隐蔽的各种结构性关系的研究，这些关系包括统治、歧视、权力和控制。批评话语分析的目标是，对通过语言使用而表达、构成、合法化的社会不平等进行批评性的分析。大多数批评话语分析学者都赞同哈贝马斯的说法，"语言是一个统治和社会力量的媒介。它使有组织的权力关系合法化。由于权力关系的合法化……没有得到清楚的说明……，语言也是意识形态性的"（Habermas，1967）。

第四节　四种主要思路

自20世纪70年代末期产生以来，批评语言学及后来的批评话语分析的主要思想和分析方法被广泛应用于各种课题和领域，尤其是语言和社会结构的交叉地带。其倾向于关注下列课题和社会领域：政治话语、意识形态、种族偏见、经济学话语、广告和宣传、媒体语言、性别、机构话语、教育、形象等。下面是其中一些有代表性的思路。

一、社会文化思路

Fairclough（1989）论述了作为批评话语分析基础的社会理论，并分析了各种语篇，从而说明这一领域的目标和分析方法。该著作被认为是批评话语分析领域的里程碑。后来，Fairclough（1992，1995）和 Chouliariki & Fairclough（1999）阐述了批评话语分析领域的发展，而且还说明了如何建立一个关于语言与权力和意识形态的分析框架。他们提出，批评话语分析表明当代许多社会变革和文化变革都涉及话语的变革。在他们的研究中，大众媒体的语言得到深入分析，媒体被看作一个权力斗争的场地。媒体机构常常宣称是中立的，为公共话语提供空间，没有任何私利地反映社会状况，提供新闻事件的感知和论点。Fairclough 论证了这些观念的谬误之处，并用各种例子说明媒体的中介和建构作用。

Fairclough（1992）建立了一个批评话语分析的三维框架。第一个维度是考察作为文本的话语，即具体话语的语言特征。研究者系统地分析了词汇的选择、语法（如及物性和情态）、衔接（如连词、图式）、语篇结构（如段落标志、话轮转换）。例如，在新闻报道中被动形式或名词化的使用能够掩盖政治过程的主体。第二个维度是考察作为话语实践的话语（discursive practice），即话语是怎样成为一个在社会中生产、流通、分配、消费的事物。Fairclough 把这些过程看作具体的语言实体（即被生产、流通、消费等的具体语篇或语篇类型）。把话语看作话语实践意味着，在分析语篇的词汇、语法、衔接、语篇结构以后，应把注意力放在言语行为、连贯和互文性方面，正是这3个方面把语篇与其所在的广泛的社会语境联系起来。其中，互文性分为显性互文性（manifest intertextuality）和构成性互文性（constitutive intertextuality）或互话语性。前者是指明确地引述其他语篇，后者是指一个语篇由各种杂合成分构成，包括不同的体裁、语域、语体等。其中，显性互文性的一个重要方面是话语表征（discourse representation），即被引述的话语是怎样被选择、改变、置入当前语境的。Fairclough 提出的批评话语分析的第三个维度是作为社会实践的话语，即话语运作所在的意识形态过程和霸权过程。这一维度的分析需要考察话语的语言语境、机构语境和更广泛的社会语境（Fairclough, 1995）。话语分析者把注意力集中于话语发生时所在环境中的社会关系和社会结构，以及话语的意识形态影响和政治影响。

在研究方法论上，Fairclough 提出批评话语分析应分为 3 个步骤，包括描写（description）、理解（interpretation）、解释（explanation）。在描写阶段，分析者把注意力集中在语料的语言分析上。在这一阶段，分析者需要采取话语参与者的视角，但需要把自己的理解框架（interpretive framework）予以明确。在理解阶段，研究者关注的是话语的参与者在他们本身所掌握的资源（认知、社会、意识形态方面等）基础上获得对话语的理解。理解阶段要求研究者和话语参与者之间保持一定的距离，但整体理解仍然采取话语参与者的视角。当然，这样的理解仍然是受到意识形态框架的制约的，话语参与者通过日常生活中的理解程序（interpretive procedures）来"再现"对社会意识形态的承认。因此，Fairclough 认为，第三个分析阶段是必不可少的。在这一解释阶段，研究者使用社会理论来揭示普通人的理解程序的意识形态基础。社会理论在研究者和话语之间产生距离，这是从"非批评性的"到"批评性的"话语分析所必需的。它提供了更大的画面，把一个具体的交际实例放入其中，并在其中得到意义。它为超越普通人关于话语意识形态维度的认识存在的局限性提供了一个基础。

Fairlcough 密切关注政治领域的话语。Fairclough（2000）考察了英国的新派工党语言和新资本主义语言（Language of the New Capitalism），发现现代政治话语的一个重要特点是把正式与非正式、权威与普通、宣言性与对话性的语体和体裁进行合成，由此产生的话语对确立主流意识形态产生了至关重要的作用，而且使普通民众对政治话语提出批评变得十分困难。

二、社会认知思路

van Dijk 是批评话语分析代表学者之一。他把自己所做的批评话语分析工作称为批评话语研究，以强调批评性的思路不仅涉及话语分析，而且涉及批评理论和应用，并且强调其研究工作的跨学科性。他认为批评话语研究不是一种方法，而是多学科话语研究采用的一种批评的视角、立场或态度。批评研究使用各种各样的方法，既来自话语研究本身，也有来自人文学科、心理学和社会科学的方法。

van Dijk 认为，批评话语研究不是指任何社会研究或政治研究，而是建立在这样一个事实的基础上，即某些形式的语篇和会话可能是不公正的。研究者的任务之一是阐明界定这样的话语不公正现象（discursive injustice），目的是揭露并帮助对抗这样的不公正现象。它是面向问题的，而不是面向学科或理论的。这样的研究思路意味着在进行批评话语分析之前，先存在特定的、根本性的规范，根据这些规范评判特定的话语是否合法。同时，研究者应该意识到这样的标准和权力随历史而变化，对国际标准的某些定义可能意味着西方的标准。van Dijk 提出，作为普遍接受的规范，如果一种话语违反国际公认的人权，并帮助维持社会不平等，就可以认为该话语是不公正的。典型的例子就是那些再现性别、种族或阶层方面的不平等现象的话语。最后，具有社会承诺的研究应该与那些最需要这样的研究的人们密切合作，建立团结，比如社会中各种被控制的群体。这意味着，研究者应该深刻地认识到其学术活动在社会中的作用，在写作中避免深奥晦涩的表达风格，创造条件使民众接触批评话语研究的成果，尤其是其实际应用的价值。

他提出一个关于批评话语分析的社会认知思路（sociocognitive approach），这与他长期关注语篇的认知加工有关。van Dijk & Kintsch（1983）考察了话语与语言加工研究的相关性，在该研究中提出的话语理解的认知模型后来发展为解释社会层面意义建构的认知模型，在心理语言学中产生较大影响。[①] van Dijk 后来主编《话语分析手册》（*Handbook of Discourse Analysis*）一书（1985）收录了从各种视角研究话语的文章，研究的共同之处在于把语言与其在话语中的功能作为主要研究对象或研究其他社会现象的工具。该书反映了 20 世纪 80 年代中期的批评语言学现状。

此后，van Dijk（1998）转向媒体话语的研究，对媒体语言中体现的偏见进行分析，尤其关注种族歧视与意识形态问题。他的兴趣是建立一个理论模型，能够解释话语加工机制。他提出的社会认知模型基于认知是社会和话语的中介的假设。他认为，批评话语研究主要感兴趣的不是个体语言使用者的主观意义或主观体验。权力、权力的滥用和控制都是涉及集体的事物，如群体、社会运

---

① 桂诗春（1991）对此有详细论述。

动、组织和机构。因此，除了能够解释具体话语的个人的心理模型这一根本界面（interface）以外，对话语的一个认知思路还需要解释社会认知，即个体与其他群体成员共有的信念或社会表征（social representation），如知识、态度、价值观、规范和意识形态。这些社会表征在我们个人模型的建构中也起作用，即社会共有的知识和信念可以在这些模型中得到体现。这意味着模型也是个体与社会的界面，能够解释群体的信念如何影响个体的信念，并在话语中表达出来。关于种族歧视或性别歧视，研究者一般根据社会群体的信念来界定，同时其也作为个体话语的特征而出现。反过来，如果一个有影响力的个体关于特定社会事件的心理模型被群体或社会中的其他成员所共有，那么也可以从该模型中抽象出来社会表征、构成知识、态度和意识形态等。批评话语研究的目标之一是，分析广泛的社会因素影响下的具体话语，推导出那些共有的社会表征在话语中得到表达或预设。因此，关于种族歧视、性别歧视和阶层歧视的批评话语研究需要把话语的特征与这些深层的、社会共有的表征联系起来。

三、话语历史思路

批评话语分析中第 3 个影响较大的思路是以 Ruth Wodak 为代表的话语历史派（Discourse Historical Approach）。话语历史派坚持批评理论的社会哲学取向（socio-philosophical orientation），把 3 个方面融合起来：语篇或者话语中内在的批评，目的是发现语篇或话语结构中存在的自相矛盾；社会诊断性批评，关注的是如何揭示话语事件中的劝说性或操纵性成分，使其对大众而言变得透明；与未来相关的批评，试图改进交际，比如，详细阐述针对性别歧视语言使用的指导原则，或者通过减少在医院、学校等机构中的交际障碍。

语言本身不是有权力的，它是由于拥有权势的人们使用语言才获得并保持权力的手段。Wodak 等学者的权力观基于 Weber（1980）的论述，认为权力与社会行为者之间的非对称关系有关，这些行为人拥有不同的社会地位，或者属于不同的社会群体。按照 Weber 的观点，权力是指能够使自己的意愿不顾其他人的意愿或利益而实现的可能性。意识形态是通过话语建立并保持不平等的权力关系的重要手段。例如，通过建立主导性的身份叙事（identity narratives），或者通过控制对特定话语或公共领域的接触途径。此外，意识形态还作为改变权力关系的一种手段。话语历史派感兴趣的是语言和其他符号在各种各样的社会机构中怎样传递和再现意识形态的方式。话语历史派的目的之一是使特定话语的霸权"非神秘化"，方法是通过解析那些建立、固化或反抗控制地位的意识形态。

话语历史派强调机构语境中的语言使用的研究,强调批评话语分析的历史视角。该派学者关注的焦点是种族歧视和反犹太主义(参看 Wodak et al., 1990, 1994, 1999; Wodak & van Dijk, 2000)、民族层面和跨民族层面的身份建构(identity construction)和身份变迁问题。话语历史派的研究思路的产生与1986年奥地利的瓦尔德海姆竞选总统中的公共话语有关。为了研究考察当时的政治话语,Wodak 等人组建了来自3个不同领域的6名研究者(语言学、心理学和历史学),从3个不同视角对收集到的语料进行考察,由此确立了自己的分析方法。这一思路在 Wodak 等人后来的一些研究中得到进一步发展,包括关于奥地利国内针对来自罗马尼亚移民的种族歧视的研究、关于奥地利的民族和民族身份话语的研究。其中,后一项研究关注的是民族同一性(national sameness)的话语建构。这些研究表明,关于民族和民族身份的话语依赖至少有3类话语宏观策略,即建构性策略(目的是建构国家身份)、维护性或证明性策略(目的是保持并再现民族身份或身份的叙事)、变革性策略(目的是改变民族身份)。这些策略在不同话语中的体现方式会有所差别。

四、认知思路

Chilton 在批评话语分析领域中的研究有明显的认知取向。20世纪80年代他的工作在许多方面阐释了概念隐喻在批评话语分析中的应用(参看 Chilton, 1985, 1988)。而在近些年的研究中,Chilton(2004, 2005, 2011)提出了批评话语分析的认知转向(cognitive turn)。他认为批评话语分析自产生以来一直宣称其跨学科的性质,但实际上没有做到跨学科的研究。从其源头和发展分支来看,主要有以下思路。

在批评理论方面,批评话语分析借鉴的一个源头是马克思主义的法兰克福学派,尤其是哈贝马斯的社会学理论。该理论对 Stuart Hall 领导的文化研究的伯明翰学派产生了深刻影响,并影响了 Fowler、Fairclough 和 Wodak 等从事批评话语分析的学者。这些学者的一个中心观点是,语言会被有权势的群体为了自身的利益而使用。另外一个源头是福柯。其关于权力与话语的思想产生了两个重要的倾向。一个倾向是,把研究定位于社会学、政治学和文学研究,并不分析语言。其中的主导观点是,话语包括语言系统和非语言的系统。另外一个倾向是后现代主义思潮。该思潮是来自哲学、文学研究和社会学的思想的汇聚,以巴特和德里达等人的思想为代表。该思潮主张对意义、认识论和本体论采取相对主义的立场。

　　此外，福柯思想导致的一个倾向是，以 Fairclough（1989，1992，1995，2003）和 Wodak（1991）等为代表。这些研究者认为，语言使用是一种社会行动（social action），人们可以通过各种语言分析阐明或揭示社会行动的性质。这一倾向有两个分支。第一个分支是作为批评话语分析前身的批评语言学，其研究受到奥威尔、巴赫金和哈贝马斯的影响。在语言理论方面，批评语言学刚开始时使用早期的转换生成语法，后来转向韩礼德的系统功能语法。第二个分支是批评话语分析，以 Fairclough、Wodak 和 van Dijk 为代表。其中，Fairclough 受到福柯的影响比较深，尤其是其话语秩序（order of discourse）和话语规约（discourse formation）的概念。Wodak 分析语言使用的思路来自各种形式的社会语言学和民族志的理论。而 van Dijk 的语言分析思路来自篇章语言学，有明显的认知取向。他关注的重心是人们关于社会结构和社会关系的图式是如何导致定型（stereotype），并进而导致各种意识形态的。在以上研究中，除了 van Dijk 之外，批评话语分析的研究者一般依赖于系统功能语法为其提供分析工具，对通过社会而建构的（因此也是通过语言而建构的）权力的机制进行解构。

　　Chilton 在以上论述的基础上指出，批评话语分析在过去几十年的发展中取得了很大成绩，但仍然存在严重的问题。第一，批评话语分析或者明示或是暗示地宣称，其研究工作起到了对话语所建构的权力进行非神秘化和解放性的作用。但是，批评话语分析本身是否能起到作为社会正义的工具的作用呢？如果不能发挥这样的作用，或者是有疑问的，那么其存在意义就会有问题。第二，批评话语分析在其方法论和语言学基础方面有很大问题。Chilton 认为，目前的批评话语分析普遍忽视心理学和认知科学领域的进展。在语言分析方面，过分依赖于系统功能语法，忽视生成语言学、认知语言学和其他语言理论。系统功能语法对于有些分析目的而言是有用的，但有其局限性。而其他很多理论同样是有价值的。第三，批评话语分析是否为社会科学，尤其是语言学，做出了理论方面的贡献，这是令人怀疑的。鉴于批评话语分析十分重视语言在社会生活和政治生活中的巨大作用，却没有在推进我们关于现代人类语言能力的科学理解方面有任何进展，这是一个很大的缺失。

　　基于批评话语分析上述缺陷的论述，Chilton 提出，批评话语分析不仅应进行话语的描写工作，而且更应从描写转向解释。研究者应挖掘所描写的现象背后所发生的认知过程，这需要从认知科学、认知心理学和进化心理学中寻找答案。Chilton 认为，这些学科的研究所揭示的人类的一些认知能力对解释批评话语分析的结论有重大价值。这些认知能力包括以下几个方面。

首先，人类的心智具有模块性。①这有两个层次。一个是互相独立的模块，如语言、视觉、运动，各自有自己特定的职责。它们是局部的，在大脑中是硬连线的（hard-wired）。另一个层次是类似于计算机中央处理器一样的智力或创造性思维，具有整体性，偏好类比性推理。进化心理学吸收了模块性假设，并提出现代人类的心智的形成不是偶然的，也不是特定的社会环境和物理环境的影响，而是进化时的选择的压力造成的。新的模块的产生是为了促进人类的生存而进化出来的。其次，人类先天具有一种直觉能力，即能够猜测他人的意图，并推测其可能的行为。这种能力可以合作性地使用，也可以非合作性地使用。其在语言行为中表现为人类能够自然地并且自动地根据其他人的意图，理解他们的话语。再次，人类具有马基雅维利式的智慧，能够理解他人的意图，也能够认识到其他人也有能力理解自己的意图，由此产生一种掩饰自己的意图、欺骗他人的能力。最后一种能力是直觉生物学，即人类的儿童能够自动地对自然界的各种事物进行分类。人类的任何一种文化都有一个对自然世界进行分类的基本框架。这些分类系统高度复杂，应该是先天具有的。这样的能力是进化的产物，因为能够赋予人类生存方面的优势。

除了以上模块之外，还有一种认知能力称为认知流动性（cognitive fluidity），即不同模块之间能够互相通信。在它们之间建立相互联系的机制是隐喻。语言的进化首先是社会目的，然后被来自其他模块的概念进入时，语言就获得了隐喻性的扩展。Chilton 认为，除了认知科学和进化心理学的这些理论以外，认知语言学在过去几十年的发展对批评话语分析有重大的价值，尤其是概念隐喻理论和概念合成理论（Fauconnier, 1997；Fauconnier & Turner, 1996, 2002）。

Chilton 建议，批评话语分析应利用认知科学、进化心理学和认知语言学的研究成果，应在研究中既重视描写，又重视解释，尤其是建立一个关于意识形态的更广泛的认知理论。他还提出，批评话语分析者不应该想当然地认为，人们很容易被有权势的说话人欺骗，而是应开展实证研究，考察人们的心智在多大程度上可以被欺骗或操纵，语言对人们的心智的操纵作用达到什么程度，其中的认知过程是什么。此外，既然人类先天就有马基雅维利式的智慧，那么就

---

① 以 Lakoff 和 Langacker 为代表的认知语言学家不赞同心智的模块性假设。他们认为，语言能力是否构成一个自主的模块，目前是无法确定的。因此，他们的研究策略是尽可能地从一般（通用）认知能力推导出语言的结构，而把提出先天的、语言专用的模块作为最后的选择（高航，2009）。

具备了先天的批评能力，但是这种能力在有些情况下不发挥作用。需要考察这种现象发生的机制和原因，而这不仅需要语言分析，还需要历史学、政治学和其他学科合作研究。

第五节　概念工具

本节讨论批评话语分析使用的一些常见的分析工具和方法。这些概念在不同的颗粒度层面上应用，从单个的词到整个语篇。

一、内容分析

内容分析（content analysis）是指考察特定的词或概念在文本中的出现频次及其相互关系，由此对文本中的信息、作者、读者（听众）和文本的文化语境等做出推断。内容分析主要分为概念分析（conceptual analysis）和关系分析（relational analysis）。概念分析旨在确定表示特定概念的词或短语在一个文本中是否出现及其出现频次。例如，如果调查一家报纸对环境保护问题的关注程度，我们可以考察一下"环境""环境保护""污染"等词或短语在该报纸的报道中出现的频次。概念分析不一定限制在语言层面。例如，如果调查一本教科书中关于少数民族的意识形态，可以对其中的所有文章进行主题分析（thematic analysis），统计关于少数民族的文章有多少篇，这些文章中对少数民族的正面、中立或负面态度的比例。关系分析比概念分析更进一步，考察文本中概念之间的关系，因此又称为语义分析（semantic analysis）。孤立的概念本身可能没有内在的意义，它们通过与其他概念之间的联系而获得意义。例如，在前面关于环保问题的例子中，我们可以考察"环境""环境保护""污染"等词或短语出现在哪些词或短语的附近，然后确定由此产生的不同意义。

内容分析能够应用于任何文本，包括书籍、书籍的章节、报纸的标题和报道、历史文件、演讲、会话、戏剧。因此，在各种学科领域中得到广泛应用，从市场营销、媒体研究、民族志和文化研究到社会学和政治学、心理学、认知科学、文学和修辞、社会语言学和心理语言学等。目前，批评话语分析领域的研究广泛使用内容分析，对我们理解政治话语和新闻话语中的意识形态有重要帮助。

二、词/短语层面

词/短语层面的概念包括分类（classification）、联想意义（connotation）、隐喻（metaphor）、词汇预设（lexical presupposition）、语域（register）、情态（modality）、名物化（nominalization）。

（一）分类

分类是指如何选择对事物命名或归类，由此赋予外部世界以秩序。分类或范畴化是人类的基本认知能力之一，但人们在对事物进行分类时会根据自己的兴趣或立场。例如，澳大利亚在提到18世纪末欧洲人开始对大洋洲大陆的占领时，习惯使用European settlement的说法，但常常把土著人在该大陆上从一地向另一地的迁徙说成black invasion。这反映了占统治地位的白人的意识形态，完全不符合历史现实（辛斌，1997）。

（二）语义韵

语义韵（semantic prosody）是指一个词的词典意义之外的意义。例如，"阳光"除了词典中解释的"太阳的光线"以外，还能表示人的性格开朗、乐观。在联想意义中，语义韵近些年来由于语料库语言学的研究而引人注目。语料库研究表明，词的搭配行为显示一定的语义趋向，一定的项会习惯性地吸引某一类具有相同语义特点的词，构成搭配。由于这些具有相同语义特点的词与关键词项在文本中高频共现，在整个搭配环境下就会产生特定的语义氛围，这就是语义韵（卫乃兴，2002）。例如，英语中的"cause"在语篇中后面出现的名词几乎都是指称消极事物的名词，从而使其呈现消极语义韵。

（三）隐喻

认知语言学的研究表明，隐喻在日常语言中无处不在，是构筑概念系统的必需手段，在组织思维和行动中占重要地位（Lakoff & Johnson，1980）。隐喻在政治语篇中起重要作用。例如，美国总统就职演说中出现频次很高的一个概念隐喻是战争隐喻，把政治隐喻为战争，从而强调为了实现政治和社会目的，武装冲突和个人牺牲是必要的（郜丽娜、高鸿雁，2011）。

（四）预设

预设是一个句子中不受否定影响命题，被说话人预先假定当然成立的内容。例如，在"小王的丈夫是位工程师"中，"小王有丈夫"为已知信息，说话人将其作为双方共有的背景知识，因此它是预设。而"小王的丈夫是工程师"这一事实则属于新信息，是说话人希望受话人能够认识到的信息。在公共话语中，说话人通过把特定的命题作为预设,由此将其意识形态施加于受话人,并且使得受话人很难对其提出疑问。例如,在"President Clinton's liberal views are not popular with many Congressional Republicans"中,说话人通过一个领属结构把"克林顿的观点是自由派的"这一认识置于预设地位,使其很难受到挑战,由此使自己的视角居于主导地位。

(五)语域

语域是指人们使用的语言受到语境的制约,随着语境的不同而变化。按照韩礼德的语域理论,语言特征的情景因素分为语场(field)、语旨(tenor)和语式(mode)。语场指交谈的话题。语旨指参与者的关系,按照其社会地位及角色关系,分为个人语旨(即交际双方的社会角色关系)和功能语旨(即语言活动的目的)。语式指语言交际的渠道或媒介,分为正式语体、非正式语体、书面语体、口语语体等。以上3个语境因素构成语域,其中任何一个因素的改变都会引起整个意义的变化。

(六)情态

说话人通过人际功能表达其身份、地位、态度、动机及对事物的推断,而情态系统是实现人际功能的重要手段。批评话语分析研究者认为,情态反映了说话人对所陈述的话题真实性的认可和评价,因此能够清楚地反映其立场和态度。情态系统主要由情态动词(如 will、must、might、may、can、should)表达,但也可以通过情态副词、从句、人称代词等来表达。

(七)名物化

名物化指从其他词类形成名词的过程或从一个底层小句产生一个名词短语的派生过程(Crystal,2000)。名物化的形式在语义功能、语法功能和语法类别三个方面都发生变化。一个过程被转化为事物后,能够成为小句的参与者或环境成分的一部分。在科技、法律和新闻语篇中出现频次很高,增加语篇内容的客观性和严肃性。并且,名词化削弱语篇的动作性,在一定程度上掩盖其中的因果关系。

三、句法层面

(一)及物性

及物性(transitivity)系统在系统功能语法中属于概念功能的子系统之一,其作用在于把人们在世界中的经验组织成为各种各样的过程,并指明与各种过程有关的参加者和环境成分。及物性系统包括6类过程:物质过程(material process)、心理过程（mental process）、关系过程（relational process）、行为过程（behavioral process）、言语过程（verbal process）和存在过程（existential process）。同一个事件能够被组织为不同的过程，而这些过程的选择在很大程度上取决于说话人的意识形态。因此，对语篇的及物性系统进行分析，研究其中的过程与参加者和环境成分的关系，能够揭示语篇作者的意识形态。

（二）删略

删略（deletion）是指在小句中有意地将特定信息排除在外。例如，在论述有争议性的问题时，说话人可能有意避免提及施事。在 Many women are subjected to domestic violence 中，对女性使用家庭暴力的男性在小句中没有体现为施事，因此其施暴角色被弱化。这一结构被称为无施事被动句，是最常见的施事删略形式之一。此外，我们还可以在小句中更多地使用名词来避免提及施事，如 Many women are victims of domestic violence 中通过 victim 的使用进一步弱化了家庭暴力的动作性，同时也没有提到男性的施暴角色。

（三）话题化

话题化（topicalization）是指把一个句子成分置于句子开头，由此使其处于凸显地位（即前景化）。例如，在上面的例句 Many women are subjected to domestic violence 中，many women 被置于句子开头，因此被话题化。

（四）礼貌

礼貌（politeness）是指话语中实现的人际立场，体现在代词用法、称呼语、语域等语言手段上（参看 Brown & Levinson, 1987）。礼貌分为积极礼貌（positive politeness）和消极礼貌（negative politeness）。积极礼貌是指为满足对方希望受到赞赏和同意的愿望而采取的交际策略，而消极礼貌是指为满足对方希望保持独立和隐私的愿望而采取的交际策略。

（五）预设

上文谈到的预设存在于词汇层面，而预设现象也有可能存在于句法层面。例如，在"The FBI kept tabs on King, Carmichael, and other trouble makers"中，两个专有名词与句子结尾的名词短语并置（尤其是 other 的使用），由此预设 King 和 Carmichael 都是给政府制造麻烦的人。

四、语篇层面

（一）体裁

体裁（genre）是指我们能够识别出来的一个语篇所属的类型，它是我们对特定交际场景的固定的认识。体裁不仅意味着一个特定的语篇（文本）类型，而且意味着语篇特定的产生、传播和消费的过程。例如，新闻报道和诗歌属于完全不同的语篇，其产生方式完全不同，其生产、传播和消费的过程也不同。社会实践的变化在语言层面上体现出来，体现在体裁系统的变化上，并且在部分程度上通过体裁系统的变化而发生（Fairclough，1992）。

（二）多声部

多声部（heteroglossia）是指在一个语篇中存在不同的声音。不同的社会群体、阶层和状况都会对语言使用产生影响，特定的话语表现了特定的视角、意图、方法、思维方式。在多声部的语篇中，说话人从自己特定的意识形态出发把各种话语形式组合，维护特定的声音、身份和立场。例如，一个广告语篇中除了劝诱消费者购买商品或服务以外，还有提供信息的功能。

（三）框架化

对语言形式的理解总是在参照相关背景知识的情况下进行的，这些背景知识构成了一个特定的框架，选择并使用一个特定框架的过程即框架化（framing）。不同的语言形式可能指称同一个事物，但其参照的框架可能不同。例如，日常生活中烹饪食物时用来赋予食物咸味的调味品，我们通常称之为"盐"，而在化学专业的语篇中将其称为"氯化钠"。语篇的作者总是希望或引导读者或受话人在特定的框架内接受语篇，由此使其意识形态得到认可。

（四）前景化和背景化

前景化（foregrounding）是指通过各种手段使语篇的特定部分得到凸显。例如，通过语篇中出现的位置、语调、措辞或句法结构等，语篇作者可以使读者或受话人的注意力集中在其所希望的部分。背景化（backgrounding）与前景化正好相反，是指使语篇的特定部分不引起读者或受话人的注意。无论是前景化还是背景化，都是作者建构意识形态的重要手段。背景化的极端形式是排除（omission），即语篇把特定的相关信息排除在外。

以上分析强调语言方面，语篇的非语言方面也值得注意，如字体、声音效果、色彩、亮度等。它们都能够使读者的注意力被吸引到语篇的特定部分，产生重要的影响。

五、话语过程和社会语境

按照 Fairclough（1989）的观点，以上分析工具只是在语篇的文本上面，即语言分析。而同样重要的是话语实践和社会语境。因此，对批评话语分析而言，不仅进行语言分析,而且应该分析语篇被产生、传播和消费的过程,以及更广泛的语境因素。就像语言分析一样,这两个方面的分析同样能够揭示意识形态的建构过程。

读者在阅读语篇时有不同的方式,这与其各自的利益、目的、时间限制等因素有关。当读者注意力高度集中时,能够深入地理解和思考,而注意力不集中时,就无法获得深刻的理解。在目前的被海量信息淹没的世界中,人们没有时间和精力去仔细阅读和思考,因此在理解过程中就会按照最容易的方式,从而采取语篇作者所期望的阅读立场(reading position),进而就容易受到语篇生产者的操纵。如果同样的理解框架和阅读立场被反复激活,就会导致语篇所传递的思想被读者视为当然,即所谓的自然化(naturalization)。尤其是当这些思想符合广为接受的文化模式或神话时,语篇的意识形态更是被读者完全接受。代表主流利益的话语有时候也会受到被统治阶层的抵抗。经验丰富的语篇作者会通过诉诸所谓的"共同利益"而解除其抵抗。由此导致了霸权话语,其目的在于消除政治抵抗,维护现有的权力结构。意识形态在这类话语的建构中起到关键作用。因此,批评话语分析应识别出贯穿该类语篇的意识形态主题,以及语篇生产者背后的利益。并且应分析语篇的论辩,以揭露其说服读者接受主流意识形态的策略。

第六节 小 结

以上对批评话语分析中通常使用的概念分析工具进行了说明。批评话语分析本质上不赞同把任何一个理论或概念奉为金科玉律,因此对任何一个研究者的理论框架都不能照搬,而是应根据自己的分析目的,有选择地使用各种分析概念或工具。批评话语分析在研究中面向问题,在理论和方法论上兼收并蓄,既按照特定的步骤和程序确定分析的范畴和工具,同时也根据所研究的特定问题而确定。以上讨论的各种分析工具并不意味着我们在分析语篇中必须严格按照上面所列举的方法穷尽性地使用,而是根据自己的需要有选择地使用。并且,研究的目的是实践和应用。结果应该提供给不同领域的专家,然后加以应用,目标是改变某些话语实践和社会实践(Fairclough & Wodak, 1997)。

目前应用批评话语分析的不同部门或学者所研究的主题各不相同,性别、种族歧视、媒体话语、政治话语、机构话语、身份研究,这些是最突出的研究主题。就方法论而言,从小规模的、定性的案例分析,到实地考察和民族志进行的语料分析，各种方法论都有。因此，与乔姆斯基的生成语法和韩礼德的系统功能语言学不同，批评话语分析没有把自己看作一个"宗派"或是封闭的范式，而是一种开放的话语分析的思路。批评话语分析的研究不是只采用唯一的特定的方法论，而是有各种各样的理论背景，面向各种语料和方法论。在方法论和理论上的思路的多样性证明了 van Dijk 的观点，即批评话语分析和批评语言学至多是一个进行语言分析、符号分析或话语分析的共同视角（van Dijk, 1993）。

第三章

恐怖主义概念的界定

恐怖主义是一个复杂的社会政治概念，很难得到客观的界定。这就像国际政治中的民主和自由两个概念一样。这一方面是由于不同的国家在政治、社会和文化上的差异，另一个更重要的原因是各国在国家利益上的不同。每个国家都按照自己的国家利益界定恐怖主义，为媒体和公众理解这一概念提供一个框架，获得他们的支持。作为一种社会政治现象，恐怖主义问题在国际政治中长期存在，并在"9·11"事件后成为国家政治中最重要的议题。

"9·11"事件之前，恐怖主义事件在各个国家都时有发生，曾出现过像1972年9月5日巴勒斯坦"黑九月组织"在慕尼黑奥运会上杀害11名以色列运动员这样的事件，像北爱尔兰地区的"爱尔兰共和军"和西班牙的"埃塔"（巴斯克祖国与自由运动）这样的恐怖主义组织都一度成为国际热点问题。但是，总体而言，这些组织和事件的国际影响都十分短暂。国际社会的注意力更多地集中在各国国内冲突或国际冲突中严重违反人道主义法的事件。除了常设的海牙国际刑事法院以外，国际社会曾专门设立过一系列的国际刑事法庭，按照国际和国内刑事法律对严重违反国际人道主义法的事件进行调查，并惩罚责任人。例如，1993年联合国安理会通过了第808号决议，成立了前南斯拉夫问题国际法庭，负责审判自1991年以来在前南斯拉夫联盟境内违反国际人道主义法的犯罪嫌疑人。1994年，联合国安理会通过了第955号决议，设立了卢旺达问题国际刑事法庭，负责审理1994年1月1日至12月31日期间在卢旺达境内的种族灭绝和其他严重违反国际人道主义法行为的责任人，以及同期内在邻国境内实施种族灭绝和其他这类违法行为的卢旺达公民。

但是，无论是常设的国际刑事法院还是特设的国际刑事法庭，都对恐怖主义问题没有管辖权。因此，恐怖主义作为一项国际议题的持续时期都很短暂。"9·11"事件后，美国宣布发动一场"全球性的反恐战争"，由此使恐怖主义成为一项持续长达十年之久的国际议题。各国都向美国提供了不同程度的支持，但是在恐怖主义的界定上仍然存在不同的理解，因此无法由国际刑事法院或法庭管辖恐怖主义问题。由于关于恐怖主义没有一个普遍接受的定义,以美国为代表的西方国家在恐怖主义问题上奉行双重标准,在恐怖主义与合法的政治运动的区分上根据自己的利益来确定标准。例如,巴勒斯坦伊斯兰抵抗运动哈马斯被俄罗斯、中国、伊朗、土耳其和阿拉伯国家视为反抗以色列占领的抵抗组织,但被美国、加拿大、欧盟和日本视为恐怖组织。由此论证了国际政治中的一句名言,即"一个人眼中的恐怖分子是另一个人眼中的自由战士"[①]。本章从多个方面对恐怖主义的概念进行考察。

第一节 辞典及百科全书中的定义

"恐怖主义"一词对应的英文词为 terrorism。从词源来说,terrorism 来自 terror,而 terror 来自拉丁语中的 terrere,意思是"使人害怕或担心",-ism 是来自法语的名词后缀,指"实施",因此 terrorism 意思是"实施令人担心的事情或者引起恐惧"。其中,terror 这个词早在 2100 年前就已经出现,而 terrorism 这个词则出现于 18 世纪法国大革命时期。当时,执政的罗伯斯庇尔及其领导的雅各宾派为了保卫新生政权,决定使用恐怖主义对付反革命分子,由此出现了 1793 年 6 月至 1794 年 7 月的恐怖统治(Reign of Terror)。在巴黎和其他省被公开处决的人超过两万,有 30 万人被逮捕。罗伯斯庇尔本人最后也被逮捕并处决。这一时期的恐怖主义概念指一种国家行为或政府行为,与现代恐怖主义的概念有根本的区别。下面来看一下部分权威辞典中关于恐怖主义的论述。

一、词典中的定义

《现代汉语词典》(第 6 版,2013)对恐怖主义的定义如下:恐怖主义指蓄意通过暴力手段(如制造爆炸事件、劫持飞机、绑架等),造成平民或非战斗人员伤亡与财产损失,以达到某种政治目的的行为和主张。进行恐怖活动的人被称为恐怖分子。《韦伯斯特新世界美国英语词典》(第 3 版,1988)对恐怖主义的定义是:使用武力或威胁来打击对方的信心、恐吓对方,使对方屈服,尤其是作为一种政治武器或政策而使用。

《辞海》(2002)中把恐怖主义界定为主要通过对无辜平民采取暴力手段,以达到一定的政治和宗教目的的犯罪行为的总称。多采用恐怖方式造成社会恐

[①] 已故巴勒斯坦解放组织领导人阿拉法特 1974 年 11 月 13 日在联合国大会演讲时所说。

慌、打击有关政府和组织，以满足其某些要求或扩大其影响。除了恐怖主义以外，《辞海》还界定了恐怖行动，指主要通过对无辜平民采取暴力手段以达到一定政治目的的犯罪活动。较多采用爆炸、劫机、暗杀、绑架和屠杀人质等方式造成社会恐慌，对有关政府和组织施加压力，以满足其要求或扩大其影响。具有非国家主体性、跨国性、重大危害性等特点。此外，《辞海》还论述了中国政府在恐怖主义问题上的立场，中国政府坚决反对和主张打击一切形式的恐怖活动，强调加强国际合作，标本兼治，努力消除产生恐怖主义的根源。

二、百科全书中的定义

总体而言，上述词典中关于恐怖主义的定义比较简略。相比而言，百科全书中的定义十分详细。以《中国大百科全书》（2009）和《不列颠百科全书》（2010）为例。

《中国大百科全书》关于恐怖主义的定义如下：为了特定的政治或宗教目的，有计划地使用暴力或威胁使用暴力对抗普通平民的主张和行为。它以暴力形式令人们产生恐惧感而达到某种政治目标。它不是一般的、孤立的、偶然的恐怖行动，而是一种有组织、有制度和有政治目的的恐怖活动，往往附着于某种意识形态。按照其性质来区分，恐怖主义分为政府恐怖活动和非政府恐怖活动。政府恐怖活动指一国政府用恐怖主义手段来对付另一个国家的人民，也包括支持恐怖主义或进行恐怖袭击的国家。非政府恐怖活动的表现形式更为复杂。

《中国大百科全书》所列举的自冷战结束以来的恐怖主义形式包括主要奉行民族分裂主义的恐怖主义、新法西斯主义的恐怖主义、国际贩毒集团的恐怖主义、邪教性质的恐怖主义。所提到的20世纪60年代以来主要的国际恐怖主义组织包括"爱尔兰共和军"、德国的"红军团"、意大利的"红色旅"、日本的"赤军"、俄罗斯的车臣非法武装、西班牙的"埃塔"、"基地"组织以及"东突"。①

关于恐怖活动的历史，《中国大百科全书》中认为恐怖活动是人类社会矛盾冲突的一种表现形式，可以追溯到古希腊和古罗马时期。其中提到的第一次世

---

① "东突厥斯坦伊斯兰运动"（"东伊运"）是"东突"恐怖势力中最具危害性的恐怖组织之一。其宗旨是通过恐怖手段分裂中国，在新疆建立一个政教合一的"东突厥斯坦伊斯兰国"。"东伊运"是国际社会公认的恐怖组织，被联合国、俄罗斯等众多国际组织和国家列入恐怖组织名单。但是，美国政府却于2020年10月20日撤销此前对"东伊运"认定为恐怖主义组织的决定。这体现了美国在反恐问题上一贯秉持的双重标准，也破坏了国际社会联合反恐的持续努力。

界大战前的两起最严重的恐怖事件是1881年3月13日沙皇亚历山大二世遇刺和1914年6月28日奥匈帝国斐迪南大公遇刺。恐怖主义真正形成是在第二次世界大战之后至20世纪60年代末，主要出现在殖民地、附属国或新兴独立的民族国家。

《不列颠百科全书》中把恐怖主义定义为对政府、公众或个人蓄意使用恐怖手段或令人莫测的暴力，以达到某种政治目的。恐怖主义是一些个人或团体图谋动摇或推翻现存政治制度的手段，在一些极权国家（例如纳粹德国）被当作一种国策（即所谓的国家恐怖主义）。《不列颠百科全书》中认为，恐怖主义手段在各种战争和冲突中十分广泛。其中所列举的战争和冲突包括：反殖民主义战争（爱尔兰共和国、阿尔及利亚与法国、越南与法国、越南与美国），不同的民族集团之间因领土归属而发生的冲突（巴勒斯坦与以色列），不同宗教教派之间的冲突（北爱尔兰的天主教徒与新教徒）、一些国家的革命力量与现有政府之间的国内斗争（马来西亚、印度尼西亚、菲律宾、伊朗、尼加拉瓜、萨尔瓦多、阿根廷）。其中的一方或双方都用恐怖主义手段。该书中所列举的20世纪后期重要的恐怖主义组织包括联邦德国的巴德尔—迈因霍夫帮、日本的赤军、意大利的红色旅、波多黎各的民族解放武装力量、法塔赫和其他巴勒斯坦组织、秘鲁的光辉道路、法国的直接行动组织。

关于恐怖主义的历史，《不列颠百科全书》中认为，恐怖主义自古以来就存在，从古希腊、古罗马时期到欧洲中世纪时期，以及法国大革命时期的"恐怖统治"时期，一直到21世纪的"9·11"事件。该书指出，现代恐怖主义不像过去的恐怖主义那样针对特定的目标（如政治领导人和宗教领导人），而是采取绑架、暗杀、劫机、爆炸和劫持等手段来恐吓政府及民众，因此产生两个后果。一个后果是恐怖主义的影响力借助于现代传播媒介的报道而大大增强，另一个后果是越来越多的无辜平民由于偶然置身于恐怖事件现场而成为受害者。

第二节 学术界的定义

国际政治的学者们关于恐怖主义的界定各有不同标准。有研究表明，关于恐怖主义的定义有212个之多，其中90个被各国政府和其他机构反复使用（Simon, 1994）。下面是国际政治领域中一些最有影响的学者提出的定义。

Alexander（1976）认为，恐怖主义是指针对任意的平民目标使用暴力，旨在恐吓或产生普遍的恐惧，目的是实现政治目标。Rapoport（1988）认为，恐怖主义指使用暴力，以鼓动意识，激起一定的同情和反感。Hoffman（1998）提出，恐怖主义在其目标和动机上必须是政治性的、暴力性质的，或者说威胁使用暴力，旨在产生深远的心理影响，而这种影响超出了直接的受害者或目标本身。恐怖主义由一个非国家组织或实体所实施，该组织有明确的指挥体系或合谋性质的核心结构（其成员不穿制服或任何显示其身份的标志）。Laqueur（1999）提出，恐怖主义指为了实现一定的目标而使用暴力或威胁使用暴力，是一种实现目标的斗争方法或策略，旨在使受害者心目中产生恐惧的状态，其行为是残忍无情的，不符合人道主义规则。并且，宣传（publicity）是恐怖分子策略中一个必不可少的因素。Stephen Sloan（2006）认为，恐怖主义的定义随着时间推移而演变，但是其政治、宗教和意识形态目标几乎从来没有变化过。

Schmid & Jongman（1988/2005）在《政治恐怖主义》（*Political Terrorism*）一书中考察了恐怖主义研究领域中的主要学者提出的 109 个定义，对其进行内容分析，以确定其中的主要成分。结果发现，恐怖主义的定义中主要出现以下 22 个成分。

表 3-1 恐怖主义定义中的成分出现频次（%）

编号	成分	频次（%）
1	暴力	83.5
2	政治	65
3	恐惧，尤其是强调恐怖	51
4	威胁	47
5	心理影响和预期反应	41.5
6	袭击目标与受害者的区分	37.5
7	有计划、有组织、系统性的行为	32
8	作战方法、战略、战术	30.5
9	反常的，违反普遍规则，没有人道主义的约束	30
10	强迫、勒索，要求满足条件	28
11	引起公众注意	21.5
12	随机选择，不受个人感情影响	21
13	平民、非战斗人员、中立人员和局外人成为受害者	17.5
14	恐吓	17
15	强调受害者的无辜	15.5

续表

编号	成分	频次（%）
16	实施者为团体、运动或组织	14
17	象征意义方面，向他人宣示	12.5
18	暴力行为的发生有意外性和不可预测性	9
19	秘密的、地下的性质	9
20	暴力行为有重复性、连续性或系列性	7
21	有犯罪性质	6
22	向第三方提出要求	4

他们发现，主要的争议问题存在在以下方面。

（1）哪些组织或个体可以构成恐怖主义犯罪的主体，是限制在非国家行为体，还是可以扩大到国家行为体（state actor）？

（2）恐怖主义与其他形式的政治暴力怎样区分？

（3）恐怖主义可以是合法的吗？

（4）什么是恐怖主义合法的根据？

（5）恐怖主义与战争之间存在什么关系？

（6）恐怖主义与犯罪之间的关系是什么？

（7）针对军事目标的袭击属于恐怖主义行为还是战争行为？

Schmid & Jongman 在这样广泛考察的基础上提出了自己对恐怖主义的定义：恐怖主义是一种通过反复实施的暴力行为而使人产生焦虑的方法，秘密的或半秘密的个体，组织或国家行为体出于特殊的、犯罪的或政治上的原因而使用恐怖主义。恐怖主义与暗杀不同，其暴力行为的直接目标不是主要目标，暴力行为的直接受害者通常都是从一个目标群体中随机地或选择性地挑选出来作为传递信息的载体。在恐怖主义者（组织）、（处于危险之中的）受害者与主要目标之间的沟通过程是基于威胁的或基于暴力的，这些沟通过程被用来操纵主要目标（听众），使得主要目标成为恐怖主义的对象，或对其提出要求，或使其注意到，这些取决于恐怖分子寻求的是恐吓、强迫还是政治宣传（propaganda）。

这一定义是恐怖主义研究领域中目前最全面的，对恐怖主义的关键成分进行了总结，考虑到了恐怖主义行为的各种主体。但是，该定义在学术界没有得到普遍的接受。

第三节 官方定义

一、美国

在美国国内,对于恐怖主义没有一个统一的定义。《联邦刑法典》(*Federal Criminal Code*)中对国内恐怖主义界定（Section 2331 of Chapter 113< B >)如下：恐怖主义是涉及暴力行为或威胁生命的行为或活动,违反美国联邦刑法或任何一州的刑法,其目的似乎是：①恐吓或胁迫平民；②通过恐吓或胁迫影响一国政府的政策；③或通过大规模破坏、暗杀或绑架影响一国政府的行为；并且主要发生在美国领土管辖范围以内。

这一定义内容全面,包括了恐怖主义的地理范围、动机、袭击目标、手段和目的,并将恐怖主义规定为违反美国或任何一州的刑法的犯罪行为。尽管最后一个条件规定恐怖主义必须发生在美国的领土管辖范围以内,实际上在世界范围内任何针对美国公民或财产的袭击都被美国政府视为恐怖主义行为。法典对国际恐怖主义的定义与此类似,区别在于后一类犯罪活动主要发生在美国的领土管辖范围之外,或超出各国边界,无论是对其实施的手段、所恐吓或胁迫的人,或其实施者行动或寻求庇护的场所而言。

美国联邦调查局把恐怖主义定义为针对人员或财产非法使用武力或暴力的行为,目的是恐吓或胁迫政府、民众或其中任何一个部分,以实现政治的或社会的目的（The Terrorism Research Center, 2002）。这一定义与《联邦刑法典》是一致的,袭击目标范围更广,不仅包括人员,而且包括财产。但是,其中关于社会目的的说明并不确切。

美国国防部把恐怖主义定义为蓄意使用非法的暴力或威胁使用非法的暴力的行为,以使人产生恐惧,目的是强迫或恫吓政府或社会,从而实现政治、宗教或意识形态的目标。这一定义强调恐怖主义的目的有政治性质,并考虑到了恐怖主义除了政治信仰以外,还有其他各种动机。而美国国务院把恐怖主义定义为有预谋的、出于政治动机的暴力行为,由非国家组织或秘密的国家特工人员针对非战斗目标实施。这一定义十分狭窄,美国政府在实践中并没有遵循这一定义。

美国"9·11"事件后制定的《爱国者法案》(*USA Patriot Act*, 2001) 区分了国内恐怖主义和国外恐怖主义。其中,国内恐怖主义的构成有下列条件：①

实施了对人类生命构成危险的行为，并违反了美国联邦或任何一州的法律的行为。②目的是恐吓或胁迫平民；通过恐吓或胁迫的手段影响政府的政策；或通过大规模破坏、暗杀或绑架影响政府的管理。③主要发生在美国的领土管辖范围内。这一定义相当宽泛，几乎适用于美国政府所希望包括的任何活动，甚至包括战争时期对军事目标的袭击。按照关于恐怖主义的一般认识，"9·11"事件中针对世界贸易中心的袭击可以被认为是恐怖主义行为，但针对美国国防部大楼的袭击目标是军事目标和战斗人员，因此很难说属于恐怖主义行为。《爱国者法案》中关于恐怖主义的定义中没有区分对军事目标和人员与民用目标和平民的袭击，这样就能按照美国政府的意愿把更多的袭击事件包括在恐怖主义的范畴内。

美国国务院每年都会按照法律要求，发布关于当年度的恐怖主义形势的国别报告，对于国际恐怖主义的趋势和事件进行评估。每年的报告中都有一份其认定的外国恐怖主义组织的名单（该名单的最新版本见本书的附录1）。该名单根据形势变化每年都会有增加或删减。名单确定的程序如下：首先由国务院的反恐局根据一个组织发动的恐怖袭击情况或进行恐怖袭击的策划和准备情况判断，确定该组织是否符合列入恐怖主义组织名单的标准。反恐局会准备一份详细的记录，包括秘密的和公开来源的信息，说明该组织符合标准。然后，国务卿与司法部长和财政部长协商，确定名单。美国国会对名单进行审查，时限为7天。审查结束后，如果国会没有反对意见，名单会出现在《联邦登记》（*Federal Register*）上，并生效。被认定为外国恐怖主义组织的机构，可以在30天内向首都华盛顿所在的哥伦比亚特区的联邦上诉法院寻求司法审查。

被认定为外国恐怖主义组织的机构会受到美国的制裁。根据美国法律规定，在美国的或受到美国管辖的人不得故意向其提供物质支持或资源。该机构的代表和（或）成员，如果是外国人，不得进入美国，或在某些情况下可以从美国驱逐出去。任何美国金融机构如果拥有或控制与其有经济关联的资金，必须冻结该资金，并向美国财政部外国资产控制办公室报告。美国政府还会对被认定为恐怖主义组织的机构实施其他方面的制裁。

关于美国国内的恐怖主义组织的认定，没有一个像认定外国恐怖主义组织那样的严格程序，主要由联邦调查局等执法部门在实践中确定。被美国政府视为恐怖主义组织的国内机构是一些奉行各种极端意识形态的机构或团体，包括政治、宗教、社会、种族、环境保护等各种意识形态（关于美国国内的恐怖主义组织名单，见本书附录2）。

二、加拿大

2011年9月28日联合国安理会通过1373号决议,要求所有成员国采取实际行动打击恐怖主义。之后,加拿大通过了C-36法案,即反恐怖主义法案,制定了新的打击恐怖主义的措施,并修改现有的与恐怖主义和相关犯罪有关的法律。该法案中恐怖主义活动(terrorist activity)的定义范围很大。《反恐法案》中规定,恐怖主义活动的构成有以下条件:第一,恐怖主义活动的实施可以是一种作为(act),也可是一种不作为(omission);实施地点可以在加拿大境内,也可以在境外。第二,恐怖主义活动必须是出于政治的、宗教的或意识形态目的,旨在恐吓公众,以迫使第三方(个体、政府或国内或国际组织)实施或不实施特定行为。第三,属于恐怖主义活动的行为包括故意实施的暴力活动,造成死亡或伤害,危及生命,对公共健康或安全造成危险,造成死亡或伤害的情况下同时造成重大财产损害,使基本的公共服务中断。

三、英国

长期以来,为了应对与北爱尔兰问题有关的争议,英国政府一直将"爱尔兰共和军"视为恐怖主义组织,适用其国内的反恐法律。近些年来,尽管英国与爱尔兰共和军达成了和平协议,但是英国政府认为伊斯兰极端分子和国际恐怖主义的威胁日益增加,加强了反恐立法,并于2000年通过了《2000年反恐怖主义法》(Terrorism Act, 2000),于2001年颁布了《反恐、犯罪与安全法》(Anti-Terrorism Crime and Security Act, 2001)。其中,《2000年反恐怖主义法》规定,恐怖主义的构成有以下条件:首先,在行为上必须针对人们实施了严重的暴力,造成财产的严重损失,危及人的生命(不包括实施暴力行为者本身的生命),对公众或一部分公众的健康或安全造成严重威胁,或者目的是严重干扰或扰乱电子系统。此外,这些暴力行为或者威胁使用这些行为的意图是影响政府,或恐吓公众或一部分公众,并且暴力行为的使用或者威胁使用暴力行为的目的是促进一项政治、宗教或意识形态的运动。

四、欧盟

欧盟各成员国受到恐怖主义问题的影响程度各有不同。其中法国、德国、意大利、西班牙和爱尔兰受到的影响较大,都曾出现过一些活跃的恐怖组织,如西班牙的"埃塔"、意大利的"红色旅"、爱尔兰的"爱尔兰共和军"、德国的巴德尔-迈因霍夫帮。各国都有自己对于恐怖主义的定义。在欧盟层面上,

2002年6月13日通过了《欧盟理事会关于打击恐怖主义的框架决定》，以协调各成员国在反恐问题上的合作。根据该决定，欧盟认为恐怖主义是一种犯罪，主要包括下列活动。

（1）针对人的生命的、可能导致死亡的袭击。

（2）针对人的身体完整功能的袭击。

（3）绑架或劫持人质。

（4）对政府设施或公共设施、交通系统、基础设施造成大规模破坏，这些设施包括信息系统、位于大陆架上的固定平台、可能危及人的生命或导致重大经济损失的公共场所或私人财产。

（5）劫持飞机、船舶或其他公共交通工具或货物运输工具。

（6）制造、占有、获得、运输、提供或使用武器、爆炸物或核、生物、化学武器，以及研究和开发生物和化学武器。

（7）释放危险物质，或引起火灾、水灾或爆炸，其结果危及人的生命。

（8）干扰或扰乱水、电力或其他基础性的自然资源的供应，其结果危及人的生命。

（9）威胁实施以上所列举的任何一项行为。

这些犯罪活动可能严重破坏一个国家或国际组织，出于以下目的：严重恐吓全体居民；或不正当地迫使一国政府或国际组织实施或放弃一个特定行为；或严重扰乱或破坏一国或国际组织根本的政治、宪法、经济或社会结构。

欧盟主要把恐怖主义视为一种有组织的犯罪活动，强调通过法治、政治和金融手段来打击恐怖主义，而不是采取战争手段。欧盟认为，对付恐怖主义最有效的办法是针对恐怖主义的根源，通过扩大民主的普及，提高教育、平等和积极增长来消除恐怖主义。

五、联合国

恐怖主义成为国际议题有两个阶段。第一阶段是在第二次世界大战前。当时，中东地区的犹太复国主义组织斯特恩帮（Stern Gang）引起了国际社会的注意。该组织的目的是把英国托管当局从巴勒斯坦地区驱逐出去，允许犹太人向该地区无限制地移民，并建立一个犹太国家。同时，在英国托管巴勒斯坦期间，另外一个犹太恐怖组织伊尔根（Irgun）在1931至1948年期间多次实施恐怖活动。尤其是在1946年使用炸弹袭击了在巴勒斯坦的英军司令部所在地大卫王酒店，杀死91人。1934年，国际联盟制定了防止和惩治恐怖主义行为的公约，宣布恐怖主义是非法的、应受惩罚的，从而使恐怖主义成为国际议题。

1972年9月5日,在慕尼黑举行的第20届奥运会上,巴勒斯坦解放组织(Palestinian Liberation Organization,PLO)的主流派别"法塔赫"所建立的激进组织"黑九月"策划并实施了绑架11名以色列运动员的事件,并最终将其杀害。此次事件后,恐怖主义再次成为国际议题,并在20世纪80年代中期达到高潮。"慕尼黑事件"后,联合国开始号召各国加强合作打击国际恐怖主义,但是迄今并没有提出一个被普遍接受的恐怖主义的定义。从1963年到1999年,联合国先后制定了12个国际公约,把一些最严重的恐怖行为规定为犯罪。这些行为包括:针对航空器和航空港的犯罪、针对受到国际保护的人员的袭击、劫持人质、非法使用核材料、针对船舶和大陆架平台的袭击、非法使用塑料炸药、炸弹袭击、资助恐怖主义行为。联合国要求各成员国在国内法中将这些行为规定为犯罪,并承担起诉或引渡犯罪者的义务。

联合国安理会2004年通过的1566号决议提出了恐怖主义的定义:犯罪行为(包括针对平民的犯罪行为),旨在造成人员死亡或重伤,或劫持人质,目的是在公众或特定的群体或人员中制造恐慌状态,恐吓全体居民或强迫一国政府或组织实施或放弃一个特定行为。但是,这一定义既没有约束力,也没有得到成员国的普遍接受。

六、阿拉伯联盟和美洲国家组织

伊斯兰会议组织的《打击国际恐怖主义公约》(1999)规定,恐怖主义是指采取暴力或暴力威胁行动,无论其出于何种动机或意图,执行个人或集体犯罪计划,旨在恐吓他人,或威胁伤害他人,或危及他人生命、名誉、自由、安全或权利,或危害环境、任何设施或公私财产,或加以控制或劫持,或危及国家资源或国家设施,或威胁独立国家的安定局面、领土完整、政治统一或主权。阿拉伯国家联盟(阿盟)通过的《打击恐怖主义的阿拉伯公约》(2000)中关于恐怖主义的定义与上述公约类似:恐怖主义指为了个人的或集体的犯罪计划而采取的暴力或暴力威胁活动,无论其出于何种动机或目的,旨在在民众中制造恐慌,通过伤害民众,或威胁其生命、自由或安全,使其遭受惊扰,或试图破坏环境、公私设施或财产,或试图加以占有或劫持,或试图破坏国家资源。

以上两个公约有一个与其他国际公约显著不同的地方,即注意把恐怖主义与民族解放运动和反抗外国殖民主义或占领进行区分。它们规定,如果一个行为旨在反抗外国占领和侵略,那么它就是合法的,并且行为人可以使用任何必要的手段(包括武装斗争),以解放自己的领土,获得自决与独立的权力,并且其斗争方式须维护每个阿拉伯国家的领土完整。此外,这些斗争行为不仅不属于恐怖主义，而且不被认为是犯罪行为。

七、上海合作组织

由中国倡议成立的上海合作组织于 2001 年 6 月 15 日在上海通过了《打击恐怖主义、分裂主义和极端主义上海公约》（以下简称"上海公约"），由中国、哈萨克斯坦、吉尔吉斯斯坦、俄罗斯、塔吉克斯坦和乌兹别克斯坦 6 个国家共同签订。《上海公约》的第一条对恐怖主义、分裂主义和极端主义都进行了定义，其中关于恐怖主义的定义如下。

（1）为本公约附件（以下简称"附件"）所列条约之一所认定并经其定义为犯罪的任何行为；

（2）致使平民或武装冲突情况下未积极参与军事行动的任何其他人员死亡或对其造成重大人身伤害、对物质目标造成重大损失的任何其他行为，以及组织、策划、共谋、教唆上述活动的行为，而此类行为因其性质或背景可认定为恐吓居民、破坏公共安全或强制政权机关或国际组织以实施或不实施某种行为，并且是依各方国内法应追究刑事责任的任何行为。

另外，第一条第二款又规定，本条不妨碍载有或可能载有比本条所使用专门名词适用范围更广规定的任何国际条约或各方的国内法。

八、俄罗斯联邦及独联体

苏联时期的刑法中没有规定恐怖主义犯罪的惩罚，俄罗斯联邦独立后于 1994 年在刑法中增加了关于恐怖主义的条款，将其定义如下：爆炸、纵火或其他危及人的生命、造成重大财产损坏或其他有社会危险性后果的行为，目的是损害公共安全或影响当局的决策。1996 年制定了新的刑法，沿用至今，其中规定了针对恐怖主义行为的惩罚措施，但是没有恐怖主义的明确定义。

俄联邦 1998 年制定了《反恐怖主义法》，其中有关于恐怖主义的宽泛的定义：针对个人或组织的暴力或暴力威胁，毁坏（破坏）或威胁毁坏（破坏）财产和其他物品，有可能造成死亡、财产的重大损坏或其他有社会危险性的后果，实施目的是破坏公共安全，恐吓民众或影响权力机关做出对恐怖分子有利的决策，或满足恐怖分子非法的物质利益和（或）其他利益；企图杀害政界人士或公众人物，以终止其国务活动或其他政治活动，或针对这些活动进行报复；袭击外国的代表或国际组织的工作人员，以及袭击享有国际保护人员的官方房屋或交通工具，目的是挑起战争或扰乱国际关系。

2006 年俄联邦制定了新的《反恐怖主义法》，取代了 1998 年的法律，对恐怖主义的定义十分简洁：恐怖主义是指暴力意识形态和以影响政府当局、地方自治机构或国际组织的决策为目的的行为，通过恐吓民众和（或）其他非法暴力行为的形式来实现目的。此外，该法律还界定了恐怖主义行为，并列举了构成恐怖主义活动的行为。

俄罗斯参加的《独立国家联合体成员国打击恐怖主义合作条约》中对恐怖主义的定义如下：恐怖主义是一种按照刑法应受惩治的非法行为，其目的是破坏公共安全，影响当局的决策，或恐吓民众，采取以下形式：针对自然人或法人使用暴力行为或威胁使用暴力；毁坏（破坏）或威胁毁坏（破坏）财产和其他物品，危及人的生命；对财产造成重大损害或发生其他对社会有危险性的后果；威胁政界人士或公众人物的生命，以终止其国务活动或其他公共活动，或针对这些活动进行报复；袭击外国的代表或国际组织中享有国际保护的人员，以及享有国际保护人员的官方房屋或交通工具；其他按照条约签署国本国的法律或普遍承认的打击恐怖主义的国际公约属于恐怖主义的行为。

该条约中还有关于技术恐怖主义的定义，即使用核、放射性、化学或细菌（生物）武器或其成分、致病微生物、放射性物质，或其他对人体健康有害的物质。技术恐怖主义还包括占领、中止或毁坏核、化学或其他设施，构成更大的技术危险或环境危险，以及对城市及有人居住的地方的公用设施构成危险。

九、恐怖主义与其他概念的比较

恐怖主义应与战争和游击战等概念区分开。这一点很重要，因为它涉及国际法的适用问题。目前普遍的观点是，恐怖分子不应享有交战者或战斗人员的身份，不受到《日内瓦公约》的约束，不适用于武装冲突法，而是属于国内法管辖的罪犯。下表总结了战争、游击战和恐怖主义3个概念的区别。

表3-2 战争、游击战与恐怖主义的比较（Merari，1994）

比较维度	常规战争	游击战	恐怖主义
战斗单位的规模	大（军团、军、师）	中等（排、连、营）	小（通常小于10人）
武器	各种武器装备（飞机、大炮、坦克等）	大部分是步兵轻武器，偶尔也有大炮	手枪、手榴弹、冲锋枪、专门设计的武器（如汽车炸弹、气压炸弹）

续表

比较维度	常规战争	游击战	恐怖主义
战术	通常有几个军种参与的联合作战	突击队之类的战术	专门设计的战术；绑架、暗杀、汽车炸弹、劫机、路障、劫持人质等
目标	大部分是军事单位、工业和运输基础设施	大部分是军事、警察和行政人员，以及政治对手	国家象征、政治对手及公众
预期作用	物理破坏	主要是对敌人造成人员损失	心理恐吓
是否控制领土	是	是	否
是否穿着军装	着军装	常常着军装	不穿军装
作战区域的划定	战争限制在交战双方承认的地理区域	战争限制在处于冲突中的国家	没有公认的交战区域，在世界范围内开展行动
国际法意义上的合法性	如果按照规则进行，是合法的	如果按照规则进行，是合法的	不合法
国内法意义上的合法性	合法	不合法	不合法

十、恐怖主义的根源

按照不少西方国家政界和学界的观点，恐怖主义的主要根源是世界范围内不同文明之间的文化和宗教差异。这一观点以 Huntington（1993，1996）为代表。该观点认为，西方世界与伊斯兰世界之间的意识形态冲突是恐怖主义的根源，伊斯兰教的激进组织希望阻止美国将其民主制度和价值观强加于伊斯兰世界，并希望能够按照伊斯兰教的教义建立新的国际秩序，实现阿拉伯世界的复兴。因此，以"基地"组织为代表的宗教激进组织不断攻击以美国为首的西方国家的利益。

从世界范围内观察，造成恐怖主义的原因十分复杂，包括宗教、经济、社会、心理等多种原因。现有的研究揭示出至少有以下一些因素。第一是宗教因素。激进的伊斯兰教势力被认为是恐怖主义的根源。他们的理想是推翻阿拉伯国家的现有政权，建立伊斯兰国家。第二是民族问题。例如，西班牙巴斯克地区的分离主义组织"埃塔"旨在反抗西班牙政府对巴斯克族的政策。第三是历史恩怨，这与第二个有联系。例如，车臣恐怖分子认为俄罗斯政府曾在17世纪入侵车臣，大规模杀害车臣人，并长期拒绝车臣独立的愿望，因此对俄政府发动恐怖袭击。出于类似动机的组织还有埃塔、爱尔兰共和军。第四是相对贫困。在一些相对贫穷落后的国家，不少人参加恐怖主义组织的重要动机是对自己相对贫困的地位感到不满。第五是对全球经济霸权的仇恨。有一些国家对全球经济一体化及西方国家的经济霸权感到痛恨，它们反对全球化的力量不容忽视。第六是经济利益。恐怖主义可以成为一种获得经济利益的手段。例如，菲律宾的反政府武装阿布·沙耶夫组织绑架人质的主要目的是索取赎金，而不是为了实现特定的政治目标。第七是常规的诉求表达渠道失败。当一些组织或个人无法通过常规的渠道表达自己的政治诉求时，可能会诉诸恐怖主义手段。

第四节 小　结

19世纪以前，国家是使用恐怖主义的最重要的主体，是一种保持对民众的控制的官方政策。但是，从19世纪开始，恐怖主义袭击逐渐成为非国家行为体的工具。20世纪以来，恐怖主义作为表达和实现政治主张的工具，被国家行为体和非国家行为体使用。国家恐怖主义针对国内的反政府武装和政治反对派，而非国家行为体的恐怖主义试图推翻政府。

目前来看，国际社会在恐怖主义的定义上无法达成一个普遍的共识。主要原因在于各国对待采取恐怖的暴力手段实现政治目标的做法持不同态度，并且同一国家在不同时期可能根据自己的不同利益而采取不同的态度。许多国家的政府并不愿意有一个清晰的、得到普遍承认的定义，因为他们担心如果对恐怖主义有一个官方定义，反而有可能表明那些宣称进行民族解放运动的组织进行的战斗是合法的。此外，西方国家认为，许多发展中国家的政府把反对派或持不同政见者称为恐怖分子。因此，与其说恐怖主义的界定是一个法律问题，不如说是一个政治问题。例如，20世纪80年代，阿富汗的塔利班武装和拉登得到美国中央情报局的支持，抵抗苏联对阿富汗的占领。这一时期，塔利班和拉登被美国政府称为自由战士,但在"9·11"事件后被美国政府列为头号恐怖分子。同样,联合国把巴勒斯坦人反抗以色列的非法占领视为正义的斗争,而以色列把其视为恐怖分子。像哈马斯和真主党这样的武装组织也是如此,大多数国家将其视为合法的抵抗组织,而美国等西方国家将其视为恐怖主义组织。从各国在反恐问题上的合作以及联合国近几十年的努力来看,对恐怖主义采取一种操作性定义(operational definition),针对特定的恐怖主义行为,而不是寻求一个全面的、普遍接受的定义。因此,没有一个综合性的定义并不妨碍对具体的国际恐怖主义行为进行打击(白桂梅,2002)。

目前,"恐怖主义"已成为一个有强烈负面意义的贬义词,恐怖主义被认为是比战争、酷刑或谋杀更严重的行为。这一概念充满了意识形态内涵和情感色彩,蕴含着一种社会的和道义的判断,成为一种贬低、羞辱对手的强大手段。在没有一个被普遍接受的定义的情况下,在是否把特定的暴力行为归入恐怖主义的范畴中这一问题上会出现分歧和斗争,这本质上是对立的双方对暴力行为的合法性问题的认识分歧。像美国这样在国际政治中居于霸权地位的国家更容易将其对恐怖主义的定义强加于其他国家,从而动员他们支持美国的所谓反恐战争。

第四章

范畴化

范畴化或分类行为是人类最基本的认知活动之一。范畴化是把一个特定的实体理解为一个更抽象的实体的实例。这种更抽象的实体建构了一个概念范畴（conceptual category）。概念范畴对人类而言是认知工具，对人类的学习、计划、交际和知识的存储是至关重要的（Croft & Cruse, 2004）。范畴化过程受到各种因素的制约。从批评话语分析的视角观察，范畴化过程中的社会政治因素影响概念范畴的建立及意识形态的建构。

在政治话语中，通过二元对立（或称两分对立，binary opposition）的范畴化影响公众的认识是一个十分常见的操纵策略。正如第三章中所讨论的，作为复杂的社会政治现象，恐怖主义的概念很难得到客观的、普遍接受的定义。美国政府在"9·11"事件后对恐怖主义进行塑造的过程中使用了一系列的两分范畴，由此形成的二元对立把恐怖主义建构为与所谓的文明世界完全对立的事物。这些范畴的使用不会揭示恐怖主义的本质及根源，反而掩盖了其背后的真相。美国政府的这一策略把复杂的社会政治现象简化为与美国的社会制度和价值观相对立的事物，使公众更容易理解和把握恐怖主义的概念，更容易实现对舆论的操纵，获得国内和国际对反恐战争的支持。布什政府在反恐话语中确立了大量的二元范畴，如黑暗与光明、生存与死亡、勇敢与怯懦、战争与和平、我们与他们、希望与绝望、仁慈与残忍、英雄与恶棍、诚实与欺骗。本章考察其中出现频次最高的4组二元范畴，包括善良与邪恶、守法与违法、文明与野蛮、自由与专制（Bhatia, 2009）。

第一节 范畴与范畴化的概念

一、作为一般认知能力的范畴化

范畴化能力是一切动物生存所必需的能力，动物无时无刻不在进行范畴化活动。所有生物都有范畴化的能力，甚至最低等的生物也不例外。任何一个动物至少必须把环境中的物体和物质分为可食用的与不可食用的、有害的与无害的。而且，动物还必须能够识别出自己的同类和异类，否则无法进行交配和繁衍后代。人类的范畴化能力远远超过动物，能够建立数以万计（或是十万、百万计）的范畴。人类能够对现有的范畴进行调整，使其容纳新的事物，或者根据需要而建立新的范畴。人类不仅对外部世界中的事物进行范畴化，而且对存在于心智内部的事物进行范畴化。

二、范畴化与推理

人类在物理世界和社会世界中的运作取决于对事物、过程、社会关系和他人进行的复杂的范畴化，否则日常生活中会存在问题。在与他人打交道时，我们会根据自己的生活经验或者出于特定的目的而将其归入一定的范畴。如果不进行这样的范畴化，我们无法预测对方会有什么样的言谈举止，也就无法采取相应的行动。例如，在遇到一个陌生人时，如果将其识别为美国人，而且对方不会说汉语，我们就会将其看作与我们不属于同一范畴的成员，并且会预测对方会有什么样的行为，从而采取相应的行动。我们不会使用汉语与对方进行沟通，也不会根据中国的风俗习惯要求对方。此外，把对方划分为成年人还是儿童的范畴也很重要，因为我们对成年人和儿童有不同的期望。因此，对社会交际而言，把人分成不同的社会范畴是完全必要的。

三、从经典范畴论到原型范畴论

经典范畴论有如下认识。第一，一个范畴的成员具有一些共同特征，并且这些特征也只有它们具有。第二，通过对一个范畴的分解，抽象出一组特征，就可以解释该范畴的意义，并且由此抽象出来的特征是二分的。一个范畴中的实体或者具有该特征，或者不具有该特征。第三，所有范畴都有清晰的边界。一个范畴一旦确立，就把世界分为两个实体集合，一个集合是由该范畴的成员组成的，另一个是由非该范畴成员组成的。两者之间没有任何模棱两可的实体。第四，一个范畴的所有成员都有同样的地位。如果一个实体表现出一个范畴的所有本质特征，就是该范畴的完全成员，而没有表现出所有本质特征的实体就不是该范畴的成员。因此，范畴成员的资格不存在程度问题。例如，"鸟"范畴可以分解为一组本质特征，包括"有翅膀""有羽毛""能飞""孵卵"。判断一个动物是否属于该范畴的根据就是这一组本质特征。只要任何一个动物具有这些特征，就可以归入"鸟"范畴，并且一个动物是否属于该范畴是一个非黑即白的事情，没有第三种可能性存在。

经典范畴论在哲学、心理学、语言学和人类学领域根深蒂固，但存在很大困难。例如，鸵鸟和企鹅都不会飞，但通常被人们看作鸟；而鸭嘴兽能够孵卵，但不属于鸟类；蝙蝠能飞，但不能卵生，也不能被看作鸟。Rosch（1975）进行的实验表明，经典范畴论存在缺陷，进而提出了原型范畴观（Prototype Theory）。按照原型范畴观，语义范畴不能根据一组必要和充分条件来界定，而是以范畴的原型成员（即最典型的成员）为中心组织而成的放射性范畴结构。范畴中的成员地位并不相同，有些成员比其他成员更具有典型性。并且，并非人们使用的所有概念范畴都是经典范畴，相当多的范畴属于原型范畴，其边缘存在模糊现象，有些成员的范畴地位难以确定。因此，麻雀和燕子属于"鸟"范畴的典型成员，鸵鸟和企鹅则是该范畴的边缘成员，鸭嘴兽和蝙蝠不属于该范畴。认知语言学认为，许多范畴并不是通过充分和必要条件来界定的，而是参照抽象的认知模型确定的，这些认知模型是理想化的，与现实不完全对应。例如，英文中的 bachelor（单身汉，未婚男子）就是根据一个理想化的认知模型界定的。在该模型中，不存在同性恋现象，实行一夫一妻制，每个男子到一定年龄都结婚，并保持婚姻。参照这样一个理想化模型，bachelor 就是一个到了结婚年龄却没有结婚的男子（Lakoff, 1987）。在这一范畴的界定中，人们忽视和尚、道士、同性恋者等实体。因此，如果对他们是否属于 bachelor 的范畴进行判断，他们至少不是该范畴的典型成员，而是否将其归入该范畴则取决于我们对理想化的认知模型做出什么样的修改。

第二节　范畴化与意识形态

一、范畴化与识解

认知语言学认为，语言形式不是对现实世界的直接映射，而是人类认知的直接反映。语言表达式所涉及的认知域提供了该表达式的概念内容，但语义不仅取决于概念内容，更取决于人们的识解（construal）。所谓识解是指人们能够以多种方式，从不同的角度看待同一内容，从而以不同的语言形式进行编码（Langacker, 1987, 2008）。识解是人类的基本认知能力。日常生活中，人们从不同的角度观察同一事物或现象，会得出不同的结论（文旭，2012）。古诗中的"横看成岭侧成峰，远近高低各不同"说的就是这个道理。由于识解的差别导致不同的概念化，从而在情景编码上出现差别。例如：

(1) Bill came with Harry.

(2) Harry came with Bill.（杨信彰，2003）

两句话虽然在真值条件上是相同的，但在语义上存在差别。句（1）凸显Bill，而句（2）凸显Harry。

按照认知语言学的观点，影响识解的因素有视角（perspective）、背景、框架等。其中，对范畴化影响最大的是视角和背景。视角是指对事件描述的角度，涉及观察者与事件的关系。每个人在对事物进行范畴化时都从其自身的视角进行，受到地理、时间、社会、年龄和性别等多种因素的影响。在这些因素的作用下，说话人对概念内容做出评价，并将其体现在语言编码上。例如，同一个商业行为，从其中一方的角度属于"买"的范畴，而从另一方的角度则属于"卖"的范畴。同一个语言社团的成员有共同的背景知识，这是语言交际进行的基础。但是，每个成员由于其个体的经验而积累了不同的背景知识，会从不同的视角看待同一事物，在范畴化的参照框架上会存在差别。例如，不同的人会把看电视归入休息、放松、了解新闻、浪费时间、逃避家务等不同的范畴（杨信彰，2003）。

二、语言范畴化对思维的影响

语言的范畴化对人们的思维会产生影响。Sapir（1929/1958）指出，人类不是独立生活在客观世界中，也不是独立生活在人们一般理解的社会活动的世界，而是在很大程度上受制于已经成为他们所在社会表达媒介的语言。如果认为我们能够在本质上不使用语言的情况下适应现实，并且语言仅仅是解决特定的交际问题或思考问题时的一种附带手段，那将是一个十分错误的观念。"真实的世界"在很大程度上是建立在一个群体语言习惯的基础上。没有任何两种语言足够相似，以至于能够被认为表示同一个社会现实。不同社会所在的世界是截然不同的世界，而不仅仅是贴着不同标签的同一个世界。人们所在社团的语言习惯倾向于特定的理解方式，由此决定我们所看到、听到或以其他方式体验到的世界。

20世纪30年代时，萨丕尔的学生沃尔夫（Benjamin Lee Whorf）指出，"我们按照我们的本族语所规定的界限对自然界进行分析。我们从现象世界中分割出来的范畴和类型之所以存在，不是因为它们在每个观察者面前明显地存在；恰恰相反，世界上种种现象纷繁复杂，都要由人的头脑去理出头绪——这主要靠头脑中的语言系统完成。我们分析世界，形成各种概念，并给概念赋予意义，这主要是由于我们对如何组织外部世界的现象有一种默契。这种默契为语言社团所承认，并以语言的形式定型，虽无明文规定，但人人遵守。人们只有按约定俗成的信息结构和概念分类才能交际"（Whorf，1940；转引自潘永樑，1996）。例如，沃尔夫发现，霍皮语（Hopi）的语法和词汇反映出来的时空观念与英语截然不同。英语中把时间具体化和量化为类似空间的单位，向过去和未来延伸；而霍皮语中时间没有长度，无法量化，强调时间就是事件发生的次序和发展。因此，沃尔夫认为，欧洲人重视可以量化的经验，而霍皮语强调经验的重复和积累，不利于对经验的定量描述。

　　沃尔夫指出，语言对于事物的范畴化方式影响认知过程。一种语言把词划分为名词和动词影响人们对于事物的认识（Carroll，1956）。例如，英语和许多欧洲语言一样，把现实分割为名词和动词两个范畴，名词把事物描写为独立于其参与过程的实体，因此我们可以说 The wind blows 或 The light flashes，而实际上 wind 无法独立于 blow 存在，flash 无法独立于 light 存在。此外，闪电、波浪或烟雾本质上并不比动词所指的许多事件更像物体，但英语中把它们编码为名词，因此我们把它们看作物体；而霍皮语把这些现象编码为动词，因此操霍皮语的人将它们看作事件。

　　沃尔夫关于语言、思维和文化的著述被统称为沃尔夫假说或者萨丕尔-沃尔夫假说。通常认为，沃尔夫假说有两种形式。一种是极端的语言决定论，另一种是温和的语言相对论。语言决定论认为，语言形式决定思维，对于现实的感知不能独立于语言。语言相对论则认为，语言创造某些认知上的偏向，引导我们注意现实的某些方面，语言差别反映思维差别。语言决定论显然是不能成立的，这与沃尔夫的论证自相矛盾。如果这一理论正确，沃尔夫就无法知道操霍皮语者的思维方式不同于操英语者的思维方式，因为沃尔夫的本族语是英语，这决定他只能看到英语表达的世界观，而不可能看到霍皮语表达的世界观（高航，2003）。

　　与语言决定论相比，语言相对论强调语言对思维的影响，其中有不少合理之处。沃尔夫认为，语言模式并不是绝对地限制感性认识和思维，但往往把人们的观察和思考引导到一些习惯性模式中，由此加强特定的认知习惯和文化观念。此外，语言能起到导向作用，吸引人们注意现实的一些方面，而忽视另外一些方面。在语言对客观经验的编码方面，人们往往根据语言所提供的概念进行范畴化，由此对其行为产生影响。例如，英汉两种语言在亲属称谓系统上存在重大差异。英语中的 uncle 一个词所编码的范畴包括了汉语中的叔父、伯父、舅舅、姨父、姑父等。我们不能由此断定英语本族语者的头脑中没有汉语中的这些范畴，但是应当承认的是，语言上反映出来的差别确实会使汉语本族语者对这些范畴更敏感，而英语本族语者更可能在大多数情况下忽略这些范畴。语言中的范畴化系统一旦确立下来后，会对人们的思维产生重要影响。

三、两分范畴的重要地位

在人们关于世界的范畴化过程中，两分范畴（即存在两个相互对立的成员的范畴）占有重要地位，对人们的推理和行为产生重要影响，甚至被认为是人类思维的根本性特征之一。在一定情况下，自然界中的秩序本身呈现出二元对立，如白天与黑夜、男性与女性、上与下、前与后。按照符号学家的观点，二元对立的思想在人类思维中很早就出现了（哲学和宗教中的主体与客体、上帝与人、有机与无机、运动与静止等），原因在于它能够使人类更好地认识看似杂乱无章的世界中存在的重要差别，由此赋予世界及人类的经验以秩序。例如，交通信号灯的符号系统本质上是红灯与绿灯的对立，而黄灯是其中的过渡信号（张凤，2008）。

由两个相互对立的成员组成的范畴能够提高人类的大脑处理信息的速度，有利于人类做出判断和决策，对人类的生存有重大价值。但是，把众多纷繁复杂的事物简化为两分范畴也存在问题，在很多情况下容易掩盖事物的复杂性，使人们产生过分简单化的认识。例如，儿童很早就被父母和老师要求明辨是非，但是世界上的许多事情都没有一个简单的标准使我们能够做出这样截然分明的判断。从一个角度观察可能是正确的事情，换个角度观察，可能就是错误的。同样，对人的判断也是如此。简单地把人分为好人和坏人在影视作品和小说中是可以的，但在大部分情况下并不符合现实世界的情况。

四、范畴化的动态性与意识形态

上文关于范畴化的原型理论的讨论表明，经典范畴和基于原型的范畴存在重要的差别。经典范畴可以被概念化为一个抽象的容器，一个实体是否在该容器内是一个有明确答案的问题。基于原型的范畴的建立受到各种复杂因素的影响，包括人类的神经生理、物理运动和特定感知、心理意象、学习和记忆。范畴中的成员处于不同的地位，其中处于核心地位的是原型成员，其他成员根据它们与原型成员的相似程度而处于不同地位。经典范畴被认为是固定不变的，人们只需要根据充分和必要特征来计算一个实体是否属于特定的范畴。基于原型的范畴是动态的，一个实体所属的范畴不是一成不变的，而是在语境中取决于说话人的目的。说话人从自己的立场对同一个实体进行范畴化，从而将其归入不同的范畴。例如，下列各组对立的范畴在描述人们的行为时可能没有根本的区别，但人们将一个实体置于不同范畴的做法表明了不同的意识形态：爱国主义与沙文主义、调停与绥靖、灌输与洗脑、勇敢与鲁莽、温和与软弱。当一个人冲入燃烧着大火的高楼中去救人时，我们可以说，他的行为是勇敢的，也可以说是鲁莽的，这取决于我们观察问题的视角。

日常生活中的大部分范畴都是临时的，人们在范畴化过程中受到多种因素的支配，包括他们作为个体对现实的认识、不断增加的经验以及与社会成员不断变化的关系。各类实体中，物理实体的范畴化在一定时期内通常是约定俗成、停滞不变的，在人们所在的社会文化环境和历史背景下能够被普遍接受，成为社会意识的一部分。例如，一个圆形或方形的物体顶部是一个平面，并有多条腿，在平面上能够放置各种物体，可以用于吃饭、写字或打牌。对这样的物体人们的范畴化不会存在很大分歧，都会将其归入桌子的范畴。另一类实体更加抽象，如蓝领工人和白领工人，通常也是约定俗成的，没有多大争议。

但是，在对当今社会中普遍存在的一些有争议的概念进行相关范畴化时，人们就会产生很大分歧。这类概念在不同的时代不断发生变化，包括民主、自由、革命、贫困、恐怖主义、宗教等。因此，根据这类概念对实体进行范畴化时就产生不同的结果。处于统治地位的国家或社会阶层将其范畴化标准强加于其他国家或阶层，并据此规范自己和他人的行为。例如，第二次世界大战以后，中东地区的犹太复国主义运动组织为了建立以色列国，对当地的英国当局官员和巴勒斯坦阿拉伯人发动恐怖袭击，其暗杀和爆炸活动对巴勒斯坦的社会秩序造成严重破坏，并对该地区的阿拉伯人的安全和发展构成巨大威胁。以色列对自己的这段恐怖主义历史完全否认，认为这些举动是反对英国殖民者的正义行动。但是，以色列在占领了巴勒斯坦大片领土后，把巴勒斯坦人争取民族解放的行动界定为恐怖主义，对以哈马斯为代表的巴勒斯坦抵抗运动组织残酷打击。但是，哈马斯是否属于恐怖主义组织在国际社会中有很大争议。以美国为首的西方国家将其定义为恐怖主义组织，但大多数国家不赞同这样的范畴化做法。

五、范畴化在媒体话语、政治和教育领域的作用

范畴化是理解现实的一种根本手段。表面上看，把人们归入不同的范畴是一个自然的过程，实际上范畴化过程中的社会因素不是自然的。例如，美国的西班牙语群体（Hispanics）由各种不同的群体构成，每个群体都有自己的西班牙语变体，主流文化却把它们视为同一种文化群体，说同一种西班牙语。这样的范畴化过程意味着，在美国的西班牙语人群构成了一个在语言和文化上同质的群体。而实际上这些人来自23个不同的国家，文化背景和语言变体有很大不同。把他们归入一类范畴后，就产生了一个很大的人口群体，由此使主流文化群体感到恐惧，认为他们对主流文化构成了挑战。此外，西班牙语群体成为美国的移民现象的象征，对美国人的身份构成威胁（而实际上并不存在铁板一块的美国人身份）。因此，西班牙语群体在美国人中间引起恐惧，导致普遍对他们产生偏见，从而反对移民和少数种族群体（Ducar, 2006）。

根据不同的标准能够对同一实体进行不同的范畴化，这在社会生活中有可能产生至关重要的后果。例如，近些年来在公众生活中被广泛争论的一个问题是，应不应该把医患关系纳入《中华人民共和国消费者权益保护法》（以下简称《消费者权益保护法》）的范围。其本质是一个范畴化问题，即患者是否属于消费者的范畴。人们通常认为，患者花钱去医院看病，医院提供有偿服务，医院和患者之间就是一种服务与被服务的关系，患者就是医疗服务的消费者，应当受到《消费者权益保护法》的保护。但大部分专家和医疗机构认为，患者因病接受医疗机构的诊疗服务，不是日常生活消费，不属于《消费者权益保护法》中规定的消费者，而医疗机构的宗旨是为公民的健康服务，与学校、研究所等一样属于民法上的非企业法人，不属于营利组织。因此，患者不属于消费者范畴，医疗机构不属于企业范畴，医患关系不能适用《消费者权益保护法》。这两种观点对医患关系的双方产生不同的后果。各地法院关于这一问题的认识也存在分歧，因此在实际的医患纠纷中，有的法院根据《中华人民共和国民法典》进行判决，而有的法院则根据《消费者权益保护法》进行判决，由此对医患双方的权利和义务产生了重大影响。

六、范畴化与定型

社会心理学的研究表明，人们在范畴化过程中大部分时候关注的是信息处理的效率而非准确性，他们更愿意调用长时记忆中存储的固定的信息，根据该信息进行判断，而不愿意在更深入的观察和思考后进行判断。这些认知捷径就是人们接触人或事物时所激活的定型（stereotype）或图式（schemata）。[①]图式被看作人们建立的关于世界的常识模型（Graber, 1990），能够为我们提供指导，使我们根据文化规范或信仰、先前的经验或知识对一个情景或人做出预测。而定型是一种特定的图式知识，人们使用定型来对不熟悉的事物进行判断。他们

[①] 国内心理学文献中一般把 stereotype 译为"刻板印象"，本文中使用定型和刻板印象两个术语，两者没有区分。

不去观察事物的真实特点，而是根据该事物所属范畴的整体的认识进行判断，从而忽视其作为个体的特点。定型是关于特定的地域和社会群体的知识、观念和期望构成的认知结构，是人类适应社会环境的重要机制。现代社会中，人们面对日益复杂的社会环境，而关于社会环境的信息或者过多或者过少，为了更快速地概括和预测观察对象的特点，个体对各种社会群体都会形成一定程度的定型观念。大多数定型都是在一小部分真实信息的基础上做出范围过大的概括或夸大。有许多研究表明，即使最有批判和反思精神的人都很难抑制自己的定型思维。

以性别定型为例。性别定型（或称性别刻板印象）容易产生心理定式和极端化的判断，而且一旦形成，有很高的稳定性，不容易随着现实的变化而改变。人们关于性别差异的刻板印象是一种普遍存在的社会现象，人们通常认为男性有抱负有追求，富于竞争性和独立精神；而女性被认为性格温柔软弱，依赖性强。尽管在我国男女平等的观念深入人心，女性的社会地位也有根本的提高，但关于不同性别的刻板印象没有发生根本的变化。尤其重要的是，这些定型观念在学校和媒体中都得到传播及固化。在人民教育出版社的小学语文教科书（1994—1998）中存在明显的性别刻板印象。其中描写人物或涉及人物的课文中，80%以上的主人公为男性，女性不到20%。此外，女性主人公或者是含辛茹苦、勤俭持家的母亲或妻子，或者是充满亲情、疼爱孩子的母亲或妻子。在职业范围上，男性的职业涉及社会的各个方面，而女性人物大部分从事教师、售货员、护士、清洁工等体现耐心、服务性的行业。并且，在家庭生活中，母亲大多表现出贤惠的性格，而父亲多是严肃的，并拥有更高的地位和知识（王慧芳，2011）。

媒体不仅强化现有的定型观念，而且在形成女性和男性的人格特征、社会角色和社会价值的期待方面起着重要作用。在媒体关于女性的报道中，有许多关于女明星嫁入豪门的报道。在这些报道中，媒体对女明星的容貌尤为关注，详细描写她们的身材、脸蛋、衣着、发型等外在特征。并且认为，她们利用自己的美貌寻找一个好的婆家，就可以过上豪门的生活。在渲染女明星美貌的同时，对其男友或丈夫的描述则强调其显赫的家庭背景和巨额的财富，而美貌则是女明星嫁入豪门的资本（吕倩、穆洁，2011）。在媒体描述中，普遍把女明星定位于贪图物欲，依附于男性的财富而沉溺于物质享乐的花瓶形象。

第三节　反恐话语中的二元对立

一、善良与邪恶

"9·11"事件发生后，布什政府面临的首要任务是向公众回答一系列疑问：袭击者的身份是什么？为什么会发生针对美国的袭击？袭击事件是否与美国的中东政策有关，尤其是美国一直在巴勒斯坦与以色列的冲突问题上偏袒以色列？更广泛地来说，袭击事件是否与美国主导的不公正的国际秩序有关？

如果深入思考这些问题会发现，"9·11"事件背后的原因极其复杂，美国受到袭击在很大程度上应归咎于其长期以来在全球（尤其是在中东地区）推行错误政策，严重侵害了阿拉伯国家的利益，使阿拉伯民族长期遭受屈辱。

以布什为代表的美国新保守主义（Neoconservatism）遵循的是另外一种逻辑。他们认为，恐怖主义的根源不在于美国的政策，而是中东地区阿拉伯国家腐败的政治制度和文化，必须对这些国家进行政治改造，建立更多的民主国家。由此可以终结恐怖主义，保护美国的安全和利益。为了避免公众深入思考与"9·11"事件有关的复杂问题，进而对美国的中东政策提出疑问或反思美国民族性格中存在的问题，布什政府提供了一个极其简单的答案，即恐怖分子仇恨美国，因此对美国发动恐怖袭击。恐怖分子为什么会仇恨美国呢？布什政府的回答是，因为他们本身是邪恶的。通过考察布什及美国政界其他一些领导人的演讲会发现，其中一个反复强调的观点是，恐怖分子本身是邪恶的，他们仇恨美国的社会制度和美国人民的生活方式。例如：[1]

(3) There can be no neutrality between justice and cruelty, between the innocent and the guilty. We are in a conflict between good and evil, and America will call evil by its name. By confronting evil and lawless regimes, we do not create a problem; we reveal a problem. And we will lead the world in opposing it.

——Bush, 06-01-2002

---

[1] 本书所引用的语料实例来自美国政界人士的演讲和《纽约时报》。关于前者，语料来自美国白宫、国务院等政府机构的官方网站，我们在文中列出了演讲者的名称及演讲时间。关于后者，在文中给出了例句所在的报道、相关记者及出版时间。

(4) This is a strong coalition. It's a strong coalition because we've got great leadership, but it's a strong coalition because we're right. Because it's a strong coalition, because we've made it clear, this is not a war between Christianity or Judaism and Islam. As a matter of fact, the teachings of Islam make it clear that peace is important, that compassion is a part of life. This is a war between good and evil. And we have made it clear to the world that we will stand strong on the side of good, and we expect other nations to join us.

—Bush, 10-04-2001

布什政府基于二元对立的话语符合美国的民族文化和民族心理，即通过绝对的两分范畴理解世界。美国文化认为，世界上存在善与恶这两种力量，都有自己的生命力，两种力量相互竞争，善最终会战胜恶。在善与恶的斗争中，美国属于"善良"的一方，"基地"组织所代表的恐怖分子属于"邪恶"的一方。邪恶的一方会采取穷凶极恶的暴力手段，试图毁灭善良的一方，而以美国为代表的善良的一方必须采取一切手段，阻止恐怖分子达到目标。善与恶的二元对立在美国文化中根深蒂固，这在好莱坞的许多影片中得到体现。无论是《真实的谎言》（1994）、《独立日》（1996）还是《空军一号》（1997），美国在影片中总是被塑造为善良正义的一方，最终都战胜邪恶。

这种关于世界的认识把所有复杂因素都排除在外，显然是过分简单的，在逻辑上是不能成立的。但是，这一话语策略可以把公众理解恐怖主义的认知加工负担减少到最低限度，并使其受制于其中隐含的推理，如图4-1所示。

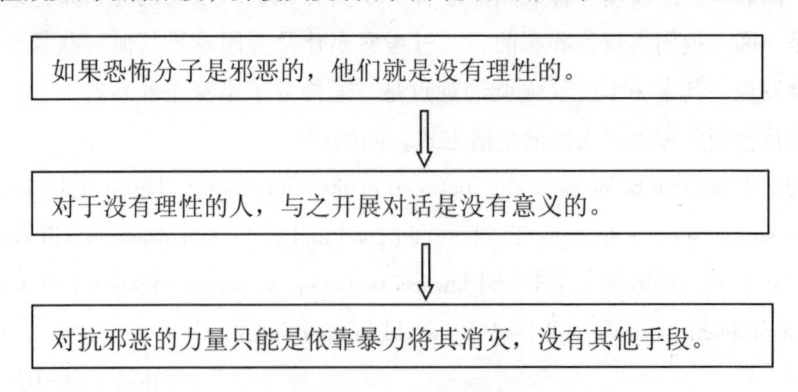

```
┌─────────────────────────────────────┐
│ 如果恐怖分子是邪恶的，他们就是没有理性的。│
└─────────────────────────────────────┘
              ⇩
┌─────────────────────────────────────┐
│ 对于没有理性的人，与之开展对话是没有意义的。│
└─────────────────────────────────────┘
              ⇩
┌─────────────────────────────────────┐
│ 对抗邪恶的力量只能是依靠暴力将其消灭，没有其他手段。│
└─────────────────────────────────────┘
```

图4-1　隐含的推理过程

由此，美国公众支持政府发动阿富汗战争和伊拉克战争，认为美国是为了和平而发动战争的，包括对伊拉克先发制人的入侵。实际上，没有证据表明伊拉克与"9·11"事件或"基地"组织有联系。

二、守法与非法

美国政府在反恐话语中建立的另一组两分范畴是合法与非法的对立。这一组对立与善良和邪恶之间的对立是一致的。布什政府把"基地"组织、恐怖分子和伊拉克建构为不遵守法律，尤其是国际公认的道义和法则的形象，其行为符合亡命之徒、罪犯和恶棍的特征。这些人和组织没有良心和原则，不受任何道德约束，因此，其行为无法无天。他们通过谋杀和其他暴力手段制造混乱，恐吓其人民和其他国家。他们还试图获得大规模杀伤性武器（weapons of mass destruction），而这类武器在国际社会中是被禁止扩散的，只有美国、俄罗斯、英国、法国和中国等几个大国才能拥有。与恐怖分子和伊拉克政府形成对比的是，美国及其西方盟国被建构为遵纪守法的公民，有强烈的正义感和尊严，按照法律和道德行事，本质上是与恐怖分子对立的。因此，美国在恐怖袭击中是无辜的、清白的，自己没有任何责任，过错完全在恐怖分子一方。根据这一对立的逻辑推理的结果是，守法的一方应采取法律手段惩罚违法的一方。因此，美国必须采取包括战争在内的各种手段，把恐怖分子及支持者抓获并进行制裁，才能维护国内和国际社会的法律与秩序。

守法与违法的对立在布什及美国其他政界人士的一系列言论中都有明显体现。一方面，布什在演讲中频繁使用 outlaw（亡命之徒）、killer（凶手）、thug（恶棍）、criminal（罪犯）、underworld（黑帮）、lawless men（无法无天的人）、assassin（杀手）、murderer（杀人犯）这样的表达式指称恐怖分子或伊拉克政府。例如：

(5) Every nation has a choice to make. In this conflict, there is no neutral ground. If any government sponsors the <u>outlaws and killers</u> of <u>innocents</u>, they have become <u>outlaws and murderers</u>, themselves. And they will take that lonely path at their own peril.

—Bush, 10-07-2001

(6) I've talked to many countries that are interested in making sure that the post-operations Afghanistan is one that is stable and one that doesn't become yet again a haven for <u>terrorist criminals</u>.

—Bush, 10-11-2001

(7) Our military has put the terror training camps of Afghanistan out of business, yet camps still exist in at least a dozen countries. A terrorist underworld— including groups like Hamas, Hezbollah, Islamic Jihad, Jaish-i-Mohammed— operates in remote jungles and deserts, and hides in the centers of large cities.

—Bush, 01-29-2002

(8) Many Iraqis can hear me tonight in a translated radio broadcast, and I have a message for them. If we must begin a military campaign, it will be directed against the lawless men who rule your country and not against you.

—Bush, 03-17-2003

(9) We are a peaceful people—yet we're not a fragile people, and we will not be intimidated by thugs and killers. If our enemies dare to strike us, they and all who have aided them, will face fearful consequences.

—Bush, 03-17-2003

(10) At every stage of this process, before and after the transition to Iraqi sovereignty, the enemy is likely to be active and brutal. They know the stakes as well as we do. But our coalition is prepared, our will is strong, and neither Iraq's new leadership nor the United States will be intimidated by thugs and assassins.

—Bush, 06-02-2004

除了上面这些描述罪犯和歹徒的指称表达式以外，布什还在反恐话语中多次描述恐怖分子及萨达姆政府的犯罪行为，将其建构为没有任何良心、屠杀无辜平民的人，通过恐吓和讹诈达到自己的目的。总而言之，这些人或政权是不可理喻的。例如：

(11) The pictures of airplanes flying into buildings, fires burning, huge structures collapsing, have filled us with disbelief, terrible sadness, and a quiet, unyielding anger. These acts of mass murder were intended to frighten our nation into chaos and retreat. But they have failed; our country is strong.

—Bush, 09-11-2001

(12) We've seen the enemy and the murder of thousands of innocent, unsuspecting people. They recognize no barrier of morality. They have no conscience. The terrorists cannot be reasoned with. Witness the recent anthrax attacks through our Postal Service.

—Bush, 10-26-2001

(13) Here is what we already know. Some states that sponsor terror are seeking or already possess weapons of mass destruction. Terrorist groups are hungry for these weapons and would use them <u>without a hint of conscience</u>. And we know that these weapons, in the hands of terrorists, would unleash <u>blackmail and genocide and chaos</u>.

—Bush, 03-11-2002

(14) We face an enemy of ruthless ambition, <u>unconstrained by law or morality</u>. The terrorists despise other religions and have defiled their own. And they are determined to expand the scale and scope of their <u>murder</u>. The terror that targeted New York and Washington could next strike any center of civilization. Against such an enemy, there is no immunity, and there can be no neutrality.

—Bush, 03-11-2002

(15) To suspend hostilities, to spare himself, Iraq's dictator accepted a series of commitments. The terms were clear to him and to all, and he agreed to prove he is complying with every one of those obligations. He has proven instead only his contempt for the United Nations and for all his pledges. <u>By breaking every pledge, by his deceptions, and by his cruelties</u>, Saddam Hussein has made the case against himself.

—Bush, 09-12-2002

(16) Today, the gravest danger in the war on terror, the gravest danger facing America and the world, is <u>outlaw regimes</u> that seek and possess nuclear, chemical, and biological weapons. These regimes could use such weapons for <u>blackmail, terror, and mass murder</u>. They could also give or sell those weapons to terrorist allies, who would use them without the least hesitation.

—Bush, 01-28-2003

三、文明与野蛮

"9·11"事件发生之前，美国政府曾在相当长的时期内与拉登领导的"基地"组织有密切的合作关系，尤其是在苏联侵略阿富汗期间（1980—1988）为其提供武器与培训（参看第六章的相关论述）。但是，由于美国长期以来主导的不公正的国际秩序，尤其是在中东和平问题上一味袒护以色列，压制包括巴勒斯坦在内的阿拉伯国家，美国与"基地"组织的关系后来恶化，从而招致袭击。

"9·11"事件使美国感到极大的震惊、愤怒和羞辱,其国际威望受到重大挑战,因此美国急于对"基地"组织及为其提供庇护的阿富汗塔利班政府进行报复。这种情况下,布什政府不可能向公众说明美国遭到袭击的原因,因为这样会削弱公众对其发动阿富汗战争的支持。因此,布什政府在反恐话语中把恐怖分子建构为来自野蛮世界,而以美国为代表的西方国家属于文明世界,"9·11"事件是野蛮对文明的攻击,野蛮人的本性就是如此,没有其他的原因。这种话语把世界分为黑白分明的两个部分,可以激起公众的恐惧,动员他们对反恐战争的支持。

文明与野蛮的对立的建构体现在很多方面。以美国为代表的文明世界被建构为拥有以下特点:热爱和平,充满同情心、宽容和正义感,重视生命的价值,致力于建设稳定的、有序的世界。而以"基地"组织为代表的野蛮世界被建构为拥有截然相反的特点:残忍无情,嗜杀成性,充满仇恨,不尊重生命的价值,为达到自己追求权力的目的而不惜毁灭他人。两者的对立在反恐话语中反复体现出来。

首先,布什在许多演讲中把"9·11"事件建构为恐怖主义对以美国为代表的文明世界的袭击,把反恐战争描述为文明世界与野蛮世界的长期斗争。并且,萨达姆政权也被认为不属于文明世界。美国进行反恐战争是为了整个文明世界,是为了子孙后代可以生活在和平之中。例如:

(17) The attack took place on American soil, but it was an attack on the heart and soul of <u>the civilized world</u>. And the world has come together to fight a new and different war, the first, and we hope the only one, of the 21st century; a war against all those who seek to export terror and a war against those governments that support or shelter them.

—Bush, 10-11-2001

(18) Every chemical and biological weapon that Iraq has or makes is a direct violation of the truce that ended the Persian Gulf war in 1991. Yet, Saddam Hussein has chosen to build and keep these weapons despite international sanctions, U. N. demands, and isolation from <u>the civilized world</u>.

—Bush, 10-07-2002

(19) Our enemies are murderers with global reach. They seek weapons to kill on a global scale. Every nation now must oppose this enemy or be, in turn, its target.

Those who hate all civilization and culture and progress, those who embrace death to cause the death of the innocent, cannot be ignored, cannot be appeased. They must be fought.

—Bush, 10-20-2001

(20) But the mission is more than just Afghanistan and Al Qaida. We need not be focused on one person, because we're fighting for freedom and civilized civilization. We fight to make sure our children and our children's children can grow up in a peaceful world, a world based upon values that respect dignity of life and the individual values, universal values.

—Bush, 01-30-2002

其次，布什在演讲中把恐怖分子描述为冷血的杀手，并把塔利班政府描述为"世界上最野蛮的政权之一"，为恐怖分子提供庇护，压迫妇女和儿童。例如：

(21) See, these are the kinds of people that, if they go unchallenged and don't feel like there's going to be any consequences, they will continue to kill. These are nothing but coldblooded killers. They do not value life the way we value life in the civilized world. They take no care for innocent life. They just blow up in the name of a religion which does not preach this kind of hatred or violence.

—Bush, 10-14-2002

(22) We routed the Taliban, and by the way, there's nothing that makes me more joyous than to know our great military have been liberators, liberators of oppressed women and children, liberating people from the clutches of one of the most barbaric regimes in the history of mankind.

—Bush, 12-12-2001

(23) In Afghanistan, America not only fights for our security, but we fight for the values we hold dear. We strongly reject the Taliban way. We strongly reject their brutality toward women and children. They not only violate basic human rights; they'e barbaric in their indefensible meting of justice.

—Bush, 12-12-2001

(24) And we're making great progress. In the battle of Afghanistan, we destroyed one of the most barbaric regimes in the history of mankind: A regime so barbaric, they

would not allow young girls to go to school; a regime so barbaric, they were willing to house Al Qaida.

—Bush, 05-05-2003

四、自由与暴政

与文明和野蛮的对立相关的另一组对立是自由与暴政。自由被认为与民主有密切关系，是西方国家在全球推行的所谓普世价值观之一。自由无法被客观地界定，总是取决于不同的政治体制和文化，因此特别适于在政治话语中进行塑造，以实现特定的意识形态目的。布什政府在反恐话语中把美国塑造为热爱自由的民族，美国人民享有言论、投票、宗教等各种自由，重视教育，可以按照自己的意愿选择生活道路。而与之相对的是暴政或专制。以"基地"组织为代表的恐怖分子和塔利班政府被美国塑造为实行专制统治、残酷压迫民众、对外输出恐怖活动的犯罪分子，其行为等同于法西斯主义、纳粹和极权主义。

塔利班政府在阿富汗其控制下的区域，实施政教合一的统治，禁止电影、电视、音乐、绘画、舞蹈等文化活动，规定男子必须蓄须，妇女必须蒙面，禁止妇女接受教育和工作。并且，塔利班政权还于2001年3月炸毁了世界闻名的巴米扬大佛，受到国际社会强烈谴责。而萨达姆统治下的伊拉克，虽然是一个主权国家，同样被描述为与"基地"组织和塔利班政权一样，在国内实行暴政，对外威胁其他国家。伊拉克此前曾在国内残酷镇压库尔德人的反抗活动，发动两伊战争（1980—1988），并于1990年入侵科威特。

布什在多个场合的演讲中，把反恐战争塑造为自由与暴政之间的斗争，强调美国不仅是为了自己的安全而开展反恐行动，美国是自由世界的"伟大的堡垒"，恐怖分子之所以袭击美国是因为他们仇恨自由的政治体制和生活方式。因此，他们所代表的暴政与美国所领导的自由世界之间存在不可调和的矛盾。例如：

(25) Again I repeat, terrorism knows no borders, it has no capital, but it does have a common ideology, and that is <u>they hate freedom</u>, and <u>they hate freedom-loving people</u>. And they particularly hate America at this moment. But many leaders understand that what happened in New York City and Washington, D. C. could have easily have happened in their capital, as well.

—Bush, 09-19-2001

(26) Americans are asking, why do they hate us? They hate what we see right here in this chamber—a democratically elected government. Their leaders are self-appointed. They hate our freedoms—our freedom of religion, our freedom of speech, our freedom to vote and assemble and disagree with each other.

—Bush, 09-20-2001

(27) They are the heirs of all the murderous ideologies of the 20th century. By sacrificing human life to serve their radical visions—by abandoning every value except the will to power—they follow in the path of fascism, and Nazism, and totalitarianism. And they will follow that path all the way, to where it ends: in history's unmarked grave of discarded lies.

—Bush, 09-20-2001

(28) There is no neutral ground—no neutral ground—in the fight between civilization and terror, because there is no neutral ground between good and evil, freedom and slavery, and life and death.

—Bush, 03-19-2004

布什在演讲中把美国描述为热爱自由的民族，而反恐战争是为了反对暴政，把处于压迫之中的民众解放出来。例如：

(29) And it's my duty as the president of the United States to use the resources of this great nation, a freedom-loving nation, a compassionate nation, a nation that understands values of life and root terrorism out where it exists.

—Bush, 10-11-2001a

(30) And so we are helping the people to now recover from years of tyranny and oppression. We're helping Afghanistan to claim its democratic future, and we're helping that nation to establish public order and safety, even while the struggle against terror continues in some corners of that country.

—Bush, 10-11-2001b

(31) A great writer has said that the struggle of humanity against tyranny is the struggle of memory against forgetting. When we fight terror, we fight tyranny, and so we remember.

—Bush, 12-11-2001

(32) The United States has no quarrel with the Iraqi people. They've suffered too

long in silent captivity. Liberty for the Iraqi people is a great moral cause and a great strategic goal. The people of Iraq deserve it; the security of all nations requires it. Free societies do not intimidate through cruelty and conquest, and open societies do not threaten the world with mass murder. The United States supports political and economic liberty in a unified Iraq.

—Bush, 09-20-2002

除了针对"基地"组织和塔利班政权的塑造以外，布什政府从2002年1月开始不断向公众塑造伊拉克的威胁，尤其是把伊拉克领导人萨达姆·侯赛因描述为伊拉克人民的压迫者，对民众残忍无情，一直在发展大规模杀伤性武器，并曾经针对国内的民众和邻国伊朗使用化学武器，造成重大伤亡。布什把伊拉克塑造为一个对美国和世界安全不断增长的威胁，必须立即采取行动推翻萨达姆的统治。例如：

(33) Adam, the Prime Minister and I, of course, talked about Iraq. We both recognize the danger of a man who's willing to kill his own people harboring and developing weapons of mass destruction. This guy, Saddam Hussein, is a leader who gasses his own people, goes after people in his own neighborhood with weapons of—chemical weapons. He's a man who obviously has something to hide.

—Bush, 04-06-2002

(34) Countering Iraq's threat is also a central commitment on the war on terror. We know Saddam Hussein has longstanding and ongoing ties to international terrorists. With the support and shelter of a regime, terror groups become far more lethal. Aided by a terrorist network, an outlaw regime can launch attacks while concealing its involvement. Even a dictator is not suicidal, but he can make use of men who are. We must confront both terror cells and terror states, because they are different faces of the same evil.

—Bush, 10-02-2002

(35) We know that Saddam Hussein pursued weapons of mass murder even when inspectors were in his country. Are we to assume that he stopped when they left? The history, the logic, and the facts lead to one conclusion: Saddam Hussein's regime is a grave and gathering danger. To suggest otherwise is to hope against the evidence. To assume this regime's good faith is to bet the lives of millions and the peace of the world in

a reckless gamble. And this is a risk we must not take.

—Bush, 09-20-2002

第四节 小 结

　　反恐话语通过一系列的二元对立范畴，把"基地"组织、塔利班政权和萨达姆政府塑造为邪恶、野蛮、无法无天、实行暴政的恶棍形象，而把美国塑造为善良、遵纪守法、文明、自由的形象。这些泾渭分明的两分范畴对美国公众及国际舆论产生了很大影响，对其反恐战争取得合法性并居于道义优势发挥了重要作用。

第五章

概念隐喻

美国政府为了动员国内民众和国际社会对反恐战争的支持,在反恐话语中广泛使用概念隐喻的策略。布什把自己塑造成一个父亲的角色,承担着保护家中儿童的责任。这有利于其在公众心目中树立强有力的领导人的形象。另外,美国是一个工商业和金融业高度发达的社会,与企业有关的隐喻十分常见。为了使公众更容易理解"基地"组织及其领导人拉登的组织和活动,美国政界、工商界和新闻界常常把"基地"组织概念化为一家在全球运作的大公司,在各地有很多分支机构,其影响力辐射到世界各地,其领导人被概念化为企业家,其产品是所制造的各种暴力事件。

本章聚焦于美国政府及媒体在反恐话语中对"基地"组织及其领导人拉登和阿富汗塔利班政府进行妖魔化的概念隐喻。这些隐喻旨在塑造对手的负面形象,唤起公众对他们的憎恨和厌恶。我们主要讨论两类隐喻。第一类隐喻的底层的理想化认知模型是狩猎活动,被系统地映射到反恐领域。第二类隐喻的底层的理想化认知模型是疾病治疗活动,同样被系统地映射到反恐领域。两类隐喻的共同之处在于,都把恐怖分子与人类做出明显区分,将其概念化为在进化等级上低于人类的事物,即动物(包括野兽和昆虫)与疾病。这两类隐喻在反恐话语中占据主导地位,成为公众集体意识的组成部分,对其推理和行为产生重要的影响。

第一节 概念隐喻理论

一、隐喻与概念系统

以 Lakoff(1987)和 Johnson(1987)为代表的认知语义学理论,尤其是概念隐喻理论,在许多方面体现了沃尔夫假说中的语言相对论的影响。人类的概念系统通过概念隐喻手段建构,而不同语言中的概念隐喻体现了不同的概念系统。正是概念系统决定我们眼中的世界是什么样的,决定我们如何在世界上生活,如何与他人联系。现实可能相同,但人们可能对其进行不同的识解,由此产生不同的概念隐喻。

传统修辞学和语言哲学认为,语言本质上是表达字面意义的,而隐喻是对字面语言的偏离,主要出现在诗歌和文学语言中,是一种修辞现象。因此,不少语言学家认为,隐喻不是语义学研究的对象,而应该从语用角度进行考察,将其视为对合作原则中特定准则的违反。20 世纪 80 年代,随着 Lakoff & Johnson(1980)《我们赖以生存的隐喻》(*Metaphors We Live by*)的出版及认知语言学后来有关著作(Lakoff,1987,1993,1999;Lakoff & Turner,1989;Johnson,1987)的问世,认知语言学的概念隐喻观成为主流,彻底推翻了传统的隐喻观。认知语言学认为,隐喻在日常语言中无处不在,这本身就足以证明它们在组织语言、思想和行为中的重要作用。人类的概念系统本质上是基于隐喻的。

Lakoff & Johnson(1980)的概念隐喻理论基于体验主义哲学(experientialism)。体验主义哲学认为,人类的身体及其与世界的相互作用(互动)是人类思维中意义产生的理据。人类的体验中内在的结构使概念理解成为可能,并且限制可能的概念的范围。人类对于世界的直接体验产生一些在概念系统中处于根本地位的范畴,包括空间范畴(上下、前后等)、物体、物质、目的、原因等概念。当理解世界的其他方面时,人们通过隐喻把由直接体验产生的范畴投射到它们上面。隐喻的本质在于由一种认知域向另一种认知域的投射,即根据一个事物的概念理解另一个事物。例如,我们通常根据战争的概念理解篮球比赛,因此产生了"防线""进攻""防守""反击"的说法。在各种语言中存在的一个普遍隐喻是把心智(mind)理解为身体(body),把思想(或者其载体)理解为食物,因此产生了以下表达式。[①]

(1)这批图书成了最受战士们欢迎的精神食粮。

(2)进入大学二年级后,教材难度增大,许多学生反映对教材内容吃不透,把握不住。

(3)一节课的内容要丰富,但信息量也不能过大,否则学生即使能够理解,也无法吸收。

(4)中国古代许多哲学家的思想博大精深,需要反复咀嚼,才能理解。

(5)这本书太难,硬着头皮读了几页,就啃不下去了。

---

① 本章汉语例句来自北京大学汉语语料库。

(6) 她从小学三年级就开始阅读古今中外的经典文学名著，从中<u>汲取</u>了丰富的<u>营养</u>，为自己的文学创作生涯打下了坚实的基础。

在上面的例句中，思想或其载体（图书、教材、课、报纸、杂志、名著）被概念化为食物和营养，而对思想的理解被概念化为吃透、咀嚼、吸收和啃的过程。心智作为身体和思想作为食物的隐喻在各种语言中是普遍的。人类依靠食物才能生存，没有来自食物的营养，人类就无法存活。人类把食物放入口中，咀嚼之后吞咽下去，食物在胃中被消化，然后其中的营养被吸收，不能吸收的部分则排出体外。人类在读书、观察、思考和与他人交流的过程中，对看到或听到的思想进行理解，然后将其存储到短时记忆或长时记忆中。在遇到抽象或困难的思想时，可能需要反复思考，才能完全理解。没有持续的食物，人体就会缺乏营养，最终无法生存，而没有持续的思想输入，人类的心智就无法充分发展，最终保持在无知的状态中。

二、隐喻与选择性推理

Lakoff & Johnson（1980）和 Lakoff（1987，1993，1999）认为，隐喻在组织概念的过程中总是掩盖现实的一些方面而凸显另一些方面。例如，我们对语言交际的理解受制于管道隐喻（conduit metaphor）：语言交际的过程是把思想（被概念化为物体）装入语言表达式（被概念化为容器）中，然后将其沿着一个管道发送到听话人，听话人把思想从语言表达式中取出来（Reddy，1977）。实际上这是对语言交际的一种过分简单化的理解，它意味着语言表达式的意义完全独立于语境，不同说话人对同一个语言表达式应该有同样的理解。当一个认知域被映射到另一个认知域时，就会将其整体视角施加于该认知域，从而进行选择性的推理。例如，人们在讨论中国经济时常常使用的一个隐喻是把中国巨大的人口视为一种丰富的劳动力资源。如果仅仅把劳动力看作一种资源而忽视其他视角，那么劳动力就成了一种与自然资源、原材料或商品处于同一层面的事物。从工业经济的角度观察，自然资源的价格越低越好，这样能够降低生产成本。因此，在西方资本看来，廉价的劳动力是吸引他们进入中国市场的一个重要因素，廉价的劳动力和廉价的石油同样都是对经济发展有利的。这样，关于自然资源的逻辑就被施加于劳动力，使人们把使用自然资源的思路应用于劳动力的使用上，而忽视了劳动力与自然资源存在本质的差别。劳动力是由一个个有血有肉的个体构成的，他们是有思想、有情感的，不应该将其视为剥削对象。

日常生活中一个常见的隐喻是把各种不符合主流价值观或人们正常期望的

事物视为疾病。从凶杀、吸毒、嫖娼、卖淫到自杀、离婚、同性恋、种族歧视，再到各个领域中不能达到人们期望的现象，都可以被概念化为疾病。例如：

（7）酗酒是一种<u>病态</u>。

（8）反思计划经济体制下的城市社会福利制度，应当说确有<u>弊病</u>。

（9）它（非法集资）已成为当前经济运行中不容忽视的潜在<u>病毒</u>，严重干扰了金融秩序，阻碍金融事业的健康发展。

（10）今年以来，社会高息集资过猛，不但引起了金融秩序混乱，而且自筹资金大量注入投资领域，引起了固定资产投资<u>高烧</u>，经济界很关注这一现象。

（11）我们要通过坚强有力的思想政治工作，提高广大官兵的政治觉悟，增强抵制腐朽思想文化的<u>免疫力</u>。

（12）联想到近年来国际体育领域也出现了"<u>害虫</u>""<u>毒瘤</u>"，严重地侵蚀着体育运动健康的<u>肌体</u>。比如，球场暴力、比赛舞弊问题等。

在以上例句中存在下列映射：

酗酒——病态

城市社会福利制度中的不合理之处——弊病

非法集资——病毒、投资过多——高烧

对腐朽思想文化的抵抗能力——免疫力

国际体育领域中的不正常行为——害虫、毒瘤

体育运动的正常秩序——健康的肌体

日常生活中人类肌体的健康不断受到外部世界和人体内部的细菌和病毒的威胁，在患病时候会出现高烧等各种症状，扰乱人们的正常生活秩序。人类所处的社会各领域中出现各种违背人们期望的事情时，会把正常的社会秩序扰乱，对社会的发展产生不利的后果。对于疾病，人们需要由医生进行诊断，开出药方进行治疗，必要时还需要动手术。同时，在治病时，不能仅仅治疗表面的症状，而且需要针对病因进行治疗。当疾病被映射到社会中各种事物或现象时，我们同时把基于疾病认知域的逻辑映射到这些社会领域中，这会对我们在这些认知域中的推理产生直接的限制作用。至关重要的一点是，我们必须认识到，概念隐喻所产生的选择性推理对人们的思维和决策产生根本影响。例如：

（13）当然，现在不是乱世，可走私所带来的暴利诱惑，使我们要刹住这股歪风，就必须下<u>猛药</u>、用重典，否则难以奏效。

（14）凯恩斯诊断出了有效需求不足并且给出了刺激有效需求的<u>药方</u>。

（15）打击非法移民需要<u>标本兼治</u>，既要顾及眼前的问题，也要有长远

考虑。

（16）慕华和公司领导班子面对困境，确立了以改革求生存、求发展的工作思路，果断地把扭亏的<u>手术刀</u>直接刺向了公司自身"先天不足"这一<u>病根</u>上……

句（13）中，走私被概念化为严重的疾病，对于严重的疾病必须使用猛药，这意味着必须采取严厉措施对走私进行打击。句（14）中，经济领域的有效需求不足被概念化为疾病，疾病的治疗需要医生开出药方，而经济学家凯恩斯被概念化为医生，为解决有效需求不足问题提出解决办法。句（15）中非法移民问题被概念化为疾病，日常生活中治疗疾病时不仅应消除病人的症状，而且应消除深层的病因，以求彻底治愈疾病。因此，针对非法移民问题，不仅应对眼前的问题进行解决，而且应从长远考虑，消除这一问题背后的根源。句（16）中，造成公司陷入困境的原因被概念化为病根，而消除这一病根的措施被概念化为手术刀。手术刀的作用在于把造成疾病的病根切除，而针对公司亏损的原因所采取的措施就像手术刀一样，旨在消除这些原因。

第二节　概念隐喻与意识形态

概念隐喻把复杂的自然现象和社会现象简化为人们熟悉的事物，使其变得清晰。同时，它所提供的理解表面上是客观中立的，但实际上是有偏见的，反映了特定的视角和意识形态。尤其是在政治话语中，政客通过精心选择的隐喻使其本来存在逻辑缺陷或十分牵强的观点显得合理，对其受众有很强的劝说作用。有不少学者令人信服地展示了概念隐喻的意识形态建构作用。

Fairclough（1992）认识了到隐喻的重要性。他指出，当我们使用一个隐喻而不是另外一个隐喻来表示事物的时候，我们正在以一种方式而不是另外一种方式建构我们的现实。隐喻以一种无处不在的、根本的方式组织我们思维和行为的方式，以及我们的知识和信仰体系。Fairclough（1995）分析了英国报刊1993年1月关于美国、英国和法国对伊拉克空袭的报道，发现英国媒体话语通过多个隐喻来建构伊拉克领导人萨达姆的形象：堕落的男孩、学生中的恶霸、受到父母惩戒的调皮的男孩、少年犯、小丑、怙恶不悛的罪犯。他认为这些隐喻对应不同的利益和视角，隐含不同的意识形态。

美国社会中的拉美裔人口近些年来不断增长，尤其在洛杉矶地区已成为绝对多数。不少美国评论家预测拉美裔人口最终将彻底改变美国的社会、文化及其政治制度,而且他们与白人的关系紧张,并没有被同化到美国社会主流中。拉美裔群体在美国社会中产生决定性的社会后果和政治后果。Santa Ana(1999)对《洛杉矶时报》(*Los Angeles Times*)1991 至 1999 年期间关于拉美裔族群话题的报道进行了抽样分析,以此揭示美国社会关于拉美裔群体及其与主流社会中的关系认识的概念结构。作者发现,大部分报道都把拉美裔族群概念化为洪水。公众由此形成的印象是,拉美裔族群正在像洪水一样无情地淹没以英裔(盎格鲁-撒克逊血统)的美国人为代表的主流群体。

Santa Ana 赞同认知语言学的观点,认为人们通过隐喻理解自己所在的社会环境。该书是对关于拉美裔族群的公共话语进行的实证研究,作者认为隐喻决定了公众对拉美裔族群的认识。作者借鉴 20 世纪 80 年代以来认知科学关于人们如何认识世界的理论,对新闻报道的语料进行了解释。简而言之,人们并非主要基于线性思维和演绎推理来理解世界。相反,认知科学的理论揭示了隐喻在人们思维中的根本地位。话语中的隐喻成了一扇窗口,使我们观察到美国人在什么样的框架下形成其对国内社会的认识,以及其深层的政治价值观和社会价值观。美国社会把拉美裔族群视为一股汹涌澎湃的浪潮(Brown Tide Rising),充满了动力,并有潜在的威胁性质。这一新的隐喻已经取代了原来的隐喻,即把上一代墨西哥裔的美国人视为沉睡的巨人(Sleeping Giant),这是一种静止的、无能的形象。

Lakoff(2002)提出,人们通过家庭隐喻理解政治。政治领导人被概念化为父亲和母亲,其政策就像父母如何养育儿童。共和党的政治理念是"严父道德观"(Strict Father Morality),认为一个国家的公民都是家庭中的儿女,富人的成功是自律和服从规则的结果,穷人的失败是因为他们缺乏自律。因此,他们反对社会福利,认为这是对富人的惩罚、对穷人的惯纵。与此密切联系的一个方面是,保守主义者在税收政策上主张减税(tax relief),这其中暗含的一个隐喻是税收是负担(burden)和惩罚,因此需要减税。在外交政策上,"严父道德观"主张,美国是国际社会的领导者,就像一个家庭中的严父一样,拥有绝对的道德权威和惩戒他人的权力,其他国家就像家庭中的儿童一样,应该服从美国的领导。如果他们的行为不符合作为家长的美国的意识,美国有权对他们进行惩戒。在这一观念的支配下,美国在外交上奉行强硬的单边主义,在没有联合国授权的情况下发动伊拉克战争。而民主党的政治理念是"慈母道德观"(Nurturing Mother Morality),认为穷人的失败不是因为他们懒惰,而是因为现有的体制有利于富人，对穷人是不公正的。因此，应增加税收，加大社会福利支出，为穷人提供更多机会。在外交政策上，"慈母道德观"主张多边主义，在联合国框架内与其他国家合作。

Lakoff（2004）提出，代表保守主义的共和党近几十年来在美国政治中占据优势的关键是，建立了一个强有力的隐喻，以此框架将其核心价值观和政策紧密结合在一起，并通过政治机器使其在美国人的意识中根深蒂固。这一框架就是上面讨论的"严父道德观"。外部世界是危险而残酷的，充满竞争和邪恶，一位严父应该保护自己的家庭，为家庭提供经济支持，并教育自己的孩子分辨善恶是非。并且，严父享有绝对的道德权威，他教育孩子的最重要的方法就是惩戒，由此使孩子学会自律和自立。隐喻在政治话语中的最强大之处在于，如果一个政党先于其他政党通过政治隐喻建立一个特定的思维框架，并使该框架深入人心，那么人们就很难摆脱它的控制，其他政党的批评只能更加强化这一框架本身。因此，Lakoff主张，必须在话语层面建立新的框架（reframe），才能与保守主义者相抗衡。这意味着在政治话语中不应把注意力集中在对"严父道德观"的批评中，而应该对"慈母道德观"中的核心价值观念进行普及和强化，使其深入人心，由此削弱"严父道德观"的影响力。在税收政策上，建立一个新的隐喻来取代税收作为负担的隐喻，而是将其视为一种投资，是一种为了提供更好的公共服务而必需的投资。

Charteris-Black（2004）提出了批评隐喻分析的思路。他认为，对语言更好的理解是创造一个更好的社会的基础，应该教育人们使他们能够分析并评价那些在社会中有权势的人们（包括政客、媒体、宗教领导人、工商界领导人）所提供的思想。他指出，这不是一个新的语言分析的思路，传统上属于修辞学的一部分。但是，Chateris-Black主张，应把概念隐喻理论、批评话语分析、语料库语言学、语用学和认知语言学的视角汇集在一起，打破学科界限，并且语言分析不应与社会科学（政治学、社会学、媒体环境、历史学）割裂。以往的隐喻研究只把注意力集中在语言和认知两个方面，这是不够的，而是更应该关注社会因素。

他认为，隐喻是一个相对的概念，无法根据一个能够适用于所有情况的标准进行界定，对隐喻的界定应该包括语言、语用和认知标准。隐喻在劝说性话语（尤其在政治演讲中）中十分普遍，是说话人实施操纵的有效工具。隐喻在认知（有意识的）和情感（无意识的）之间达到一个平衡，能够产生一个承载说话人意识形态的特定视角。它能够激活无意识的、与特定情感有关的联想。

在这一过程中，人们把源域的正面或负面联想迁移到目标域上。例如，作者分析发现，美国领导人把冲突、宗教和政治这些不同的认知域相互联系起来，从而界定了恐怖主义的概念。这一概念是在不同认知域之间相互作用的复杂网络中产生的，把恐怖主义的主体识解为罪犯，从而对他们为了实现政治或宗教目的而使用暴力的行为予以负面评价。反过来说，那些支持该行为的人会把袭击平民目标的人识解为实施崇高行为的烈士。

Goatly（2007）建立了自己的概念隐喻语料库，并基于该语料库调查概念隐喻如何在各种领域中建构我们的思维和社会行为。他考察的领域包括建筑、工程、教育、遗传学、生态学、经济学、政治、工业中的事件管理、医学、移民、种族和性。他认为，概念隐喻不仅基于普遍的人体经验而产生，而且受到文化经验的制约。因此，表面上是普遍的隐喻（如英语语法所实现的事件结构隐喻）实际上取决于不同的文化，在许多语言（如北美原住民印第安人的各种语言）中的理解完全不同于英语。[①] 此外，事件隐喻作为一个模型不仅在科学上是反动的（即阻碍社会进步），而且作为那些巨大的工程项目的基础，已经被证明对环境是有害的。早期资本主义的意识形态创造或利用的一系列隐喻在历史上都可以追溯到霍布斯、休谟、亚当·斯密、马尔萨斯和达尔文。这些隐喻性概念为21世纪开始阶段出现的新达尔文主义和新保守主义的意识形态提供了支持，而这些意识形态正是造成我们今天的社会危机和环境危机的根本原因。因此，Goatly建议人们应该对隐喻的简单化倾向提出疑问，从而对社会现实有一个更深刻的理解，而不是盲目接受主流社会通过隐喻所创造的、旨在维护其利益的现实。

Cisneros（2008）研究了关于移民现象的话语中的隐喻。美国是一个移民国家，两个多世纪以来一直在吸引世界各地的人们来。因此，移民是美国社会始终关注的一个重要现象。许多学者重视研究大众媒体对移民现象的报道。作为一个复杂现象，他们注意到人们对移民现象的理解都是从隐喻的视角进行的，并将隐喻与自己的个人经验联系起来。人们关于媒体和大众话语对移民现象的描述的知识一直集中在犯罪浪潮或战争（入侵）这类隐喻上，它们成为指导人们理解移民现象的重要隐喻。Cisneros发现在大众媒体中存在另外一个强大的隐

[①] 所谓事件结构隐喻（Event Structure Metaphor）是指人类把事件结构的各个方面（包括状态、变化、过程、行动、原因、目的和方式）概念化为空间、运动和力（Lakoff, 1993）。例如，事件结构隐喻首先使我们把抽象的人生理解为一个事件，然后再把人生理解为旅行，最后把人生的一个方面爱情理解为旅行。根据事件结构，变化被理解为运动，而原因被理解为力。

喻，即把移民视为污染物。他指出，该隐喻对关于移民的社会态度和政府制定的应对移民现象的政策产生了严重的后果。污染隐喻把移民与美国主流割裂开来，促使美国社会中不同群体的人们对非法移民的涌入提出反对，以保护自己民族的纯洁性和完整性。因此，媒体中存在的把移民视为污染物的隐喻把移民推到社会的边缘，将其视为令人恐惧的威胁和有待解决的问题，从而使人们对移民（无论是合法移民还是非法移民）产生普遍的刻板看法和制度性的歧视。

每个隐喻的选择都是对现实的反映和偏离，因此关于移民现象的隐喻排斥了理解该现象的其他各种可能性。而且，这样的隐喻成为普遍认识的一部分，以至于其他的理解被人们视为不现实的。大众媒体把移民视为威胁，应该将其隔离和清除，而不是视为有血有肉的主体。同时，人们没有认识到移民现象只是一个日益缩小的全球社会的自然结果。他们不去考虑移民现象背后的深层原因，也没有考虑移民对美国社会做出的贡献。

不少学者研究概念隐喻在经济领域中的作用。通过隐喻的作用，经济作为一个抽象实体中存在的事实和过程更容易被人们理解。但是，经济领域的新闻报道不仅仅使公众了解正在发生的经济活动，而且在试图说服其接受一个特定的观点，因此能够作为一种操纵手段。Alousque（2011）分析了有关西班牙最大的电力公司恩德萨（Endesa）并购案的报道。他选择了西班牙的 El País 和英国《金融时报》两家报纸于 2005 年 9 月至 2007 年 4 月之间有关该并购案的报道，分别包括 150 篇和 120 篇报道，发现两家报纸的报道中都把商业活动概念化为 4 类活动，包括战争、电视剧、扑克牌游戏、体育比赛，而并购被概念化为婚姻。以上 5 类活动的上一级隐喻是：公司就是人（Barcelona，2000）。

Alousque 认为，关于恩德萨公司并购案的诸多隐喻不仅是帮助公众理解和组织并购这一复杂概念的手段，而且是掩盖深层意图的意识形态策略。一方面，战争、体育比赛和游戏的隐喻体现了并购中的对抗和冲突，表明了新闻界对此次并购的批评立场；而另一方面，婚姻隐喻有关的爱情和求婚隐喻又说明了文化价值观（性别角色）在隐喻中根深蒂固。由此，新闻报刊通过隐喻为并购案建立了框架，并将其视为对现实的反映而提供给读者，从而掩盖了一个事实，即这样的现实实际上是新闻报刊所建构的。

Musolff（2011）分析了英国政府和媒体如何看待外国留学生，发现关于外国留学生的认识体现为两个隐喻。第一个隐喻是把外国留学生视为商品（business commodity）或资源（resource），全球对他们都有旺盛的需求，英国的各个大学必须努力去获得这些商品和资源，否则将处于不利地位。2010 年英国内政部的咨询文件表明，在英国的外国留学生对英国经济的财政贡献接近50亿英镑，其中22亿英镑为学费（Home Office, UK, 2010）。英国的高等教育机构由于财务压力而普遍削减预算，并且面临激烈竞争，因此他们都在努力吸引更多的留学生。这一隐喻把注意力集中在与留学生有关的经济因素，而忽视了他们作为人的因素。这一隐喻在英国官方话语中十分普遍，以至于人们认识不到其中抹杀人性的方面。它实际上反映了一个更广泛的趋势，即把社会问题视为经济现实的一部分，但是这些"现实"是根据社会达尔文主义所建构的，反映了现代资本主义作为一种竞争活动的意识形态。第二个隐喻是把留学生视为移民的一部分，概念化为洪水、自然灾难或军事入侵。留学生和政府之间是两种力量的对抗。一方是通过欺诈手段移民的留学生，另一方是采取措施削减学生数量的政府。整个意象把政府概念化为英勇的战士，而把留学生概念化为一群巨大数量的、没有组织的、危险的生物，正在侵入英国，并且其进攻已经取得了很大成功，政府几乎无法抵御他们的入侵。以上两种隐喻中，第一种隐喻在政府和媒体的话语中占据优势。这一隐喻暴露了英国政府根深蒂固的种族主义偏见。但是，无论怎样，两种隐喻都意味着对留学生有关的社会过程的过分简单化的理解，对移民政策的制定产生了不利的影响。

第三节　反恐话语中的概念隐喻

一、狩猎隐喻

狩猎是人类诞生以来就有的活动。在农业和畜牧业充分发展之前，人类没有固定的食物来源，狩猎活动使其能够获得肉食，对其生存是至关重要的。狩猎者使用一定的工具和方法，捕捉或杀死野生动物，将其肉作为食物，毛皮作为衣物原料。当人类生存的需要随着农业和畜牧业的发展而得到满足以后，狩猎成为一种娱乐或体育活动，或者为了控制一些野生动物的数量，或者消除一些对人或家畜有危害的掠食性动物。现代社会中由于人口的增长，大部分野生动物都已灭绝或处于灭绝边缘，狩猎活动在许多国家被禁止或受到高度限制。尽管大部分人都不会再有关于狩猎的直接经验，但是关于狩猎活动的知识已成为人们常识的一部分。

关于狩猎的理想化认知模型被映射到反恐活动的认知域，产生以下一些相互联系的隐喻：整个反恐战争是一场大规模的狩猎活动，美国是猎人，以"基地"组织为代表的恐怖分子及其领导人拉登、阿富汗塔利班武装分子及其领导人奥马尔，以及美国视为对手的其他组织等是猎物，是美国不断试图捕捉的野兽，他们的居住地就是野兽的栖息地，美国采取的反恐手段（包括军事手段和其他手段）是狩猎中使用的各种工具、陷阱和方法。①

（一）关于狩猎活动总体的概念化

首先看反恐话语中关于狩猎活动的概括性描述。美国政府及媒体在反恐话语中使用频次很高的说法是类似 hunt 或 hunt down 这样的表达式，而不是 arrest 或 catch 这样比较中立的说法。由此，反恐战争被隐喻为一场规模巨大的狩猎行动。在描述抓到恐怖分子时，除了使用 arrest 这样的法律术语以外，有时使用像 haul 这样的词，暗示他们像野兽一样，被捕获后拖拽着。例如：

(17) Oh, no. As a matter of fact, I think that the American people ought to conclude that our enemy is fighting an army not only overseas but at home, that the enemy is being <u>hunted down</u> abroad and at home. We've detained over 1,000 people here in America. We're running down every single lead. We're hardening assets. We're on the hunt.

——Bush, 11-02-2001

(18) But this is a dangerous period of time. This is a period of time in which we're now <u>hunting down</u> the people who are responsible for bombing America.

——Bush, 11-26-2001

(19) We're <u>on the hunt</u>. We're rolling back the terrorist threats, not on the fringes of its influence but at the heart of its power. We're making good progress. We're

---

① 美国政府和媒体在反恐话语中偶尔使用野生动物名称描述自己一方开展的军事行动，但其中的动物名称有强烈的正面意义。例如，美国及其盟国军队从 2006 年 4 月至 5 月在阿富汗东部库纳尔省（Kunar）开展的军事行动，代号为"山地雄狮行动"：

(1) The battles in Afghanistan are not over. American and allied troops are taking risks today in what we call <u>Operation Mountain Lion</u>, hunting down the Al Qaida and Taliban forces and keeping them on the run. Coalition naval forces, in the largest combined flotilla since World War II, are patrolling escape routes and intercepting ships to search for terrorists and their supplies.

——Bush, 04-17-2002

狮子在英语文化中占据重要地位。狮子被认为是丛林之王，象征着力量、勇敢和权威，历史上长期作为英国国家的象征。英国中世纪时期的国王理查一世（1157—1199）曾被称为"狮心王"（the Lionheart），以其作战中勇敢而著称。目前英格兰足球队的队徽上有 3 只狮子，因此被称为"三狮军团"。

hunting the Al Qaida terrorists wherever they hide, from Pakistan to the Philippines to the Horn of Africa to Iraq. Nearly two-thirds of Al Qaida's known leaders have been captured or killed.

—Bush, 09-05-2002

(20) The best way to secure the homeland is to continue to hunt the killers down one at a time. The best way to deal with the threat we face is to find them and bring them to justice, which is precisely what our military is doing right now.

—Bush, 02-09-2003

(21) The other day the Italians hauled some in. The Brits hauled some in. Anytime one of these people is arrested, whether we do it or not, we're making progress against the shadowy killer network of Al Qaida. Slowly but surely, we're bringing them to justice, and we're not quitting until the American people are secure and safe.

—Bush, 02-09-2003

把反恐战争概念化为狩猎活动的隐喻不仅在布什等美国政界领导人的话语中十分常见，而且在美国主流媒体中的出现频次同样很高。例如：

(22) The more sensitive areas involve intelligence gathering, the hunt for Al Qaeda cells overseas and efforts to drain the worldwide financial resources of terror groups.

—The Iraqi Chessboard,

《纽约时报》2002年9月17日社论

(23) But there were subjects Mr. Bush avoided. He never uttered the name Osama bin Laden, who has eluded capture and remains the subject of an intense manhunt but is also a symbol of what remains incomplete in Mr. Bush's campaign in Afghanistan.

—Charles J. Thomas

Bush, Focusing on Terrorism, Says Secure U. S. Is Top Priority

《纽约时报》2002年1月30日

(24) The Justice Department announced a global manhunt today for five suspected members of Al Qaeda who were video-taped in Afghanistan offering what Attorney General John Ashcroft described as "martyrdom messages", indicating that they could be preparing for a suicide attack.

—David Johnston

U. S. Hunts 5 Men Seen on Tape, Saying They May Plan Attack

103

《纽约时报》2002 年 1 月 18 日

(25) There are those who agree with Dr. Albright that, however attractive and proper the ouster of Mr. Hussein, this is simply not the time. The <u>hunt</u> for international terrorists is entering a broad new phase in which international support will be even more critical, and there is no opposition ready to take power in Baghdad.

—Serge Schmemann

If Saddam Hussein Is Next, Experts Say, Do It Fast

《纽约时报》2002 年 1 月 6 日

(26) "It's a dark day for the terrorist <u>hunter</u>," said a German counterterrorism expert, Rolf Tophoven. "We need new laws to fight terror, because otherwise we will create the impression that German law is protecting militant Islamists."

—Richard Bernstein

German High Court Overrules Spanish Judge's

Order for the Extradition of AL Qaeda Suspect

《纽约时报》2005 年 7 月 19 日

(27) Bin Laden long eluded the allied forces in <u>pursuit</u> of him, moving, it was said, under cover of night with his wives and children, at first between mountain caves.

—Kate Zernike and Michael T. Kaufman

An Emblem of Evil in the U. S., an Icon to the Cause of Terror

《纽约时报》2011 年 5 月 2 日

(二) 狩猎中的追赶活动

在狩猎中，作为狩猎对象的野兽发现猎人后，除非被逼到绝境，一般不会与猎人正面对抗，而是采取逃避的策略，而猎人会穷追不舍，直到把野兽捕获。在反恐话语中，无论是布什政府还是美国媒体，常常描述美国军方及其执法部门对恐怖分子的追击，就像在狩猎活动中追赶野兽一样。由此，塑造出如下画面：美国处于进攻的态势，并取得节节胜利；而恐怖分子处于逃窜之中，狼狈不堪，不断遭受失败。例如：

(28) And I pledge to you that America will never relent on this war against terror. There will be times of swift, dramatic action. There will be times of steady, quiet progress. <u>Over time, with patience and precision, the terrorists will be pursued. They will be isolated, surrounded, cornered, until there is no place to run or hide or rest.</u>

—Bush, 10-11-2001

(29) They're running, and they're trying to hide, and we're in pursuit. And we will stay the course until we bring them to justice. The American people must know it may take longer than some anticipate.

—Bush, 11-19-2001

(30) And we've got Al Qaeda on the run, too. Now, they think they can hide, but they can't hide for long. And they think they can run, but they can't run forever, because we will patiently, diligently, pursue them until they are brought to justice. (Applause.)

—Bush, 11-29-2001

(31) Oh, the tape, yes. I didn't watch it all. I saw snippets of it on TV. You know, it's—who knows when it was made. Secondly, he is not escaping us. This is a guy who, 3 months ago, was in control of a country. Now he's maybe in control of a cave. He's on the run.

Listen, a while ago I said to the American people, our objective is more than bin Laden, but one of the things for certain is we're going to get him running and keep him running and bring him to justice. And that's what's happening. He's on the run, if he's running at all.

—Bush, 12-28-2001

(32) We are sharing intelligence the likes of which we've never done before. We're cutting off money. We've got some of our best units chasing these people down, and one by one, we are dismantling their network.

—Bush, 02-09-2003

(33) We saw war and grief arrive on a quiet September morning. We acted. I have led. We pursued the terrorist enemy across the world. We have captured or killed many key leaders of the al-Qaida network. We will stay— (applause). We will stay on the hunt until justice is served and America is safe from attack. (Applause.)

—Bush, 07-09-2004

(三) 狩猎对象的藏身之处

美国政府及媒体把恐怖分子建构为野兽的一个表现是，在描述他们的住处时从来不会使用像 house 这样的中立的词，更不会使用 home 或 shelter 这样有正面含义的词。在他们的话语描述中，恐怖分子总是居住在山洞、丛林、沙漠、沼泽中，甚至像野兽一样自己挖掘洞穴作为藏身之地。有时候也采取模糊的语言表达式，将其描述为居住在地球上黑暗的角落或阴影之中。总之，恐怖分子不被视为人类的一部分，即使属于人类的话，也是处于人类的边缘。例如：

(34) No one could have conceivably imagined suicide bombers burrowing into our society and then emerging all in the same day to fly their aircraft—fly U. S. aircraft into buildings full of innocent people and show no remorse. This is a new kind of—a new kind of evil.

—Bush, 09-16-2001

(35) As I've said from the start, this is a difficult struggle of uncertain duration. We hunt an enemy that hides in shadows and caves. We are at the beginning of our efforts in Afghanistan.

—Bush, 10-06-2001

(36) Initially, the terrorists may burrow deeper into caves and other entrenched hiding places. Our military action is also designed to clear the way for sustained, comprehensive and relentless operations to drive them out and bring them to justice.

—Bush, 10-07-2001

(37) By their cruelty, the terrorists have chosen to live on the hunted margin of mankind. By their hatred, they have divorced themselves from the values that define civilization itself.

—Bush, 10-20-2001

(38) Our fight against terrorism began in Afghanistan, but it's not going to end there. We still face a shadowy enemy who dwells in the dark corners of the earth.

—Bush, 01-23-2002

(39) A terrorist underworld, including groups like Hamas, Hezbollah, Islamic Jihad, Jaish-e-Mohammed, operates in remote jungles and deserts and hides in the centers of large cities.

—Bush, 01-29-2002

(40) One year ago tomorrow, the Armed Forces of the United States entered Iraq to end the regime of Saddam Hussein. After his years of defiance, we gave the dictator one final chance. He refused. And so in one year's time, Saddam Hussein has gone from a palace to a bunker to a spider hole to jail.

—Bush, 03-18-2004

(41) One by one, we'll bring them to justice. There is no hole deep enough to

hide from America.

—Bush, 01-22-2004

(42) The terrorists who attacked our country on September the 11th, 2001, were not protesting our policies. They were protesting our existence. Some say that by fighting the terrorists abroad since September the 11th, we only stir up a hornet's nest, but the terrorists who struck that day were stirred up already.

—Bush, 06-02-2004

(43) You know, I've heard this theory about everything was just fine until we arrived, and kind of "we're going to stir up the hornet's nest" theory. It just doesn't hold water, as far as I'm concerned. The terrorists attacked us and killed 3,000 of our citizens before we started the freedom agenda in the Middle East.

—Bush, 08-21-2006

美国主流媒体中关于"基地"组织和塔利班武装的藏身之处的描述与官方话语是一致的。例如：

(44) Though the Islamic group Hamas is also defined as a terrorist organization by the United States, Israel and others, its denunciations were surprising to many, given their timing. Just two weeks ago, Hamas forces stormed a building in Gaza where Al Qaeda inspired extremists accused of kidnapping and killing a pro-Palestinian Italian activist were holed up. Two died and Hamas arrested the third.

—FaresAkram

Hamas Condemns the Killing of Bin Laden

《纽约时报》2011年5月3日

(45) Despite days of pounding by American bombers, Bin Laden escaped. For more than nine years afterward, he remained an elusive, shadowy figure frustratingly beyond the grasp of his pursuers and thought to be holed up somewhere in Pakistan and plotting new attacks.

—Kate Zernike and Michael T. Kaufman

An Emblem of Evil in the U. S., an Icon to the Cause of Terror

《纽约时报》2011年5月2日

(46) Second, we did not "outsource" military action. We did rely heavily on Afghans because they knew Tora Bora, a mountainous, geographically difficult region on the border of Afghanistan and Pakistan. It is where Afghan mujahedeen holed up for

years, keeping alive their resistance to the Soviet Union.

—Tommy Franks
War of Words
《纽约时报》2004 年 10 月 19 日

在描述恐怖分子的藏身之地时，swamp（沼泽地）是一个常见的说法。这与 drain the swamp 有密切关系。20 世纪初，人们发现疟疾流行的原因是蚊子传播，而蚊子在水中繁殖，因此如果把沼泽地的水抽干，就可以消灭蚊子的幼虫，没有了蚊子，疟疾就无法传播。因此，在英语中 drain the swamp 常常用来描述找到问题的根源，并消除根源。在反恐话语中，美国政界常常使用这一说法，表达美国要采取各种措施，清除恐怖主义的根源。尽管这一习语已约定俗成，但其中的隐喻来源仍然十分明显。例如：

(47) The campaign would combine military, political, intelligence and diplomatic initiatives to 'drain the swamp' they live in.

—Rumsfeld, 09-18-2001

(48) While we'll try to find every snake in the swamp, the essence of the strategy is draining the swamp.

—Wolfowitz, 09-26-2001

(49) The Afghan campaign was truly a triumph, and Mr. Bush has surpassed other recent presidents in gathering smart and experienced advisers in security matters. But he refuses to send a small number of troops for a security force to sustain peace in Afghanistan, and thus the entire investment of lives and effort could be lost. Is there any explanation other than inertia to account for the United States' maintaining 47,000 troops in Japan, despite the lack of any threat there except perhaps from extraterrestrials, yet refusing to provide a few thousand troops to keep the swamp drained in Afghanistan?

—Nicholas D. Kristof
The War on Terror Flounders
《纽约时报》2002 年 5 月 10 日

（四）狩猎对象的行为

反恐话语把恐怖分子塑造为野兽的另一个体现是，他们的行为或活动在许多方面像动物一样。首先，他们像肉食动物一样，会以其他动物（即一些受到其影响或胁迫而加入恐怖组织的人）为其生存基础。例如：

(50) And I fully understand that—this is a very interesting ideological debate — people call me—he's a hopeless idealist, they say. But I also think it's realistic to understand, unless we change the conditions of how people live, that it's going to be hard to marginalize those who would <u>prey upon the young</u>. You notice, none of these guys that have given the orders are actually the suicide bombers. That's why they're still giving the orders. But they're able to <u>prey upon young people</u>.

—Bush, 07-10-2007

(51) As they enforced their rule by targeting civilians, they also <u>preyed upon adolescents</u> craving affirmation. Our troops found one Iraqi teenager who was taken from his family by the terrorists. The terrorists routinely abused him and violated his dignity. The terrorists offered him a chance to prove his manhood—by holding the legs of captives as they were beheaded. When our forces interviewed this boy, he told them that his greatest aspiration was to be promoted to the killer who would behead the bound captives.

—Bush, 03-20-2006

其次，他们像蜘蛛织网一样，编织恐怖主义网络，在世界范围内活动。例如：

(52) Still, because of the serial kidnappings and its cameo role in the first World Trade Center attack, the Philippines has not been able to shake the image of a country with <u>a web of ties</u> to Islamic terrorism.

—Mark Landler

Philippines Offers U. S. Its Troops and Bases

《纽约时报》2001年10月3日

(53) Osama bin Laden, according to Fox News Channel anchors, analysts and correspondents, is "a dirtbag", "a monster" overseeing a "<u>web of hate</u>." His followers in Al Qaeda are "terror goons." Taliban fighters are "diabolical" and "henchmen."

—Jim Rutenberg

Fox Portrays a War of Good and Evil, and Many Applaud

《纽约时报》2001年11月3日

(54) This part of the war on terrorism, consisting entirely of intelligence and police work, has been about as multilateral as can be imagined. Since last June, Spain has arrested 23 Qaeda suspects, at least three of whom have been released and one of

whom was extradited to France. The Dutch, French and Italians have all identified and apprehended members of Al Qaeda, while Germany has uncovered a web of interconnected Qaeda cells and assemblies of militant Islamists.

—Vincent M. Cannistraro
The War on Terror Enters Phase 2
《纽约时报》2002 年 5 月 2 日

(55) While the court handed down stiff sentences—the maximum term they could have received was 15 years—some experts on terrorism said the trial was a missed opportunity. Establishing links between these men and other terrorist groups, these people said, could have shone a light on the fluid web of militant Islamic organizations operating in Europe.

—Mark Landler
Germans Convict Four Algerians in Plot to Bomb a French Market
《纽约时报》2003 年 3 月 11 日

(56) Mr. Trabelsi, 33, fidgeted in his seat during the lengthy court session, smiling at times and trying to talk to his co-defendants. His face was impassive as the sentences were read. Federal prosecutors said the group had formed a "spider's web" of Islamic radicals, plotting attacks and recruiting fighters in Europe for Al Qaeda and the deposed Taliban.

—Associated Press
18 Guilty in Terror Trial in Belgium; 3 Linked to Plot on NATO
《纽约时报》2003 年 10 月 1 日

(57) Perhaps, unconsciously, we think the war is over. The Al Qaeda network's recent bombings in Kenya and Turkey argue the opposite. Osama bin Laden's "spider hole" has not yet been found.

—Ruth Wedgwood
The Rule of Law and the War on Terror
《纽约时报》2003 年 12 月 23 日

类似马蜂、大黄蜂或蝗虫之类的昆虫在生物学上被认为属于群居动物，在各种活动中都以集体为单位，相互协助。它们成群结队出现时，场面令人恐惧。美国政府及媒体把"基地"组织及一些反美武装分子塑造为这样的昆虫，试图向公众传递一种强烈的负面形象。例如：

(58) Yes, some groups—from Ansar al-Islam in Iraq to Jemaah Islamiyah in In-

donesia to Pakistan's Jaish-e-Muhammed—seem to be coordinating strategy and perhaps tactical operations among themselves. But for the most part the factions are swarming on their own initiative—homing in from scattered locations on various targets and then dispersing, only to form new swarms...

So what can we do? Traditional top-heavy approaches—strategic bombardment, invasion and other large-scale forms of coercion—will not be any use against border-hopping jihadist swarms, and they would only add to their popular support...

Rather, destroying terrorist networks requires what David Ronfeldt, a RAND analyst, calls "netwar." This is, in effect, mimicking the swarming tactics of the enemy. It involves long missions by smallish, mobile military units that can quickly descend on terrorist groups.

This approach also requires a sort of global spider web—a set of international and interfaith alliances bonded by mutual trust and purpose. Such a true coalition of the willing would have the collective intelligence and resourcefulness needed to stop the swarms.

—Scott Atran

A Leaner, Meaner Jihad

《纽约时报》2004年3月16日

恐怖分子或组织的形成就像动物的繁衍，被描述为类似鱼、蛙等动物繁殖后代的行为。这类动物通过大量产卵的方式繁衍后代，恐怖主义的产生和发展与之类似。例如：

(59) Americans are providing this help not only because our hearts are good, but because our vision is clear. A stable and democratic and hopeful Iraq will no longer be a breeding ground for terror, for tyranny and aggression.

—Bush, 10-16-2003

(60) And a self-governing Middle East, one based upon freedom and democracy, will make the world more peaceful. It's a legacy that we need to work on in order to help change the habits of violence and fear and frustration that had spawned terror in the Middle East.

—Bush, 02-27-2004

(61) Free societies in the Middle East will be hopeful societies, which no longer feed resentments and breed violence for export. Free governments in the Middle East will fight terrorists instead of harboring them, and that helps us keep the peace.

—Bush, 09-03-2004

(62) As stated in UNSCR 1373, with legally binding Chapter 7 authority, all member states have an obligation to deny terrorist safe haven. The U. S. and Germany have leadership responsibilities to help others in this effort, not only to deny a patch of turf or a site on the Internet, but to replace these areas that <u>spawn hate and violence</u> with trust and civil liberties.

—Henry A. Crumpton, 09-06-2006

美国主流媒体中的描述方式与官方话语类似。例如:

(63) Al Qaeda and the movement it has <u>spawned</u> are unlikely to be immediately handicapped by the killing of Osama bin Laden, who by most accounts has long been removed from managing terrorist operations and whose popularity with Muslims worldwide has plummeted in recent years.

—Robert F. Worth

Even Before Al Qaeda Lost Its Founder, It May Have Lost Some of Its Allure

《纽约时报》2011 年 5 月 3 日

(64) The Iraq war has <u>spawned</u> Al Qaeda in Mesopotamia as the "most visible and capable affiliate" of the original terrorist group, inspiring jihadists around the world and drawing money and recruits to their cause.

—Scott Shane

Same People, Same Threat

《纽约时报》2007 年 7 月 18 日

(65) Third, terrorism is an immigration problem. <u>Terrorists are spawned</u> when educated, successful Muslims still have trouble sinking roots into their adopted homelands.

—David Brooks

Trading Cricket for Jihad

《纽约时报》2005 年 8 月 4 日

(66) At the end of this book Mr. Clarke argues that the war against Iraq has undermined the war against Al Qaeda and <u>spawned</u> further hatred of the United States in the Islamic world.

—Michiko Kakutani

Countries Berating Bush About Iraq with Charges Heard Before

《纽约时报》2004 年 4 月 1 日

(67) Previously Saudi Arabia had said that scores of men rounded up on suspicion of sympathy to or membership in the group <u>spawned</u> by Osama bin Laden, himself a Saudi, had been cleared of any Qaeda connection.

—Neil MacFarquhar
Saudi Arabia Arrests 13 Men Tied to Attack on a U. S. Base
《纽约时报》2002 年 6 月 19 日

(68) Across the Middle East, the region that <u>spawned</u> the terrorists of Sept. 11, the Afghan conflict and American support for Israel in the intensifying Arab-Israeli crisis have clearly left a sour aftertaste. Recent conversations in several countries underscore the sense that if Washington is campaigning to win hearts and minds here, it is not making headway.

—Neil MacFarquhar
Many Arabs Say Bush Misreads Their History and Goals
《纽约时报》2002 年 1 月 31 日

(69) Long before bombings ripped through London on Thursday, Britain had become <u>a breeding ground</u> for hate, fed by a militant version of Islam.

—Elaine Sciolino and Don van Natta Jr.
For a Decade, London Thrived as a Busy Crossroads of Terror
《纽约时报》2005 年 7 月 10 日

(70) Instead of marshaling the nation's resources and the support of our allies for a sustained, all-out campaign aimed at destroying Al Qaeda and its offshoots, President Bush launched the war in Iraq and turned that country into <u>a breeding ground</u> for such terrorists on Thursday. Britain had become a breeding ground for hate, fed by a militant version of Islam.

—Bob Herbert
Waking Up to the War
《纽约时报》2004 年 7 月 2 日

(71) The most widespread demonstrations against the American strikes occurred in Pakistan, the world's second most populous Islamic nation and <u>the breeding ground</u> for many of the Islamic militants who now form the Taliban leadership in neighboring Afghanistan.

—Patrick E. Tyler
FBI Agents Shift Antiterror Tactics

《纽约时报》2001年10月9日

（五）狩猎工具或方法

关于狩猎活动的理想化认知模型的一个重要成分是，猎人采用各种工具、手段和方法捕获野兽。被猎捕的野兽常常在洞穴中隐藏起来，而猎人会采用各种方法将其从洞穴中驱赶出来。一种方法是采取烟熏，找到野兽藏身的洞穴，把与其相连的其他洞口堵住后，在洞穴前燃起火堆，使烟吹到洞穴中。其中隐藏的野兽承受不住烟熏时，就会跑出来，猎人就趁机进行猎捕。美国政府和媒体在反恐话语中，把"基地"组织和塔利班成员的形象塑造为躲在洞穴中的野兽，而美国军方和执法机构为了找到他们的藏身之处而采取各种行动，就像在猎捕野兽时用烟把它们从巢穴中熏出来一样。例如：

(72) But make no mistake about it: This administration has got a firm goal and a determination to achieve the goal, and that is to rally the world toward a campaign to find terrorists, to <u>smoke them out of their holes</u>, and to get them, and to bring them to justice.

—Bush, 09-18-2001

(73) And not only that, we'll prove them wrong. They have roused the ire of a great nation. And we're going to <u>smoke them out of their caves</u> and get them running. And we're going to use every means at our disposal to do so.

—Bush, 09-24-2001

(74) This is a period of time in which we're now hunting down the people who are responsible for bombing America. I said a long time ago, one of our objectives is to <u>smoke them out</u> and get them running and to bring them to justice.

—Bush, 11-26-2001

(75) I said a long time ago, one of our objectives is to <u>smoke them out</u> and get them running and to bring them to justice. We're smoking them out; they're running; and now we're going to bring them to justice.

—Bush, 11-26-2001

以上例句中表达式 smoke...out 的意义已引申为指"查清某人的藏匿之处或揭露某个秘密"，但其隐喻性来源仍然十分明显。受话人可以清楚地识别出，恐怖分子被塑造为野兽的形象，因为在该表达式中除了出现描述恐怖分子或罪犯的名词以外，都是描述野生动物的名词。这实际上意味着，恐怖分子、罪犯与野兽属于同一类事物。

除了烟熏以外，另一种常见的方法是通过发出很大的响声，或使用猎狗，或使用其他工具制造响动，使猎物受到惊吓，以为被人们发现，就会从其洞穴中跑出来。英语中描述这样的捕猎方法的说法是 flush...out。美国政府和媒体在反恐话语中常常使用这样的表达式，描述搜寻恐怖分子的过程中使用的策略。例如：

（76）In the war on terror, we're making good progress. As I said last night, nearly one-half of all Al Qaida's senior operatives are no longer a threat to the United States of America. And we're still on the hunt. We will <u>flush them out of their caves</u>. We'll get them on the run, and we will bring them to justice.

—Bush, 05-05-2003

以上例句中的 flush...out，与上文讨论的 smoke...out 一样，其意义已约定俗成，可以描述野生动物，也可以描述人类。但是，在描述人类时，其中的隐喻意义也是十分明显的。"基地"组织的成员被描述为躲在山洞里，美军把他们从山洞里轰出来，使他们处于逃窜之中，并将其抓获。

在关于狩猎的理想化认知模型中，工具或陷阱是非常重要的成分，在大部分情况下是必不可少的。与许多野生动物（尤其是掠食性动物）相比，人类在力量或搏斗技能上没有优势，如果不借助于工具或陷阱，在与野兽直接对抗中处于劣势，不仅达不到狩猎目的，反而会受到野兽的伤害。在反恐话语中，美国政府与媒体在很多情况下描述抓捕恐怖分子的过程中，都会使用凸显捕猎陷阱或工具的表达方式。例如：

（77）There is a fascination about the conventional aspects of the military operations that are taking place now, and I can understand that. But the American people must understand that we're making great progress in other fronts: that we're halting their money, that we've got allies around the world helping us <u>close the net</u>.

—Bush, 10-10-2001

（78）And so we're going to slowly but surely <u>tighten the net</u> on terrorists wherever they live. And it's essential to do so now. It's essential to do so now.

—Bush, 10-11-2001

（79）We are supported by the conscience of the world. And we are surrounding terrorists and their sponsors in <u>a tightening net of justice</u>.

—Bush, 10-17-2001

（80）We've got them on the run. And slowly but surely we're <u>pulling the net of justice around them</u> — "they" being the Taliban as the host and the Al Qaida as the

115

parasite. And we will bring them to justice; make no mistake about it.

—Bush, 10-19-2001

(81) Listen, if our military knew where Mr. bin Laden was, he would be brought to justice. We're hunting him down. He runs, and he hides. But as we've said repeatedly, <u>the noose</u> is beginning to narrow; the net is getting tighter.

—Bush, 11-19-2001

美国主流媒体中有类似的表达方式。例如：

(82) A High Court judge ruled today that a man identified in court testimony in the United States as a terrorist and ally of Osama bin Laden is entitled to the "bare necessities" of life. The ruling potentially undermined the British government's effort to <u>snare the suspect in a financial stranglehold</u>.

—Alan Cowell

British Terror Suspect Still to Get Benefits

《纽约时报》2001年11月29日

(83) American marines operating southwest of Kandahar today moved their patrols to within 12miles of the city, hoping to <u>ensnare fleeing Taliban</u>.

—Thom Shanker and Eric Schmitt

Taliban Defeated, Pentagon Asserts, But War Goes on

《纽约时报》2001年12月11日

(84) The president was right when he concluded that Saddam Hussein was a menace who needed to be removed from power. He understands that our enemies are not confined to Al Qaeda, and certainly not just to Osama bin Laden, <u>who is probably trapped</u> in his hide-out in Afghanistan.

—Lewis PaulBemer III

What I Really Said About Iraq

《纽约时报》2004年10月8日

(85) Foreign militants <u>trapped inside the besieged city of Kunduz</u> have asked to be allowed to go to Pakistan, a senior Northern Alliance official said. The United States opposed such an evacuation.

—Clyde Haberman

The Die-Hards

《纽约时报》2001年11月22日

(86) That leaves the authorities to resort to less effective means, such as <u>mouse-trapping</u> Islamic radicals with immigration violations in hopes of making a deportation case stick. "In many countries, the laws are liberal and it's not easy," an official said.

—Patrick E. Yler and Don van Natta Jr.

Militants in Europe Openly Call for Jihad and the Rule of Islam

《纽约时报》2004 年 4 月 26 日

(87) News reports that Al Qaeda plans to redirect half the $3 million a month it now spends on operations in Afghanistan toward the insurgency in Iraq lent credence to the view that it is turning Iraq into center stage for the fight against the "Great Satan." That might actually be good news: Iraq could become what American military commanders have described as a terrorist "<u>flytrap</u>."

—Bruce Hoffman

Saddam Is Ours. Does Al Qaeda Care?

《纽约时报》2003 年 12 月 17 日

(88) "What you are likely to see is not large stockpiles of weapons of mass destruction but all of the elements, the precursors, the capacity to put them together quickly." The official speculated that Mr. Hussein "got caught in <u>a trap of his own making</u>."

—David E. Sanger

Bush Declares "One Victory in a War on Terror"

《纽约时报》2003 年 5 月 2 日

(89) "In any action," he said, "the aim will be to eliminate their military hardware, cut off their finances, disrupt their supplies, target their troops, not civilians. We will <u>put a trap around the regime</u>."

—Sarah L. Yall

Tough Talk from Blair on Taliban

《纽约时报》2001 年 10 月 3 日

(90) How Mr. Zougam escaped <u>the net</u> is not entirely clear. Spanish court documents suggest he had frequent contact with Mr. Yarkas, but one Spanish investigator described him as "a follower, a secondary figure." Another Spanish law-enforcement official said the police focused more directly on Mr. Zougam in 2002, but by then he had grown notably more cautious about using the telephone.

—Tim Golden, Desmond Butler and Don van Natta Jr.

As Europe Hunts for Terrorists, The Hunted Press Advantages

《纽约时报》2001 年 10 月 3 日

(91) What tied them together was a computer chip smaller than a fingernail. But before the investigation wound down in recent weeks, <u>its global net</u> caught dozens of suspected Qaeda members and disrupted at least three planned attacks in Saudi Arabia and Indonesia, according to counterterrorism and intelligence officials in Europe and the United States.

—Don van Natta Jr. and Desmond Butler

How Tiny Swiss Cellphone Chips Helped Track Global Terror Web

《纽约时报》2004 年 3 月 4 日

(92) Osama bin Laden and the Taliban leader Mullah Muhammad Omar and many of his senior commanders remain at large. They are widely reported to be staying in the tribal areas of Pakistan along the Afghan border and in the large provincial towns like Quetta, close to the Afghan border. Since the arrest of a top Qaeda operative, Khalid Shaikh Mohammed, in Pakistan two weeks ago, there has been wide speculation in Pakistan that <u>the net</u> is closing on Mr. bin Laden.

—Carlotta Gall

G. I. Hunt forQaeda Intensifies

《纽约时报》2003 年 3 月 21 日

(93) Dozens of senior Qaeda fighters are today behind bars, no longer able to plot or participate in attacks. Detainee operations also netted an untold number of computers and documents that increased our knowledge of Al Qaeda's makeup and plans.

—Michael Scheuer

A Fine Rendition

《纽约时报》2005 年 3 月 11 日

(94) The most that law enforcement officials said about the fruits of the detentions arising from the telephone intercepts was that they believed <u>they had netted Al Qaeda sympathizers</u> who might have been in the very early stages of terrorist plots.

—Neil A. Lewis and David Johnston

Jubilant Calls on Sept. 11 Led to F. B. I. Arrests

《纽约时报》2001 年 10 月 28 日

二、疾病隐喻

（一）接触性传染病

传染病（infectious disease）是指在人与人、动物与动物或人与动物之间相互传播的疾病，而接触性传染病（contagion）指与已患病的人直接接触而感染的疾病。在英语中，不良思想、态度、感情等的传播或蔓延被概念化为像接触性传染病一样，在人们中间传播。比一般的传染性疾病更严重的是瘟疫，如鼠疫、天花等，一旦爆发很难控制，常常夺取很多人的生命。美国政府和媒体把恐怖主义组织或其暴力行为塑造为传染病或瘟疫，从而凸显其传播速度之快和危害之大。例如：

(95) If American forces step back before Baghdad is secure, the Iraqi government would be overrun by extremists on all sides. We could expect an epic battle between Shi'a extremists backed by Iran and Sunni extremists aided by Al Qaeda and supporters of the old regime. A <u>contagion</u> of violence could spill out across the country, and in time, the entire region could be drawn into the conflict.

—Bush, 01-23-2001

(96) If American forces were to step back from Baghdad before it is more secure, a <u>contagion</u> of violence could spill out across the entire country. In time, this violence could engulf the region. The terrorists could emerge from the chaos with a safe haven in Iraq to replace the one they had in Afghanistan, which they used to plan the attacks of September the 11th, 2001.

—Bush, 03-19-2007

(97) And we knew that if we did not act, the violence that had been consuming Iraq would worsen and spread and could eventually reach genocidal levels. Baghdad could have disintegrated into a <u>contagion</u> of killing, and Iraq could have descended into full-blown sectarian warfare.

—Bush, 03-19-2008

(98) Last year, there were 98 suicide attacks around the world, more than any year in contemporary history. Suicide terrorism <u>plagues</u> Iraq for the first time since the 13th-century assassins.

—Henry A. Crumpton
A Leaner, Meaner Jihad

《纽约时报》2004 年 3 月 16 日

(99) The French anti-terrorism magistrate Jean-Louis Bruguiere once memorably compared the threat of international Islamic terrorism to the AIDS virus, a constantly mutating contagion, liable to vanish and then reappear in unexpected strains. The analogy may not go far enough, for the world has never faced a plague so virulently unpredictable as that incubated and released by Osama bin Laden…

—Jonathan Randal
The Making of a Terrorist
《纽约时报》2004 年 10 月 3 日

(二) 癌症或恶性肿瘤

美国的反恐话语除了把恐怖主义概念化为接触性传染病以外，将其塑造为癌症或恶性肿瘤也是一种常见的话语策略。通过这一隐喻，恐怖主义不被视为一种军事领域、意识形态或社会经济发展的问题，而是一种严重的慢性疾病。由此以一种直观的方式夸大恐怖主义的威胁，暗示恐怖主义就像恶性肿瘤细胞一样。这些细胞在人体中快速生长，无法控制，最终导致人死亡。恐怖主义也是一样，如果不采取严厉措施予以打击，其发展也十分迅速，最终无法控制。例如：

(100) Of course, we know that terrorism cannot be defeated with political tools alone, but we can weaken it. And in local support helps us to tackle the enemy head on, to identify, isolate and eradicate this cancer.

—Bush, 09-23-2004

(101) The Islamic extremists who gathered around Mr. bin Laden during the 1980's and 90's returned to their home countries where, like a cancer, they metastasized into the self-sustaining and deadly organisms that have since brought destruction to the United States and its allies as far afield as East Africa, Bali, the Philippines, Morocco, occupied Iraq and, now, Spain.

—Milt Bearden
You Cut the Head, But the Body Still Moves
《纽约时报》2004 年 3 月 21 日

(102) Jean-Louis Bruguiere, France's senior investigative judge dealing with terrorism, is among those who insist that Europe is at greater risk. "There is a probability of an attack in Europe in the coming months," he said. "The threat is much wider than

Al Qaeda. It is like a spreading cancer. There is no structure, absolutely none."

—Elaine Sciolino and Desmond Butler

Europeans Fear That the Threat from Radical Islamists Is Increasing

《纽约时报》2002 年 11 月 8 日

(103) American officials said they had tried to impress on Indonesia's president, Megawati Sukarnoputri, that the potential for a terrorism is a "cancer in her country." She has declined to make any commitments, saying that Indonesia is a democracy and cannot arrest people on the mere suspicion of terrorist intentions.

—Raymond Bonner and Jane Perlez

Finding a Tepid Ally in the War on Terror, U. S. Presses

Indonesia to Arrest 2 Clerics

《纽约时报》2002 年 2 月 18 日

(三) 病毒

现代医学的研究发现，人类的许多疾病是由于病毒引起的。病毒是一种微生物，没有细胞结构，可以利用宿主的细胞系统进行自我复制，可以感染所有具有细胞的生命体。普通人虽然不具备关于病毒的专业知识，但知道病毒寄生在宿主细胞内，导致人们生病。并且，目前的药物无法在不损伤宿主细胞的情况下，消除病毒。病毒还可以导致人体的细胞变异。美国媒体在反恐话语中常常把恐怖主义概念化为病毒。例如：

(104) Jonathan Randal's meticulous account of the emergence and spread of the terror virus is less a biography of the strange, desiccated Saudi Arabian terrorist who heads Al Qaeda than a map of the world that produced him and his fellow Islamists. This is the biography of a hatred: deep, detailed and very depressing.

—Jonathan Randal

The Making of a Terrorist

《纽约时报》2004 年 10 月 3 日

(105) The mutation of the cells was illustrated in October when the authorities in Australia arrested a Caribbean-born French citizen who they believe was sent by a little-known Pakistani group to scout possible targets for attacks.

—Raymond Bonner and Don van Natta Jr.

Regional Terrorist Groups Pose Growing Threat, Experts Warn

《纽约时报》2004 年 2 月 8 日

(106) From the start, Al Qaeda was far more diffuse than any previous terrorist organization. But now it <u>has mutated into an international jihad</u>, and most experts say that means governments must transform themselves, too.

—Douglas Frantz

The World: Defining Al Qaeda; "They're Coming After Us."

《纽约时报》2002 年 10 月 20 日

(107) One of the few Middle Eastern countries, Randal insists, where <u>the Al Qaeda virus</u> did not spread to any appreciable degree is the place where the Bush administration has been most determined to find it: Iraq. Iraqi resistance, however, has created another magnet for foreign jihadis.

—Ben Macintyre

The Entrepreneur of Terror

《纽约时报》2004 年 10 月 3 日

(108) According to Mr. Hoffman, Washington's "overwhelming preoccupation" with Afghanistan and Pakistan in recent years "has allowed the threat to expand or <u>mutate</u> elsewhere."

—Mark Mazzetti and Helene Cooper

Biden Says Al Qaeda in Pakistan Is Weaker

《纽约时报》2010 年 12 月 20 日

(四) 寄生虫

寄生虫 (parasite) 是指一种大部分时间居住在另外一种生物体 (称为宿主) 内的生物, 从宿主处获得维持其生存、发育或者繁殖所需的营养或者庇护。美国政府和媒体把"基地"组织及其他美国认定的恐怖主义组织概念化为寄生虫。美国认为, 这些组织没有自己的国家或政权, 而是在一个特定的国家或地区运作, 依靠该国家或地区的政府或政权提供庇护。尤其是"基地"组织在阿富汗得到塔利班政府的庇护, 美国政府和媒体就把"基地"组织塑造为寄生虫的形象, 而塔利班是其宿主。例如:

(109) And by the way, I gave them ample opportunity to turn over Al Qaeda. I made it very clear to them, in no uncertain terms, that in order to avoid punishment they should turn over <u>the parasites</u> that hide in their country.

—Bush, 10-11-2001

(110) We've got them on the run. And slowly but surely we're pulling the net of

justice around them — "they" being the Taliban as the host and the Al Qaida as the parasite. And we will bring them to justice; make no mistake about it.

—Bush, 10-19-2001

(111) There's all kinds of reports and all kinds of speculation, but one thing we know is that he's not in charge of Afghanistan anymore. He's not in charge of the—he's not the parasite that invaded the host, the Taliban. We know that for certain.

—Bush, 12-28-2001

(112) You know, they were like parasites. I know we've got some ranchers and farmers here; you understand what a parasite is. Parasites try to take over the host, and if there's enough parasites and if they've been there long enough, the host itself becomes ill. The host no longer is in a position of power in Afghanistan; the Taliban has been routed.

—Bush, 01-05-2002

(113) Let me finish. And so I am looking at the legalities involved with the Geneva Convention. In either case, however I make my decision, these detainees will be well-treated. We are not going to call them prisoners of war, in either case. And the reason why is Al Qaeda is not a known military. These are killers. These are terrorists. They know no countries. And the only thing they know about countries is when they find a country that's been weak and they want to occupy it like a parasite.

—Bush, 01-28-2002

(114) I have set a clear policy in the second stage of the war on terror. America encourages and expects governments everywhere to help remove the terrorist parasites that threaten their own countries and peace of the world.

—Bush, 03-11-2002

(115) Beating the militant network's difficult because it thrives like a parasite on the suffering and frustration of others.

—Bush, 11-11-2005

第四节 小 结

从本章的分析可以看出，美国政府和媒体在反恐话语中通过概念隐喻的作用，把"基地"组织、塔利班武装分子和恐怖分子塑造为野兽、昆虫或疾病，将其排除在人类范畴之外。概念隐喻对于推理有强大的限制作用，一个必然的结论是美国政府、军方和执法部门应采取各种措施，像捕捉野兽或根除疾病一样将其毁灭。由于概念隐喻的分布十分广泛，并且公众几乎没有认识到其中的意识形态作用，美国政府和媒体在公众的观念塑造方面处于十分有利的地位，使得反恐战争能够得到公众的持续支持。

第六章

概念转喻

作为塑造公众舆论的话语策略，概念转喻在霸权话语建构意识形态的过程中发挥了关键作用。以往研究把大部分注意力集中在概念隐喻，而转喻的作用在很大程度上受到忽视。这是因为，转喻的作用方式更加细微，一般不为公众意识到。转喻在美国政府和媒体的反恐话语中十分普遍，在宏观和微观两个层面上起作用。本章考察一些在反恐话语中处于凸显地位的转喻，以此论证它们对于动员公众支持美国政府的反恐政策和行动的重要作用。

第一节 概念转喻的认知基础

自 20 世纪 80 年代以来，随着认知语言学的发展，转喻的学术地位像隐喻一样发生了重大变化，尤其是 90 年代以后。在此之前，转喻在传统修辞学中一直被视为一种诗歌或修辞手段，旨在增加语言的色彩，使其简洁有力或形象生动。与这一观点不同，认知语言学认为转喻属于人类的一般认知能力，在日常思维中无处不在。转喻的地位像隐喻一样，甚至在人类的概念系统中占据比隐喻更重要的地位（Taylor, 1995）。这也是认知语言学将其称为概念转喻的原因。

转喻作为概念现象的认识始于 Lakoff & Johnson（1980）。他们提出，转喻是人们的言语活动、思维活动和其他活动的一部分，在日常生活中发挥了重要作用。一个明显的例子是以一个人的脸部转喻其整体。这在英语和汉语中都存在。

(1) She looked around for a familiar <u>face</u>.
(2) It's nice to see some new <u>faces</u> here this evening.
(3) 公司最近多了一些新<u>面孔</u>。
(4) 这些获奖的作者中，多数是一些老<u>面孔</u>。

例（1）和（2）中的 "face" 都是指某种类型的人，而不是字面意义上的脸或面。与此类似，例（3）和（4）中的 "面孔" 均指人。英语中的 "face"

和汉语中的"面孔"之所以在语义上引申为指特定类型的人,是因为面部是人们相互区分最重要的特征。从生物特征上来说,每个个体都有不同于其他个体的生物特征,包括生理特征和行为特征。前者如人脸、指纹、虹膜、掌纹,后者如步态、声音、笔迹等。这些都是目前生物特征识别(biometrics)技术领域的研究重点。但是,在日常生活中,根据脸部确定身份是最自然、最直接的认知策略。人们的身份证上都有自己的脸部照片,而不是全身或其他部位的照片。由此可见,以脸部转喻人整体这一认知策略已成为人类概念系统的一部分,是人们日常生活中思考和行动的基础。

按照认知语言学的观点,转喻以人们的经验为基础。例如,人们以部分转喻整体的策略来自日常生活中关于部分与整体之间关系的经验,而以生产者转喻产品的策略基于生产者和产品之间的因果关系。转喻的认知基础是一个认知框架或理想化认知模型内共同出现的实体之间的邻近关系(contiguity)。两个实体之间存在密切联系,以至于描述其中一个实体时可以激活另一个实体相关的知识。

(5) 他平时没事儿总爱喝上<u>几杯</u>。

(6) <u>枪杆子</u>里出政权。

例(5)中,"几杯"本义指酒杯,但作为容器的酒杯转指其中的内容,即酒水。像这样以容器转喻内容的认知策略是很常见的。例(6)所涉及的转喻比较复杂。"枪杆子"所指的实体是枪的一部分,以部分转喻整体,并进而转喻武器。武器又是开展武装斗争必要的工具,因此枪杆子进而转喻武装斗争。这里涉及的实体有枪杆子、枪、武器和被概念化为事物的武装斗争,它们之间存在密切关系,任何一个实体都可以激活其他实体,因此才会产生一系列的转喻。

Lakoff & Turner(1989)认为转喻是从喻体(vehicle)到本体或目标(target)的映射。转喻的主要功能在于提供一个在心理上访问目标实体的路径。通常情况下,作为喻体的实体更具体或更凸显,而作为本体的实体更抽象或凸显度较低,因此说话人在心理上把前者作为参照点访问后者(Kövecses, 2002)。Langacker(1999, 2004)把转喻看作是一种参照点现象,其中喻体是参照点,而本体是目标,人们通过喻体这一参照点在心理上访问本体。转喻之所以在概念系统和语言系统中广泛存在,是因为参照点能力是人类的一个基本认知能力。转喻能够解决两个重要倾向之间的矛盾。一方面,说话人希望受话人的注意力指向说话人意向中的目标;另一方面,说话人在思维活动和言语活动中倾向于把注意力集中在凸显度最高的实体。使用合适的转喻表达式能够使说话人提及凸显度最高的实体,通过参照点能力的作用,受话人在心理上访问一个凸显度较低或难以编码的实体(Langacker, 1999)。

参照点关系可以存在于各种广义的实体之间，包括部分与整体、整体与部分、部分与部分、物体与物质、范畴与范畴成员、感知与感知对象、原因与结果、生产者与产品、控制者与控制对象、领有者与领有对象、容器与内容、地点与该地点的居民、机构、事件或物体等（高航，2009）。在每组关系中，都可以把前者作为参照点，在心理上访问后者。认知语法认为，语言作为一个符号系统本质上是基于转喻的，尤其是以整体指代部分的转喻。例如：

(7) 这几只狗没有牌照，又咬了人，按照有关规定，应当及时处理。

(8) 这时，歹徒的同伙追了上来，狠狠踢了他一脚。

例(7)描述的情景中，狗的全身部位中只有牙齿和颚是咬这一动作最直接的参加者，而咬的动作不会作用于人体的全部，只能是某个或某几个部位。但是，作为整体的狗和人的凸显度远远高于其组成部分，因此说话人自然会使用指称整体的表达式，通过整体在心理上访问部分。例(8)中的转喻与此相似，同样以整体转喻部分。"踢"所指的动作由脚发出，该动作的受事的某一部分承受力量。这些都是正常的表达式。实际上，如果为了追求描写的准确性而明确提及构成整体的各个部分，由此产生的句子反而是不自然的或不可接受的。

第二节　概念转喻与意识形态

概念隐喻在意识形态建构中的作用已得到充分认识和研究，概念转喻的作用却远远没有得到重视。转喻的功能不仅仅在于指称，而且在人们对于事物的概念化过程中起着重要作用(Lakoff & Johnson, 1980)。转喻能够凸显所指称事物的某一方面，而压制其他方面。例如：

(9) 北京大学决定面向校内外公开招聘教授。

(10) 21床今天要做手术。

(11) 你给道具打电话了没有？

(12) 刚买的手机出了问题，去找售后，对方说是系统出错。

例(9)中，说话人使用机构转喻该机构做出决策的人员，从而凸显机构的重要性，降低其决策人员所负的责任。例(10)中，医生和护士即使能够记住患者的姓名，一般情况下也会通过患者所在的床位编号转喻该患者。这是最自然的选择，除非他们与患者非常熟悉。这种转喻策略凸显了医生和护士并不关心患者作为个体的身份，而是只将其作为需要治疗和照顾的病人看待。例(11)

127

中,"道具"通过转喻的作用转指负责道具的工作人员。这一转喻压制了该工作人员作为个体的重要性,凸显其在整个团队中的职责。例(12)与此类似。"售后"转指负责售后服务的工作人员,受话人不关心其个体的身份,而只关注其工作性质。

由于转喻可以像隐喻一样凸显现实的某一方面而压制其他方面,因此它同样能够起到意识形态的建构作用。如上文所述,在理想化认知模型中的各个成分之间存在的邻近关系各种各样,并非任何关系都能作为转喻的基础。但是,说话人可以决定是否使用转喻,并且对于使用哪些约定俗成的转喻有选择的自由,由此可以传递特定的意识形态。这是在微观层面上来说。在宏观层面上,人们的思维本质上不仅是基于概念隐喻的,实际上概念转喻也是人们概念系统中不可分割的一部分。转喻制约受话人以什么样的方式理解说话人的交际意图(Gibbs,1994)。一个明显的例子是,人们关于不同地域或群体的定型观念或刻板印象的基础就是转喻思维,并且在大脑中以硬连线(hardwired)的方式存在,并限制人们关于这些地域或群体的认识。

以部分指代整体的转喻在许多话语中根深蒂固。一个常见的体现是以一个群体或范畴中凸显的成员代表整个群体或范畴。例如,美国的新闻媒体在报道西班牙语族裔人口时,常常出现一些关于非法移民、犯罪活动等的报道。尽管这些报道涉及这一群体中为数极少的个别成员,但由此使公众形成关于群体的整体认识,即西班牙语族裔都是来自拉丁美洲的移民,他们与美国人是不同的,他们从事犯罪活动(Santa Ana,2002)。结果人们对这些认识习以为常,没有意识到这些都是片面的,远远不能反映社会现实。这本质上是一个以部分指代整体的转喻。

第三节 宏观层面的概念转喻

从宏观层面上来说,美国政府和媒体关于恐怖主义的话语本质上是一个以部分指代整体的转喻。它把"9·11"事件及有关的恐怖主义问题从现实语境和历史语境中分离出来,因此所建构的现实是高度抽象的。其作用在于把恐怖主义这一复杂的社会政治现象简化为一个公众可以很容易理解的问题,不需要做出有深度的思考,否则公众可能会对美国政府的一些外交政策提出疑问,进而削弱其对反恐战争的支持。因此,反恐话语为公众提供了一个关于恐怖主义的脱离语境、脱离历史的叙事。反恐战争被塑造为一场善良与邪恶之间的斗争,而不是以美国为首的霸权主义大国与反对霸权主义的国家和组织在政策、意识形态和全球的政治、经济和军事方面的斗争。

"9·11"事件发生后,美国公众首要关心的问题是:袭击者的身份是什么?他们为什么袭击美国?关于前一个问题,在没有任何国家或组织宣称制造袭击事件的情况下,布什政府宣称"基地"组织及其领导人拉登是发动袭击的元凶。这样的答案尽管没有确凿的证据,但在美国当时由于受到袭击而陷入混乱的情况下,它为公众提供了明确的信息,使其不再困惑。这一答案是否正确并不重要,布什政府需要在国家处于危机时树立其强有力的形象,否则会被公众视为软弱无能。关于第二个问题,布什政府的答案更加简单,宣称恐怖分子袭击美国的原因是他们仇恨美国,美国完全是无辜的受害者。

任何事件都是在特定的历史语境中发生的。"9·11"事件和美国随后发动的阿富汗战争及伊拉克战争都与之前的历史事件有密切的联系,其中的因果关系极其复杂。这些都构成了一个复杂的现实。美国政府的话语策略是从这一现实中切割出一部分,并将其编织为一个连贯的叙事。叙事实际上是以部分现实指代整体现实,被排除在叙事之外的一些重要现实至少包括以下问题。

(1)美国与"基地"组织及拉登的渊源
(2)与伊拉克的关系
(3)在中东和平问题上一直偏袒以色列
(4)在阿拉伯半岛的军事存在
(5)颠覆民选政府和支持独裁政权
(6)阿富汗战争和伊拉克战争中平民的伤亡

美国政府和媒体尽力地避免公众了解到这些现实,因为这样会削弱其建构的反恐战争的正义性,会使公众认识到"9·11"事件在很大程度上是美国错误的外交政策造成的结果,认识到美国发动的反恐战争给许多国家民众带来巨大灾难。

一、美国与"基地"组织的渊源

美国政府在反恐话语中没有提到其与"基地"组织在历史上的密切联系。因此,公众并不知晓美国所认定的恐怖主义组织和人员在很大程度上都是中央情报局培养出来的。否则,反恐战争的合法性会受到质疑。美国媒体在"9·11"事件后的最初几年里,普遍放弃了保持客观中立的新闻传统,在关于恐怖主义的报道中表现出明显的爱国主义情绪。因此,媒体对于美国政府与"基地"组织之间曾经存在的密切联系几乎没有什么报道。

根据美国前中情局局长盖茨的回忆录，美国与"基地"组织的渊源在1979年12月27日苏联入侵阿富汗之前6个月就已经开始了。苏联入侵之前，阿富汗国内亲苏的塔拉基政府进行土地改革，实行集体化，并废除伊斯兰教的国教地位。这些政策受到国内普遍反对，出现不少反政府的武装叛乱。1979年9月14日，阿富汗部长会议主席兼国防部长阿明发动政变，暗杀塔拉基，成为阿富汗最高领导人。苏联为控制阿富汗，作为其南下印度洋的扩张战略的一部分，入侵阿富汗，推翻阿明，扶持卡尔迈勒建立亲苏政权。苏联的入侵遭到阿富汗各个派别的反政府武装的激烈抵抗。

根据美国卡特政府时期的国家安全事务助理布热津斯基的叙述，美国官方的说法是，中情局对反政府武装的援助始于1980年。实际上，1979年7月3日，卡特已经签署了向反政府武装提供秘密援助的指令，希望诱使苏联进行军事干预，从而使其陷入长期战争。卡特政府很清楚，反政府武装在意识形态和价值观方面与美国格格不入，但为了美国的地缘政治利益，可以忽视这些分歧。反政府武装派别众多，为了争夺地盘和控制鸦片贸易相互争斗。美国为了最大限度地打击苏联，把大部分援助都给予其中最极端的组织，尤其是希克马蒂亚尔领导的伊斯兰激进组织。布热津斯基称，支持反政府武装的目的不仅仅是把苏联从阿富汗赶出去，更重要的目的是向穆斯林占多数的中亚地区和苏联的一些伊斯兰加盟共和国输出一种由民族主义和伊斯兰教思想混合而成的意识形态，由此在苏联境内制造混乱，进而拖垮苏联。

在巴基斯坦的帮助下，中情局从巴境内的300万阿富汗难民中招募游击队员，并从其他伊斯兰国家中招募雇佣兵，为他们提供培训。另外，中情局还从埃及、中国、波兰、以色列等国家购买或委托制造苏式武器装备，将其提供给反政府武装。美国还要求中东国家提供资金援助，并与巴基斯坦协商，将其作为阿反政府武装的集结地和庇护地。① 1981年，里根当选总统后，延续了卡特政府的秘密援助计划，并加大援助力度。从1985年开始，中情局为反政府武装提供关于苏联在阿境内目标的卫星侦察数据和监听到的苏联通信情报，帮助其建立秘密的通信网络，提供定时炸弹、远程狙击步枪、与美国海军的卫星系统连接的迫击炮瞄准装置、有线制导的反坦克导弹，并进行复杂的游击战战术的培训。1986至1989年之间，美国还向反政府武装提供了超过1000枚"毒刺"防空导弹。此外，美国国防部和中情局的官员不断访问巴基斯坦三军情报局的总部，帮助反政府武装制订作战计划。

---

① 沙特是向反政府武装提供资金援助最多的中东国家。

<<< 第六章 概念转喻

除了招募和培训阿富汗人以外，中情局允许巴三军情报局从世界各地招募穆斯林志愿者。1982至1992年间，约有3.5万人从43个伊斯兰国家来到巴基斯坦和阿富汗边境地区，高峰时期达到10万人。他们在巴基斯坦政府建立的几百所宗教学校中接受培训。其中首批加入反政府武装的非阿富汗穆斯林志愿者中就有拉登。他来自沙特一个富裕的家庭，与沙特王室有密切联系。拉登从沙特招募了4000名志愿者，他与阿反政府武装的领导人建立了密切关系。并且，拉登还与中情局密切合作，从富裕的沙特人中募集资金。他还负责一个由巴三军情报局建立的机构，把从外界获得的资金、武器和人员输送到阿富汗战场。1988年，拉登创立了"基地"组织，由分布在至少26个国家的、半独立性质的伊斯兰极端组织构成。中情局对此完全清楚。但是在"9·11"事件发生后，中情局宣称与拉登没有任何直接联系。

1989年，苏联撤出阿富汗以后，拉登和其他穆斯林志愿者回到各自国家。他们的政治意识觉醒，认为沙特、埃及这样的伊斯兰国家的政府都是美国的代理人，就像阿富汗的纳吉布拉政府是苏联的代理人一样。1990年，伊拉克入侵科威特，拉登向沙特政府建议用其领导的"基地"组织保卫沙特，以免受到伊拉克进攻。但沙特王室拒绝了他的建议，选择接受美国的保护。拉登对这一决定表示愤慨。在拉登的领导下，"基地"组织开始针对美国在世界各地的目标发动袭击，并在菲律宾、巴基斯坦、沙特、法国、塔吉克斯坦、阿塞拜疆、埃及、阿尔及利亚、摩洛哥等国家发动恐怖袭击。

苏联撤出后，反政府武装在与纳吉布拉的政府军作战的同时，各个派系自身陷入混战。1992年4月，反政府武装攻占喀布尔，推翻纳吉布拉政府，拉巴尼担任总统。但是，内战继续。1994年，塔利班崛起。[①]其成员来自美国、英国和沙特资助，在巴基斯坦与阿富汗边境地区建立的伊斯兰学校，他们一边接受神学教育，一边接受军事训练。在巴基斯坦的支持下，塔利班武装取得节节胜利，并于1996年9月攻占喀布尔。

塔利班控制喀布尔以后，建立政教合一的政权，实行严格的伊斯兰教法。塔利班政权只得到沙特、阿联酋和巴基斯坦的承认。塔利班禁止妇女接受教育、医疗和工作，压制少数民族，禁止唱歌、跳舞等娱乐活动。美国政府反对塔利班的意识形态，但支持其上台，并鼓励沙特和巴基斯坦支持塔利班。美国希望阿富汗有一个稳定的中央政府，有利于美国石油巨头建设从巴基斯坦穿越阿富汗到达里海地区的油气管道，同时可以孤立伊朗。

---

① 普什图语中，"塔利班"指学生。

美国对塔利班政权的支持持续到1998年。当年的8月7日，美国在肯尼亚和坦桑尼亚的大使馆几乎同时遭到炸弹袭击，造成224人死亡，包括12名美国人，超过4500人受伤。美国认为，拉登领导的"基地"组织是这两起爆炸事件的主谋。美国要求塔利班政府把拉登引渡到美国，但遭到拒绝。为了报复，1998年8月20日，美国海军从阿拉伯海上发射巡航导弹，袭击了"基地"组织在阿富汗的4个训练营地和苏丹首都喀土穆的一家制药厂。①此后，美国与塔利班政权的关系一直紧张。

二、美国与伊拉克的关系

美国政府在反恐话语中把伊拉克塑造为恐怖主义的支持者，并试图发展大规模杀伤性武器，对美国的安全和世界和平都构成严重威胁。但是，1990年8月2日，伊拉克入侵科威特以前，美国在相当长的时期内一直支持萨达姆政府，并在其武器发展计划中起了重要作用。

冷战时期，伊拉克与苏联保持密切关系，而美国在海湾地区依靠伊朗和沙特两个主要盟国。但是，1979年，伊朗爆发伊斯兰革命后，美国和伊朗的关系由盟友转变为敌人。1979年，萨达姆·侯赛因就任伊拉克总统后，准备对伊朗发动战争。1980年9月22日，伊拉克入侵伊朗，两伊战争爆发。美国一直保持中立。1982年3月开始，伊拉克在战场上处于不利地位。当时，美国与伊朗和伊拉克都没有外交关系。里根政府决定，官方立场仍然保持中立，但必须采取一切措施帮助伊拉克，阻止伊朗取得胜利。里根政府在没有征求国会意见的情况下，把伊拉克从支持恐怖主义的国家名单中删除，使其有资格获得美国的军事技术和武器装备。里根政府允许埃及、约旦、沙特和科威特把其从美国获得的武器装备转交给伊拉克，并要求意大利向伊拉克提供武器。

1983年12月20日，拉姆斯菲尔德作为里根的特使访问萨达姆，希望美国与伊拉克发展更密切的关系。而在几个月前，伊拉克军队使用毒气对付伊朗军队，并且正在建设一个化学武器设施。两国关系发展很快，以至于里根和副总统老布什都曾向萨达姆提供军事方面的建议。美国及其他西方国家都对伊拉克使用化学武器的情况保持沉默。

中情局与伊拉克的情报部门建立了直接联系，向其提供美国卫星搜集的关于伊朗军队的侦察数据。1991年，联合国的武器核查小组发现，在伊拉克发展弹道导弹过程中，其武器实验室40%的设备来自美国。1985年，里根政府批准

---

① 美国宣称该制药厂是"基地"组织制造化学武器的工厂。

向伊拉克出口生物培养物，这些培养物的活性没有受到任何削弱，能够复制，因此可以作为研发生物武器的基础。从1985至1988年，美国共向伊拉克出口了70批生物培养物。

1987年7月17日，伊拉克空军发射导弹袭击了美国在波斯湾巡逻的导弹护卫舰"斯塔克"号，重创该舰，造成37人死亡。伊拉克政府向美国道歉，声称是误炸。美国表示抗议，但未采取任何报复措施。但是，美国对伊朗的态度完全不同。1988年4月14日，美国海军"罗伯茨"号触发一枚伊朗布设的水雷，受到重创。美国海军实施报复，摧毁了伊朗两个海上石油钻井平台，并击沉多艘伊朗舰艇。此后，7月3日，美国海军"文森斯"号巡洋舰击落伊朗一架客机，造成290人丧生。

据英国《金融时报》报道，1988年3月16日，在两伊战争结束前夕，伊拉克军队在伊拉克北部的库尔德聚居区的哈拉布奇（Halabjia）镇，使用毒气攻击库尔德人，估计造成5000人死亡。但是，同年9月，里根政府阻止参议院对因化学武器攻击事件而对伊拉克实施制裁。伊拉克在战争中多次使用毒气对付伊朗，联合国安理会1988年8月27日一致通过决议，谴责两伊战争中使用毒气的做法，但在美国的努力下，没有点名批评伊拉克。

1989年，中情局向美国国会提交报告，称伊拉克已成为世界最大的化学武器生产国。美国国务院的报告也称，伊拉克继续发展化学武器和生物武器，以及新的弹道导弹。但是，老布什政府仍然批准向伊拉克的武器部门出口先进的军民两用技术。1990年7月18日至8月1日（伊拉克入侵科威特前一天），老布什政府批准向伊拉克武器部门和武器实验室销售价值480万美元的先进的军事技术。并且，1990年7月25日（伊拉克入侵科威特前8天），萨达姆召见美国驻伊大使阿普里尔·格拉斯皮（April Glaspie），询问美国对于伊拉克与科威特和阿联酋等阿拉伯国家的矛盾，尤其是与科威特的边界争议。格拉斯皮的答复是，美国对阿拉伯国家之间的矛盾不持立场。这促使了萨达姆决定入侵科威特。

三、美国在中东和平问题上的偏袒立场

自1948年以色列建立国家后，美国在以色列与阿拉伯国家的矛盾上，尤其是与巴勒斯坦的冲突问题上，长期偏袒以色列，造成阿拉伯国家民众中普遍存在反美情绪。两千多年前，犹太人曾在巴勒斯坦地区生活，但在罗马帝国时期由于多次反抗而受到镇压和迫害。大部分犹太人被赶出巴勒斯坦地区，流落到各个国家。19世纪80至90年代，欧洲各国出现反犹太主义浪潮，犹太人开始

希望建立自己的国家。在奥地利的犹太记者赫尔茨（Theodor Herzl）于1895年出版了一本小册子《犹太国》（*The Zionist State*），提出犹太复国主义的理论和纲领。1897年，在瑞士的巴塞尔举行了第一次犹太人代表大会，成立了以赫尔茨为主席的世界犹太复国主义组织。1917年，英国从奥斯曼帝国手中夺取了巴勒斯坦，宣布支持犹太人在巴勒斯坦建立自己的国家。随后1922年，国际联盟授予英国托管权。世界各地的犹太人不断移居巴勒斯坦地区，与当地的巴勒斯坦阿拉伯人发生多次流血冲突。英国试图调和，但双方暴力冲突不断。

第二次世界大战结束以后，巴勒斯坦地区的犹太人不断发动针对英国当局和当地阿拉伯人的恐怖主义袭击。英国决定把巴勒斯坦地区的未来交给联合国。联合国大会于1947年11月29日通过决议，要求英国于1948年8月1日前结束在巴勒斯坦的统治，随后两个月内成立阿拉伯国和犹太国。1948年5月14日，以色列宣布建国。美国是第一个承认以色列的国家。阿拉伯国家拒绝接受决议，在以色列宣布建国后几个小时，埃及、叙利亚、约旦、黎巴嫩和伊拉克联军进攻以色列。第一次中东战争爆发，在美国、英国和法国的支持下，以色列在战争中获胜，占领了除约旦河西岸部分地区和加沙地带以外的巴勒斯坦所有地区，迫使近百万巴勒斯坦阿拉伯人沦为难民。在随后几次的中东战争中，以色列均取得胜利，占领了阿拉伯国家大片土地，并在其占领的领土上修建犹太人定居点，割断巴勒斯坦聚居区之间的连接，受到国际社会广泛批评。

1992年，拉宾当选以色列总理后，开始与巴勒斯坦解放组织领导人阿拉法特在挪威首都奥斯陆举行秘密谈判，并于1993年8月20日达成和平协议。双方于1993年9月13日在美国白宫草坪签署《临时自治安排原则宣言》，即《奥斯陆协议》。该协议被认为是巴以和平进程中的里程碑。但在协议签署两年后，拉宾被以色列右翼极端分子刺杀，其后巴勒斯坦伊斯兰抵抗运动组织（哈马斯）多次发动针对以色列的袭击。1996年，以色列利库德集团领导人内塔尼亚胡当选总理后，拖延以色列从约旦河西岸撤军的进程，并在该地区加快犹太定居点的修建。1999年，内塔尼亚胡的联合政府解散，他在谋求连任的选举中失败，巴拉克当选为总理。2000年7月，在克林顿政府的斡旋下，巴勒斯坦领导人阿拉法特和以色列总理巴拉克在华盛顿戴维营举行谈判，但未能达成协议。2000年9月28日，以色列利库德集团领导人沙龙强行参观了东耶路撒冷的伊斯兰教第三大圣地阿克萨清真寺，引起一场旷日持久的巴以流血冲突。2001年3月，沙龙当选为以色列总理后，采取强硬政策，激起巴勒斯坦一些激进组织的武装反抗，而以色列采取了报复，双方陷入长期的冲突。

在以色列与阿拉伯国家的冲突问题上，美国一直偏袒以色列。以色列是二战以来累计接受美国军事援助最多的国家,被美国视为其在中东地区最重要的盟国。按照美国国会研究部(Congress Research Service)2001年11月的报告,美国在半个世纪中向以色列提供的援助高达813亿美元。1972年9月10日至2001年3月27日,联合国安理会通过了33个关于以色列的决议,谴责以色列对阿拉伯国家的各种侵略和非法行为。这些决议全部被美国否决。

在核武器问题上,除了安理会5个常任理事国可以拥有核武器以外,美国不允许其他国家发展核武器,并曾对发展核计划的印度和巴基斯坦实施制裁。但是,以色列在美国和法国的纵容和帮助下,从1956年开始一直在秘密研制核武器。其核计划被参与研制工作的技术人员瓦努努(Mordechai Vanunu)透露给《泰晤士报》,并于1986年10月5日在该报上曝光。据专家估计,以色列拥有的核弹头数量在80枚到200枚之间。以色列政府至今没有在《不扩散核武器条约》上签字,并刻意保持模糊政策,既不承认也不否认拥有核武器。美国及其西方盟国在以色列的核武器问题上一直视而不见,在任何场合都避免提及。

四、美国在阿拉伯国家的军事存在

二战结束以后,美国和苏联的关系由盟国转变为对手,开始近半个世纪的冷战。在中东地区,英国和法国的殖民统治结束,美国担心苏联填补由此产生的空白,于是积极介入中东事务。中东地区在地理上处在连接亚、非、欧三大洲的十字路口,战略位置十分重要,其中土耳其海峡、波斯湾和苏伊士运河更是关键的咽喉点。更重要的是,中东地区有世界最大的石油储量,而石油对工业化国家的重要地位不言而喻。因此,中东在二战后美国历届政府的对外政策中都占有极其重要的地位。美国一方面大力支持以色列作为其在中东的战略支点,另一方面试图与阿拉伯国家及伊朗、土耳其等非阿拉伯的伊斯兰国家发展盟友关系。美国希望通过这些政策,防止苏联将其势力扩展到中东。

根据军事历史学家安德鲁·巴塞维奇(Andrew Bacewich)的分析,1980年以前美国在中东地区的军事行动或军事存在并不显著,但卡特当选总统后,美国在中东的介入显著增加。卡特在1980年1月发表的国情咨文中明确提到,任何外部力量企图获得波斯湾地区的石油的控制都将被视为对美国核心利益的攻击,美国将会采取任何必要的措施,包括军事力量,予以回击。此后,从里根、老布什到克林顿政府一直延续卡特的立场。美国更多地在中东开展军事行动,并大幅增加在这一地区的军事基地。

1991年2月28日,以美国为首的多国部队把伊拉克军队从科威特赶出,取得海湾战争的胜利。同年12月25日,苏联解体,标志着冷战结束。但是,美国

135

并没有减少其在中东的军事存在。美国在沙特和科威特仍然有驻军和基地,美国海军第五舰队的总部设在巴林,而卡塔尔、阿联酋、阿曼、埃及和约旦都有美国的军事基地。美国在阿拉伯国家的驻军引起这些国家民众的强烈反感,促使伊斯兰世界的反美情绪高涨。这被不少学者认为是"基地"组织发动"9·11"事件的动机之一。曾在西点军校任教的美国学者鲍曼(Bradley Bowman)认为,自 1983 年 10 月 23 日在黎巴嫩执行维和任务的美国海军陆战队受到袭击以来,美国在伊斯兰国家的驻军或军事基地一直是促进反美情绪和伊斯兰激进化的重要催化剂。

美国自 1991 年海湾战争后一直在沙特驻军 5000 人。以"基地"组织为代表的伊斯兰极端组织认为,美国的驻军是对伊斯兰教的亵渎,穆斯林应该团结起来,把美国赶出中东地区。1996 年,拉登被苏丹政府驱逐后,回到阿富汗,得到塔利班政府的庇护。拉登在伦敦的一家报纸《阿拉伯世界》(Al-Arabi)上发表了一篇长达 30 页长的指令(fatwa),题为《向占领两个圣地所在国度的美国宣战》。①拉登把指令传真给其在世界各地的支持者,号召针对美国开始一场全球圣战(global jihad)。

五、美国与专制国家的结盟或操纵推翻民选领导人

美国政府和媒体在反恐话语中把美国塑造为民主和自由的堡垒,把"基地"组织、塔利班政权和伊拉克政府视为野蛮和专制的代表。事实上,美国在推行其所谓的民主制度上一直采取双重标准,对于妨碍其战略利益的国家不断施加压力,要求进行改革,实行民主;而对于维护其战略利益的国家并不要求实行民主,很多时候甚至支持专制政权,或者采取各种手段颠覆民选政府。这样的例子很多,下面仅列举少数几例说明。

1953 年 8 月 19 日,在中情局和英国秘密情报局的策划和参与下,伊朗退役将领、前内政部长扎赫迪及伊朗国内亲英国的势力发动政变,推翻民选领导人、首相摩萨台的政府,帮助逃亡国外的国王巴列维重返伊朗,建立独裁统治。巴列维政府的高压政策最终导致其在 1979 年霍梅尼领导的"伊斯兰革命"中被推翻。英国和美国之所以帮助发动政变,是因为摩萨台政府的石油国有化政策损害了英国和美国的利益。

1954 年 6 月 18 日,在中情局的支持下,危地马拉军方将领阿玛斯率领的反政府武装发动叛乱。中情局在叛乱前为叛军提供资金、武器和培训,并在叛乱

---

① "两个圣地所在国度"指拉登的故乡沙特,两个圣地指麦加和麦地那的清真寺。

中针对阿本斯政府开展大规模的心理战，帮助叛军取得胜利。6月27日，民选总统阿本斯被迫辞职。美国支持叛乱的主要原因是，阿本斯政府的土地改革威胁到了在危地马拉的美国联合果品公司的利益。阿玛斯建立独裁统治后，禁止所有政党、工会和其他被怀疑有共产主义倾向的组织的活动，进行大规模清洗。阿玛斯的统治遭到危地马拉左翼游击队的反抗，使该国陷入长达36年的内战。

1964年3月31日，在中情局的支持下，巴西陆军参谋长卡斯特洛·布兰科发动政变，推翻总统古拉特。当时，古拉特政府在国内开始土地改革，努力实现炼油国有化和石油进口由国家垄断，加强同共产党国家的联系。这些都让美国极为不满。以布兰科为首的右翼军人集团从中情局获得资金和培训，美国国防部还在圣保罗派驻了一支海军陆战队，为其政变提供支援。此后，巴西经历了20年的军人独裁统治。

1973年9月11日，在中情局和国务卿基辛格领导的美国国务院支持下，智利陆军总司令皮诺切特发动政变，推翻民选总统阿连德政府，阿连德以身殉职。阿连德在任期间实行铜矿国有化政策，进行土地改革，加强与第三世界国家的团结。这些都触动了美国在智利的利益。皮诺切特的独裁统治持续了17年，其间被屠杀的共产党和左翼人士不计其数，保守估计近5万人。

六、阿富汗战争和伊拉克战争中平民的伤亡

布什政府在多次演讲中强调，美国及西方盟国在阿富汗和伊拉克进行反恐战争的同时，为两国难民提供人道主义救援物资和医疗援助。但是，布什政府在反恐话语中从没有提到的是，美国的战争行动给两国以及巴基斯坦的平民造成的巨大伤亡。美国媒体虽然偶尔有关于平民伤亡的报道，但都是轻描淡写，并很快被公众忘记。如果平民的大量伤亡引起公众的广泛注意，公众对反恐战争的支持会大大削弱。

布朗大学沃森国际与公共事务研究所曾于2015年5月22日发布报告，分析了2001至2014年间阿富汗和巴基斯坦的平民伤亡情况。这些伤亡有多个来源，包括美国及其盟国针对塔利班武装的空袭和地面行动、阿富汗国民军与塔利班的交战行动、美国在巴基斯坦境内针对塔利班武装的空袭行动、巴基斯坦安全部队打击巴境内塔利班武装分子的行动、塔利班武装袭击国家安全援助部队运输车队的行动等。该报告只统计直接死亡情况，而间接死亡情况无法统计。在阿富汗战争的头几年中，没有机构对各方造成的平民死亡情况进行全面的统计。直到2008年，联合国驻阿富汗援助团才开始系统地统计战争造成的伤亡。根据联合国驻阿富汗援助团的数据，沃森国际研究估算出，从2001年到2014年，直接死于战争的阿富汗和巴基斯坦平民超过 26 270 人。①

相比而言，美国 2003 年发动的伊拉克战争造成的平民死亡达到惊人的程度。据英国广播公司 2013 年 10 月 16 日报道，华盛顿大学的公共卫生专家 Amy Hagopian 领导的一个国际研究团队推算出，2003 年 5 月至 2011 年 6 月期间，伊拉克平民死亡人数达到 461 000。研究人员从 2011 年 5 月至 7 月，在伊拉克的 18 个省的 100 个地理区域进行调查，每个区域随机挑选 2000 个家庭进行调查，询问其家庭人员死亡情况。调查结果表明，战争造成的死亡率为每千人中有 4.55 人死亡，再基于伊拉克的人口计算，估算出由战争引起的死亡约为 405 000 人。另外，还有 56 000 人是逃离伊拉克的难民。在近 50 万的死亡人数中，60%是由暴力直接造成的，其余由于基础设施毁坏和其他间接原因造成。②

第四节　微观层面的概念转喻

以上分析了宏观层面的转喻，下面考察微观层面的转喻。微观层面的各种转喻中，有一类最值得注意，即与第二次世界大战和冷战有关的转喻。通过不断提及与二战和冷战有关的标志性人物和事件，反恐话语把反恐战争塑造为一场在性质、地位和规模上与二战和冷战类似的全球战争，决定人类的命运。③战争中两大对立的阵营中，一个是以美国为领导者的所谓文明、自由和民主的世界，另一个是以"基地"组织为代表的所谓的野蛮、暴政和专制的伊斯兰极端主义世界。这种类比旨在唤醒公众关于二战和冷战的集体记忆。一方面，反恐话语把美国塑造为西方世界的领导者，带领其西方盟国取得二战和冷战的胜利；另一方面，把"基地"组织及美国所认为的恐怖主义组织塑造为与法西斯主义、纳粹主义和极权主义同样危险的事物。美国政府的这种话语策略把恐怖主义的威胁无限夸大，使公众为反恐战争的长期持续做好心理准备，并动员其像在二战和冷战时期那样支持政府。

---

① 赵文亮,敬敏.阿富汗反恐战争与"基地"恐怖主义的扩散 [J].史学集刊,2017 (04)）：106-117.
② Bobbi Nodell. Study: Nearly 500,000 perished in Iraq war [EB/OL]. BBC News, 2013-10-15.
③ 第一次世界大战在反恐话语中只是偶然被提到。美国在一战后期加入英国和法国一方的协约国集团，对德国和奥匈帝国一方的同盟国集团作战。但是，一战胜利后，美国没有加入国际联盟（国联）而选择了孤立主义的外交政策。

<<< 第六章 概念转喻

一、标志性人物

美国政府在反恐话语中不断提到其在二战或冷战中重要的政治或军事领导人。这些人由于其杰出的政治或军事才能而在美国的对外战争或扩张中发挥了重要作用,在美国公众心目中被视为英雄。反恐话语中频繁提到的政治领导人包括罗斯福、杜鲁门、肯尼迪、里根。①例如:

(13) In all these areas—from the disruption of terror networks, to victory in Iraq, to the spread of freedom and hope in troubled regions—we need the support of our friends and allies. To draw that support, we must always be clear in our principles and willing to act. The only alternative to American leadership is a dramatically more dangerous and anxious world. Yet we also choose to lead because it is a privilege to serve the values that gave us birth. American leaders — from <u>Roosevelt</u> to <u>Truman</u> to <u>Kennedy</u> to <u>Reagan</u> — rejected isolation and retreat, because they knew that America is always more secure when freedom is on the march.

—Bush, 01-31-2006

罗斯福是美国历史上第32任总统,从1933年至1945年连续担任四届总统。罗斯福在经济大萧条期间,推行"新政"(The New Deal),使美国走出经济危机。在二战期间,罗斯福是盟国阵营最重要的领导人之一。在1941年12月7日"珍珠港事件"爆发前,美国公众普遍支持孤立主义的外交政策,不愿意美国卷入战争。因此,二战爆发后,美国保持中立,但从1940年9月开始向英国提供援助。1941年6月22日,德国开始入侵苏联,罗斯福谴责德国的侵略行为,并宣布向苏联提供援助。"珍珠港事件"爆发后,美国和英国对日本宣战,而德国和意大利次日对美国宣战,美国正式参加二战。美国的参战对同盟国战胜德、意、日法西斯国家起到关键作用。

罗斯福在第四届总统任期内时(1945年4月12日)病逝,副总统杜鲁门继任为第33任总统。杜鲁门于1947年3月12日发表国情咨文,宣布向希腊和土耳其提供援助,防止两国的共产党取得政权。杜鲁门还在演讲中提出了后来被称为"杜鲁门主义"的政治主张,把世界分为所谓的自由民主和极权主义两大阵营,宣布美国将领导自由世界对抗极权世界。这标志着冷战的开始。杜鲁门政府从1947年开始,通过"马歇尔计划"向西欧各国提供经济援助,协助它们

---

① 在美国政府和媒体的反恐话语中,这些总统被分别提到的频次很高。为了论述方便,这里只列举一段同时提到4位总统的话语。

139

重建。该计划持续到1951年,对西欧经济的恢复和发展起到重要作用。在杜鲁门任期内,1949年4月4日,美国还与英国、法国、意大利、加拿大等12个国家成立北大西洋公约组织。此外,从1950年到1953年,美国为了防止朝鲜的共产党政权取得内战胜利,武装干涉朝鲜半岛的内战,但在中国人民志愿军的奋勇抗击下遭到失败。

肯尼迪是美国历史上第35任总统(1961年1月20日到1963年11月22日遇刺身亡),是美国历史上最年轻的当选总统。肯尼迪在美国公众心目中有崇高的地位,其就职演说与罗斯福的第一次就职演说被并列成为20世纪最令人难忘的两次美国总统就职演说。肯尼迪在演说中呼吁全人类团结起来,共同反对专制、贫困、疾病和战争,他所说的"不要问你的国家能为你做些什么,而要问一下你能为你的国家做些什么"(Ask not what your country can do for you, ask what you can do for your country.)成为家喻户晓的语句。肯尼迪在其短暂的任期内,在国内支持民权运动,提出登月计划,在对外政策上与苏联的冷战加剧,增加了派驻南越的美国军事顾问数量,介入越南战争,并授权中情局组织古巴流亡者入侵古巴,但遭到失败。在1962年10月的古巴导弹危机中,迫使苏联让步,从古巴撤出携带核弹头的中程弹道导弹。

里根是第40任美国总统。里根在国内实施全面的政治和经济改革计划,以减税刺激经济增长,减少国家对经济的干预,削减政府开支。在其任期内,美国经济持续增长,而通货膨胀却一直保持低水平。在对外政策上,里根政府对苏联采取强硬政策,曾在1983年3月8日的一次演讲中把苏联称为"邪恶帝国"(Evil Empire)。美国提出了"星球大战计划",与苏联开展军备竞赛,最终使苏联经济破产。里根于1989年1月结束任期后10个月,柏林墙倒塌,第二年德国统一。随后1991年12月25日,苏联解体。里根被美国公众认为是结束冷战的英雄。

以上讨论的是美国政界的著名领导人。反恐话语中还常常提到美军历史上一些著名的将领。例如:

(14) You walk in the tradition of Eisenhower and MacArthur, Patton and Bradley — the commanders who saved a civilization. And you walk in the tradition of second lieutenants who did the same, by fighting and dying on distant battlefields.

—Bush, 06-01-2002

由于美国政府把与恐怖主义的斗争塑造为一场战争而并不是一种打击犯罪的活动,因此美国军队(而不是执法部门)是这场战争的主力。尽管中情局、联邦调查局和国土安全部这样的情报和执法部门在反恐战争中起到重要作用,但战争的主力是美国军队，尤其在阿富汗战争和伊拉克战争中发挥了关键作用。布什政府在反恐话语中强调军队的作用，不断鼓舞美军的士气。以上演讲中提到二战中涌现出来的美军杰出将领，包括艾森豪威尔、麦克阿瑟、巴顿和布莱德利。这些人不仅在美军中一直被作为军人典范，而且在美国公众心目中也是众人皆知的英雄。

艾森豪威尔为美国第 34 任总统，陆军五星上将。二战中在对德国和意大利的作战中发挥了重要作用。他先后担任欧洲战区美军司令、北非远征军总司令、地中海战区盟军总司令、盟国欧洲远征军最高司令，指挥盟军取得多场重大战役的胜利，包括北非登陆战役、突尼斯战役、西西里岛登陆战役和意大利南部战役，尤其是诺曼底登陆战役，开辟了针对德国的第二战场。艾森豪威尔具有杰出的组织领导能力，善于计划和协调，为取得对德作战的胜利做出了重要贡献。

麦克阿瑟是美军历史上的传奇人物，陆军五星上将。他是美军将领中唯一参加过一战、二战和朝鲜战争的人。与其父亲是美国历史上第一对同时获得荣誉勋章的父子，这是美军中最高级别的表彰。麦克阿瑟还是美军中获得勋章最多的将军、最年轻的准将和少将、西点军校最年轻的校长、历史上最年轻的陆军参谋长。二战期间，他担任西南太平洋战区盟军最高司令，与太平洋战区盟军最高司令尼米兹共同执行对日作战行动。击败日本后，麦克阿瑟于 1945 年 9 月 2 日代表盟军接受日本投降，并从 1945 至 1951 年，担任驻日盟军最高司令。其间，他对日本进行了政治、经济和社会的全面改造，使日本从一个封建的军国主义国家转变为美国所谓的民主国家。

巴顿是美国陆军的著名将领，四星上将。他参加过一战，是美国陆军装甲作战思想发展的关键人物，在二战中曾担任美国陆军第 2 装甲师师长、第 7 集团军军长、第 3 集团军军长和第 15 集团军军长。巴顿在北非战役、西西里岛登陆战役中都发挥了关键作用，尤其是在诺曼底登陆后，指挥美军第 3 集团军快速突进，快速穿越法国，并在阿登战役中解救出被围困在巴斯托涅的美军。在战争结束前，第 3 集团军率先进入德国本土。巴顿杰出的军事才能、严厉的治军方式以及其大胆的言论使其成为极有争议的人物。20 世纪福克斯电影公司曾拍摄传记影片《巴顿将军》，叙述其生平事迹。该片 1970 年上映，获得 7 项奥斯卡大奖，使巴顿成为美国民众心目中的英雄。

布莱德利是美军的著名将领，陆军五星上将，美军首任参谋长联席会议主席。二战期间，他指挥美军参加过多场重大战役。在盟军针对德意军队的北非作战行动中，他最初担任巴顿的副手，任美军第 2 军副军长，之后担任军长，参加突尼斯战役和西西里岛战役。在诺曼底登陆战役中,他担任美军第1集团军司令。之后任第12集团军司令,所指挥的部队达到43个师、130万人,是美军历史上由一位战地指挥官所指挥的最大规模的部队。他在后来的多次重大战役中发挥了关键作用,为盟军最终战胜德国做出了重要贡献。他在担任参联会主席期间负责朝鲜战争的计划与决策。

二、标志性战役

反恐话语中常常提到二战中美军参加过的一些重大战争或战役,其中标志性的包括朝鲜战争、越南战争、诺曼底登陆战役、瓜达尔卡纳尔岛战役(瓜岛战役)、硫磺岛战役。例如:

(15) Officers graduating that year helped fulfill that mission, defeating Japan and Germany, and then reconstructing those nations as allies. West Point graduates of the 1940s saw the rise of a deadly new challenge — the challenge of imperial communism—and opposed it from <u>Korea</u> to <u>Berlin</u>, to <u>Vietnam</u>, and in the <u>Cold War</u>, from beginning to end. And as the sun set on their struggle, many of those West Point officers lived to see a world transformed.

—Bush, 06-01-2002

(16) By definition, the success of freedom rests upon the choices and the courage of free peoples, and upon their willingness to sacrifice. In the trenches of World War I, through a two-front war in the 1940s, the difficult battles of <u>Korea</u> and <u>Vietnam</u>, and in missions of rescue and liberation on nearly every continent, Americans have amply displayed our willingness to sacrifice for liberty.

—Bush, 11-06-2003

朝鲜战争和越南战争是美国在二战后参加的两场大规模局部战争。朝鲜战争中,从1950年到1953年,以美军为主力的所谓"联合国军"与中国人民志愿军进行了3年多的战争,最终战局在北纬38°线附近稳定下来。尽管美国在朝鲜战争中遭到失败,但美国官方一直将其宣扬为胜利,认为阻止了朝鲜统一半岛,保护了韩国政权,是遏制共产主义在半岛扩张的一场胜利。

与朝鲜战争相比,越南战争持续时间更长,从1961年到1973年。美国后来由于国内公众的强烈反对,被迫从越南撤军,其扶持的南越政权被推翻。越南战争造成了美国经济状况恶化,国家实力受到很大削弱,给美国民众和军队造成巨大的精神创伤。尽管美国在越南战争中失败,但在美国的官方话语中都把越南战争看作为了维护民主和自由,防止共产主义而做出的必要努力。

142

(17) And the four years that followed transformed the American way of war. The age of battleships gave way to the offensive capability of aircraft carriers. The tank, once used only to protect infantry, now served to cut through enemy lines. At <u>Guadalcanal</u>, and <u>Normandy</u>, and <u>Iwo Jima</u>, amphibious warfare proved its worth. And by war's end, no one would ever again doubt the value of strategic air power.

—Bush, 12-11-2001

(18) Victory in Iraq will be difficult and it will require more sacrifice. The fighting there can be as fierce as it was at <u>Omaha Beach</u> or <u>Guadalcanal</u>. And victory is as important as it was in those earlier battles.

—Bush, 08-31-2006

(19) Yet America has confronted evil before, and we have defeated it—sometimes at the cost of thousands of good men in a single battle. When Franklin Roosevelt vowed to defeat two enemies across two oceans, he could not have foreseen <u>D-Day</u> and <u>Iwo Jima</u>—but he would not have been surprised at the outcome.

—Bush, 09-11-2006

以上话语中提到的诺曼底、瓜岛和硫磺岛都是二战中美军参加的重大战役发生地。诺曼底战役是盟国1944年6月6日为在西欧开辟对德作战的第二战场而发动的。6月6日是盟军在诺曼底登陆的日子，代号为"D日"（D-Day）。瓜岛战役（1942年8月7日至1943年2月9日）是盟国在太平洋战场上继中途岛战役后取得的对日作战的另一场重大胜利，标志着盟国对日作战由战略相持转为战略进攻，是日本走向失败的开始。而硫磺岛战役（1945年2月19日至3月26日）是美国在二战后期对日本本土发动的一场重大战役。美军攻占硫磺岛后，获得轰炸日本本土的重要基地，打开了直接进攻日本本土的通道。美军在瓜岛和硫磺岛两场战役中都伤亡惨重。美国海军陆战队经过血战后，于1945年2月23日冲上硫磺岛制高点折钵山（Mount Suribachi），6名陆战队士兵在山顶升起美国国旗，当时的情景被美联社记者拍摄下来。这幅照片获得极大成功，成为美国民族精神的象征。

与以上战役不同的是，二战中1941年12月7日，日本偷袭美国在夏威夷的海军基地珍珠港。在反恐话语中，珍珠港被经常提到，是以地点转喻事件的典型。"珍珠港事件"次日，美国和英国对日宣战。12月11日，德国和意大利对美宣战，美国也对德意宣战。美国正式参加二战，放弃孤立主义政策。日本的偷袭造成约2400名美国人死亡，1100多人受伤。罗斯福于12月8日在国会发表演讲,将12月7日称为"无耻的一天"(a day which will live in infamy),把日本一边与美国进行和平谈判,一边发动偷袭的行动称为背信弃义的卑劣行为,进行强烈谴责。"珍珠港事件"后,美国公众的心理受到极大冲击,不再支持孤立主义,而是全力支持政府对日作战。

"9·11"事件对美国公众的心理震撼超过"珍珠港事件",这是美国本土自1812年英美战争近200年来第一次受到攻击。珍珠港毕竟离美国本土2500英里(4000千米),而"9·11"事件中受到袭击的世界贸易中心位于纽约,同时首都华盛顿的美国国防部所在的五角大楼也受到袭击。这次袭击造成将近3000人死亡,受伤人数超过6000,超过美国在"珍珠港事件"中的伤亡人数。布什政府在反恐话语中不断地提到"珍珠港事件",使"9·11"事件与其建立密切的联系,由此可以唤起美国公众关于罗斯福政府应对日本袭击的记忆。使公众认识到美国面临的严峻形势,更愿意全力支持政府进行反恐战争。尽管"9·11"事件与"珍珠港事件"没有任何联系,两个事件的性质和规模完全不能相提并论,但布什政府通过话语在二者之间建立了密切联系。例如:

(20) Four days ago, I joined the men and women of the USS Enterprise to mark the 60th anniversary of Pearl Harbor. December 7th, 1941 was a decisive day that changed our nation forever. In a single moment, America's "splendid isolation" was ended.

—Bush, 12-11-2001

(21) Every West Point class is commissioned to the Armed Forces. Some West Point classes are also commissioned by history, to take part in a great new calling for their country. Speaking here to the class of 1942—six months after Pearl Harbor—General Marshall said, "We're determined that before the sun sets on this terrible struggle, our flag will be recognized throughout the world as a symbol of freedom on the one hand, and of overwhelming power on the other."

—Bush, 06-01-2002

三、对德国和日本的改造

二战中德国、意大利和日本组成的轴心国集团与美国、苏联、英国和中国等反法西斯国家组成的同盟国集团进行了长达6年的战争,给世界人民带来巨大灾难。意大利于1943年向盟国投降,退出轴心国集团,并向德国宣战,被美、英、苏三国承认为共同作战一方。1946年,意大利通过全民公决,废除王国制,成立意大利共和国。二战结束以后,美国在欧洲与苏联、英国和法国共同占领德国。1949年，美、英、法占领区合并成立联邦德国，而苏联占领区成立民主德国。联邦德国实行议会共和制，总统为象征性职位，议会由联邦议院和联邦参议院组成。联邦德国结束了纳粹时代的独裁统治。日本的政治体制同样发生了变化。美国对日本的政治体制进行非军事化和民主化改造，以防止其未来再次对外发动战争。日本的政治体制从以天皇为中心的君主专制转变为三权分立体制，天皇成为象征性角色，没有实际权力，国会两院通过民选产生，首相由众议院选举并对国会负责。

在反恐话语中，美国政府把德国和日本塑造为其推行民主的典范国家，在美国的帮助下由最初的专制国家转变为所谓的民主国家，由美国的敌人转变为盟国。美国希望在中东地区推行其所谓的西方民主模式，对伊斯兰国家进行政治体制的改造，将其从敌视美国的国家转变为盟国。例如：

(22) Officers graduating that year helped fulfill that mission, defeating Japan and Germany, and then reconstructing those nations as allies. West Point graduates of the 1940s saw the rise of a deadly new challenge—the challenge of imperial communism—and opposed it from Korea to Berlin, to Vietnam, and in the Cold War, from beginning to end. And as the sun set on their struggle, many of those West Point officers lived to see a world transformed.

—Bush, 06-01-2002

(23) We were honored to aid the rise of democracy in Germany and Japan and Nicaragua and Central Europe and the Baltics — and that noble story goes on. I believe that America is called to lead the cause of freedom in a new century. I believe that millions in the Middle East plead in silence for their liberty. I believe that given the chance, they will embrace the most honorable form of government ever devised by man. I believe all these things because freedom is not America's gift to the world, it is the almighty God's gift to every man and woman in this world.

—Bush, 09-02-2004

(24) This is a bold vision, and some will say it can never be achieved. But think through total war and genocide, it was difficult to envision a continent that six decades later would be free and at peace. When Japanese pilots were flying suicide missions into American battleships, it seemed impossible that six decades later Japan would be a democracy, a lynchpin of security in Asia, and one of America's closest friends.

—Bush, 05-15-2008

四、法西斯主义

在二战中,以美国、英国、苏联和中国为代表的盟国战胜了以德国、意大利和日本为首的法西斯国家。为了唤醒民众的集体记忆,布什政府在反恐话语中把恐怖主义塑造为像法西斯主义一样危险的事物,把反恐战争塑造为一场意识形态的斗争。这一斗争就像在二战时期与法西斯主义的斗争一样。例如:

(25) The war we fight today is more than a military conflict; it is the decisive ideological struggle of the 21st century. On one side are those who believe in the values of freedom and moderation—the right of all people to speak, and worship, and live in liberty. And on the other side are those driven by the values of tyranny and extremism—the right of a self-appointed few to impose their fanatical views on all the rest. As veterans, you have seen this kind of enemy before. They're successors to Fascists, to Nazis… And history shows what the outcome will be: This war will be difficult; this war will be long; and this war will end in the defeat of the terrorists and totalitarians, and a victory for the cause of freedom and liberty.

—Bush, 08-31-2006

(26) We know what the terrorists believe, we know what they have done, and we know what they intend to do. And now the world's free nations must summon the will to meet this great challenge. The road ahead is going to be difficult, and it will require more sacrifice. Yet we can have confidence in the outcome, because we've seen freedom conquer tyranny and terror before. In the 20th century, free nations confronted and defeated Nazi Germany. During the Cold War, we confronted Soviet communism, and today Europe is whole, free and at peace.

And now, freedom is once again contending with the forces of darkness and tyranny. This time, the battle is unfolding in a new region—the broader Middle East. This time, we're not waiting for our enemies to gather in strength. This time, we're confronting them before they gain the capacity to inflict unspeakable damage on the world, and we're confronting their hateful ideology before it fully takes root.

—Bush, 09-05-2006

(27) To confront this enemy, America and our allies have taken the offensive with the full range of our military, intelligence, and law enforcement capabilities. Yet this battle is more than a military conflict. Like the Cold War, it's an ideological struggle between two fundamentally different visions of humanity. On one side are the ex-

tremists, who promise paradise, but deliver a life of public beatings and repression of women and suicide bombings. On the other side are huge numbers of moderate men and women — including millions in the Muslim world—who believe that every human life has dignity and value that no power on Earth can take away.

—Bush, 06-05-2007

布什政府在反恐话语中不断夸大恐怖主义的威胁，提醒美国公众不要低估恐怖主义的危害。布什在演讲中把拉登与希特勒相提并论。例如：

(28) I know some of our country hear the terrorists' words, and hope that they will not, or cannot, do what they say. History teaches that underestimating the words of evil and ambitious men is a terrible mistake...In the 1920s, <u>a failed Austrian painter</u> published a book in which he explained his intention to build an Aryan super-state in Germany and take revenge on Europe and eradicate the Jews. <u>The world ignored Hitler's words</u>, and paid a terrible price. His Nazi regime killed millions in the gas chambers, and set the world aflame in war, before it was finally defeated at a terrible cost in lives.

<u>Bin Laden and his terrorist allies have made their intentions as clear as Hitler before them</u>. The question is: Will we listen? Will we pay attention to what these evil men say? America and our coalition partners have made our choice. We're taking the words of the enemy seriously. We're on the offensive, and we will not rest, we will not retreat, and we will not withdraw from the fight, until this threat to civilization has been removed.

—Bush, 09-05-2006

第五节 小 结

本章的分析表明，概念转喻在塑造美国公众关于恐怖主义的认识中有重要作用。在宏观层面，布什政府通过以部分指代整体的转喻，把"9·11"事件及有关的恐怖主义问题与现实语境和历史语境割裂，为公众提供一个关于恐怖主义的简化的解释。这样的解释回避了恐怖主义的根源问题，尤其是美国政府自身在恐怖主义产生过程中应负的责任。在微观层面，反恐话语通过二战和冷战中标志性的人物和事件唤起公众关于二战的集体记忆，从而把所谓的全球反恐战争与反法西斯战争相提并论，由此能够充分动员公众对反恐战争的支持。

第七章

委婉语与冒犯语

委婉语和冒犯语是各种语言中都存在的现象,在日常生活中发挥重要功能(Allan & Burridge, 1991)。委婉语能够使说话人在维护自己或他人面子的情况下,达到自己的交际目的。而冒犯语的功能完全相反,说话人使用冒犯语伤害他人的面子,表达自己的不满。冒犯语在语言交际中出现的频率远远低于委婉语,这是因为人们大多数情况下倾向于保持人际关系的和谐,而不是与他人进行对抗。

反恐话语与日常话语有比较明显的差别。无论是委婉语还是冒犯语,其出现频次都很高。美国政府和媒体通过使用委婉语鼓舞美国公众的士气,掩盖自己的政治目的,削弱对自己不利的观点,由此塑造美国的正面形象。而反恐话语中内在的对抗性则使得冒犯语的使用十分频繁。通过使用冒犯语指称"基地"组织和塔利班、伊拉克等被美国视为对手的国家、组织和个体,反恐话语的目的在于贬低和羞辱对方,塑造其负面形象,激发美国公众的仇恨和报复心理。本章对反恐话语中一些出现频次较高的委婉语和冒犯语进行考察,以揭示美国政府和媒体是怎样达到影响民意的目的。[①]

第一节 委婉语与冒犯语的概念

许多研究表明,委婉语和冒犯语在人类语言中是普遍存在的,这与人类的心理需求有关。首先,不同文化中都存在禁忌现象,其中有一些是普遍的,也有一些是因文化而异的。说话人在交际中需要提到禁忌现象时,会使用委婉语。

---

① 本书第四章分析的范畴化中的许多二元对立范畴实际上也属于广义的委婉语和冒犯语。而第五章讨论的关于恐怖主义的概念隐喻实际上属于冒犯语。本章的分析重点在于其他形式的委婉语和冒犯语。

常见的普遍禁忌包括死亡、疾病、生殖器官、性行为、身体的排泄行为、身体残疾。有一些禁忌现象只在特定的文化中存在。例如，在美国主流文化中，身体肥胖被视为一种疾病，称为肥胖症（obesity）。直接把他人描述为 fat（肥胖的），是具有侮辱性的，会引起很大矛盾，因此都会描述为 overweight（超重的）。而在南非黑人中，体重增加被视为一种成就，表示拥有财富和幸福的生活，而身体比较瘦被认为是家庭贫困，患有重病。因此，朋友和亲戚之间一种常见的恭维语就是，称赞对方体重增加了。与委婉语不同，冒犯语在社会生活中出现的频次很低，但同样具有重要的交际功能。冒犯语使人们能够贬低或羞辱他人，释放自己的不满情绪。冒犯语的存在是社会生活中人际矛盾的一种体现，是正常现象。下面分别论述委婉语和冒犯语的交际功能。

一、委婉语

委婉语的使用来源于人们的面子需求。根据 Brown & Levinson（1987）的研究，所有理性的社会成员都有两个方面的面子需求，包括积极面子（positive face）和消极面子（negative face）。积极面子指个人正面的自我形象，以及希望这种形象受到他人赞赏的愿望。消极面子指希望拥有行动自由，不受他人干涉的愿望。人们在社会交往中必须注意照顾或增加彼此的面子，才能使交往顺利进行。并且，面子的内容在不同文化中是不同的，但面子需求是普遍的（高航，1996，1997）。与这两种面子需求相对应，委婉语可以区分为积极委婉语和消极委婉语。[①]

积极委婉语的使用旨在提高受话人或第三方的社会地位，由此强化对方正面的形象。最常见的积极委婉语是与职业有关的指称表达式。无论是东方还是西方文化的政治话语中，都强调人们无论从事哪些职业，都是平等的。但是，不同职业的社会评价是不同的，有一些职业被认为比其他职业有更高的地位，而有一些职业恰恰相反。例如，在美国文化中，医生、律师、会计师被认为有较高的社会地位；而清洁工的工作尽管很重要，但被认为具有较低的社会地位。在许多话语中，在描述医生、律师或会计师时，可以对其进行直接指称；而在描述清洁工时，不使用 garbage collector（垃圾清运工）这样的词，而使用 sanitation engineer（卫生工程师）这样的指称形式。中国文化中有类似的委婉语。在官方话语中，一般避免"清洁工"这样的指称形式，而使用"环卫工人"的

[①] 很多情况下，积极委婉语和消极委婉语是相互联系的。这里把它们区分开，只是为了论述方便。

说法。

　　消极委婉语的交际功能与积极委婉语有明显不同，旨在使说话人提到禁忌现象或其他令人不愉快的话题时，能够保护有关交际者的消极面子。消极委婉语在社会交往中出现频次极高，是社会语言学和人类学文献中关注最多的，在许多文化中有共性。文献中最经常讨论的例子是死亡，各种文化的交际者在很多情况下提到死亡时，都会使用委婉语。例如，英语中描述死亡时，客观的事实性描述可以使用 die，但在很多表示尊重的场合，会使用 to pass away、to go to a better place、to be with the Lord 等各种委婉语。而汉语中关于死亡的委婉语也很多，如"去世""走""不在"等。

　　委婉语的使用受到交际场合的正式程度、交际者之间的权力关系、社会距离等因素的影响。一个交际场合越正式，受话人拥有的相对于受话人的权力越大、双方之间的社会距离越大，说话人就越可能使用委婉语。并且，委婉语的使用还受到历时因素的影响。委婉语随着时间的推移都会丧失其委婉性，获得其指称对象负面的内涵，这时会被新的委婉语取代，而新的委婉语经过一段时期使用后，也会被更新的委婉语取代。例如，在英语中，智力低于正常人、行为和语言无法正常运作的人以前被称为 moron（笨蛋）、imbecile（低能儿，弱智者）或 idiot（白痴）。但是，这些词被认为具有侮辱性，后来就被 retarded（有障碍的）取代。但是，很快这个新的委婉语也被认为具有侮辱性，又被 special needs（特殊需求）或 intellectually disabled（智力残疾的）取代。而后面这两个表达形式将来肯定会被新的委婉语取代。在这一过程中，一个表达形式的负面意义总是能够压制其正面意义，最终导致后者的消失。例如，intercourse 本来既可以指性交，也可以指人们或国家之间的交往。但是，随着时间的推移，前者描述的是禁忌现象，因此有强烈的负面意义，逐渐压制后者，导致后者的使用越来越受到限制，在很多词典中被标注为 old-fashioned（过时的）。

二、冒犯语

　　冒犯语与委婉语的交际功能相反，旨在对受话人或第三方的面子进行损害，包括积极面子和消极面子。无论是哪个社会或文化，人们在交往中不可能总是和谐相处，很多时候也会产生矛盾和冲突。因此，人们有时候会使用有负面意义的表达形式描述受话人或第三方，以羞辱、贬低对方或他人，表达自己的不满。各种文化中冒犯语的极端形式是那些咒骂或诅咒时使用的语言形式。这在英语中被称为 swear words（脏话），如 asshole（笨蛋）、fucking（该死的）、son of a bitch（王八蛋）。这些在词典中被标注为 slang（俚语）或 taboo（禁忌语）。

脏话只是冒犯语的极端形式。在更多时候，说话人不一定使用这些语气强烈的贬义表达形式，可以使用语气稍弱但同样有效的贬义形式。在英语中可以通过把人概念化为有负面文化内涵的野兽或其他非人的物种形式贬低对方。例如，诡计多端的人被称为 fox（狐狸），卑鄙的人被称为 rat（老鼠）。这类形式在词典中被标注为"有贬义"（disapproving, derogatory, disparaging）。语气最弱的冒犯语是在语言中存在的许多有负面意义的词，它们在词典中不一定标注为贬义词。例如，villain（恶棍或歹徒）是一个贬义词，但在词典中却没有标注。说话人使用这类形式时传递的意识形态是最隐蔽的，这样往往可以促使听话人或读者不加判断地接受其中隐含的立场。事实上，在有些情况下一个人是否被看作恶棍取决于判断者的立场，而这一立场不一定是被普遍接受的。

第二节 反恐话语中的委婉语

反恐话语属于政治话语，而政治话语中广泛使用委婉语是新闻学和语言学中早就注意到的现象。奥威尔（George Orwell）在 1946 年发表了《政治与英语》(*Politics and the English Language*) 一文，对当时的政治话语中使用委婉语掩盖真相、欺骗公众的现象进行了讽刺。奥威尔提出，政治语言在很大程度上是为了回避问题的实质，使真相变得模糊，为政客们那些无法站得住脚的行为进行辩护。①反恐话语中的委婉语主要分为政治和军事两个方面。

一、政治委婉语

政治委婉语在反恐话语中有十分重要的作用。其使用不仅是为了掩盖一些不希望公众知道的事实，而且对美国政府的政策和行为进行美化，树立其正面形象。布什政府创造的 War on Terror（或 global war on terror）（反恐战争或全球反恐战争）一词是最有代表性的政治委婉语。这一政治术语把针对恐怖主义的斗争定义为一场战争，而不是一场打击犯罪活动的斗争。由此激活的战争框架夸大了恐怖主义的威胁，使美国公众处于恐惧之中，使其愿意支持政府的反恐

---

① 例如，奥威尔指出，轰炸毫无防御的村庄，用机枪扫射农民的牲畜，用燃烧弹攻击窝棚的行为被称为"平定行动"（pacification）。把数百万农民从农场赶走，只允许他们步行，随身携带一点儿行李，这被称为"人口迁移"（transfer of population）或"边疆整肃"（rectification of frontiers）。而对于不经审判而关押多年或枪杀、流放的做法，称为"消除不可靠分子"（elimination of unreliable elements）。

151

政策。实际上，塔利班政府被推翻以后，反恐战争的真正性质已经表露无遗。以布什为代表的美国新保守主义利用"9·11"事件提供的机会，在反恐战争的名义下，在世界各地推行所谓的民主和自由的价值观，建立符合美国标准的民主国家，从而可以使美国精英阶层获取最大限度的政治和经济利益。

如前文所述，一个委婉语的意义随着时间的推移会丧失委婉性，被新的委婉语所取代。2003年伊拉克战争开始6个月以后，美国在伊拉克没有发现有大规模杀伤性武器的证据，布什政府的支持率开始下降。而2009年1月任期届满时，反恐战争在美国公众心目中已名声扫地。奥巴马担任总统后，仍然继续在阿富汗和伊拉克的战争行动，但不再使用"反恐战争"这样的说法，以避免美国公众关于反恐的负面印象。奥巴马政府使用overseas contingency operation（海外应急作战）来指美国在海外进行的反恐作战行动。根据美国国防部的界定，应急作战的范围涵盖各种规模的军事行动，包括维和行动的支援、重大的人道主义救援行动、非战斗撤离行动和国际减灾行动。其中并没有包括反恐作战行动。但是，奥巴马政府以"海外应急作战"的说法指反恐战争，能够减少公众对反恐问题的关注。

与War on Terror有密切关系的委婉语还有类似于pre-emptive action（先发制人的行动）的说法。美国发动的伊拉克战争没有得到联合国授权，也没有得到国际社会的广泛支持，在性质上属于侵略战争。但是，反恐话语将其塑造为一场为了消除伊拉克对世界和平的威胁而先发制人的行动，是为了自卫而发动的正义战争。这一说法能够更有效地说服公众接受战争的必要性和合法性。

美国政府掩盖其真实目的、美化反恐战争的意图还体现在另外一个重要的委婉语上，即regime change（政权更迭）。布什政府在发动伊拉克战争前宣称，伊拉克与"基地"组织有同谋关系，并且拥有大规模杀伤性武器，美国为了消除伊拉克的威胁，必须先发制人，把萨达姆·侯赛因政府推翻。但是，萨达姆毕竟是伊拉克政府合法的领导人，用武力推翻一个主权国家的合法领导人在法律层面和道义层面都是站不住脚的。因此，布什政府多次宣称，战争的目的是消除萨达姆的威胁，而不是针对伊拉克人民。反恐话语中多次提到，把萨达姆赶下台，然后由伊拉克人民自己选举领导人。在提到美国的官方政策时，反恐话语中经常使用的说法是regime change。这一表达式中的regime（政权）是贬义的（参看本章第三节的讨论）。反恐话语希望向公众传递的信息是，萨达姆政权是不合法的，美国希望为伊拉克建立一个合法的政府，能够反映伊拉克人民的意愿。例如：

(1) By taking these steps and by only taking these steps, the Iraqi regime has an

opportunity to avoid conflict. Taking these steps would also change the nature of the Iraqi regime, itself. America hopes the regime will make that choice. Unfortunately, at least so far, we have little reason to expect it. And that's why two administrations, mine and President Clinton's, have stated that <u>regime change</u> in Iraq is the only certain means of removing a great danger to our Nation.

—Bush, 10-07-2002

(2) The stated policy of the United States is <u>regime change</u>, because for 11 years Saddam Hussein has ignored the United Nations and the free world. For 11 years he has—he said, "Look, you passed all these resolutions. I could care less what you passed." And that's why the stated policy of our Government, the previous administration and this administration, is regime change—because we don't believe he is going to change.

—Bush, 10-21-2002

与以上分析一致的是，布什政府把其发动的两场战争都定义为解放战争，即宣称把阿富汗人民从塔利班的统治下解放出来，把伊拉克人民从萨达姆的统治下解放出来。因此，反恐话语中像 liberate（解放）或其名物化形式 liberation（解放）这样的表达式出现频次很高。下面的例句中，前两例提到美国在阿富汗的军事行动解放了许多城市，而后面两例中提到，美国在伊拉克的战争目的是使伊拉克人民获得解放。

(3) The evil people we fight, they don't believe in religious freedom. They want it their way or no way, and if you're not their way, they'll treat you harshly. That's why, by the way, when we <u>liberated cities</u> throughout Afghanistan, people lined the roads and cheered out of joy and happiness.

—Bush, 11-04-2001

(4) America is so proud of our military and our allies, because like the rest of us here, we've seen the pictures of joy when we <u>liberated city after city</u> in Afghanistan.

—Bush, 12-12-2001

(5) I am happy to see you, an so are the long-suffering people of Iraq. America sent you on a mission to remove a grave threat, and to <u>liberate an oppressed people</u>, and that mission has been accomplished. (Applause.)

—Bush, 06-05-2003

(6) <u>Having liberated Iraq</u> as promised, we will help that country to found a just and representative government as promised.

—Bush, 07-01-2003

严格来说，反恐战争性质上不属于常规战争，但是与常规战争有一个重要的相同之处，即总是会有人员死亡的。反恐话语中在提到美国一方的人员死亡时，使用频次最高的词是 die（死亡），其意义是中性的。但在许多正式场合，布什常常使用 hero（英雄）和 fallen（阵亡）。首先来看 hero。一般而言，只有为了人民的利益，不顾自己的安危，做出重大贡献的人才能被认为是英雄。在反恐话语中，英雄所指对象的范围扩大了很多。只要是为了美国的利益而死去的军人或国家工作人员都被描述为英雄。例如：

(7) Today millions of Americans mourned and prayed, and tomorrow we go back to work. Today people from all walks of life gave thanks for the heroes; they mourned the dead; they asked for God's good graces on the families who mourn.

—Bush, 09-16-2001

(8) A fireman's widow recently said that her husband was her hero, "and there's nothing I wouldn't do to have my hero here." That same feeling is shared by many here today, and time won't ever take it away.

—Bush, 10-07-2001

(9) We are thankful for new heroes, police officers and firefighters and emergency workers, who have renewed our respect for public service and provided lasting lessons in courage.

—Bush, 11-24-2001

(10) We pray for the military families who mourn the loss of loved ones. We hold them in our hearts and we honor the memory of every fallen soldier, sailor, airman, Coast Guardman and Marine. One of those fallen heroes is a Marine corporal named Jeff Starr who was killed fighting the terrorists in Ramadi earlier this year.

—Bush, 11-30-2005

从以上例句中可以看出，英雄的范围包括由于在世界贸易中心倒塌时现场牺牲的消防队员、警察、应急工作人员，在阿富汗和伊拉克战场阵亡的美军官兵。把所有这些人员都描述为英雄可以使其家属受到安慰，使他们认为自己的亲人失去生命是对国家和人民有价值的事情，从而可以减少失去亲人的悲痛。

把失去生命的人描述为英雄使其地位得到很大提升。与此不同的是，fallen 是一个正式说法，由 fall 的过去分词引申为名词，本来指阵亡士兵。在反恐话语中，fallen 既作为名词，又作为形容词使用。使用正式用语 fallen 可以避免直接提及死亡，减轻了死亡这一禁忌话题对公众心理的冲击。例如：

(11) I make this pledge to the families of the <u>fallen</u>: We will carry on the fight, we will complete their mission, and we will win.

—Bush, 12-14-2005

(12) For seven generations, we have carried our <u>fallen</u> to these fields. Here rest some 360,000 Americans who died fighting to preserve the Union and end slavery.

—Bush, 05-28-2007

(13) Two years ago this weekend, I attended a memorial ceremony in New York City honoring <u>fallen</u> firefighters, and standing nearby were Chief Peter Ganci and many others who are now gone.

—Bush, 10-07-2001

(14) When I came to this rostrum on September the 20th, 2001, I brought the police shield of a <u>fallen</u> officer, my reminder of lives that ended and a task that does not end.

—Bush, 01-20-2004

(15) Many coalition countries have sacrificed in both Iraq and Afghanistan. Among the <u>fallen</u> soldiers and civilians are sons and daughters of Australia, Bulgaria, Canada, Denmark, Estonia, France, Germany, India, Italy, Japan, the Republic of Korea, the Netherlands, Poland, Romania, Spain, Switzerland, Thailand, Turkey, Ukraine, Uzbekistan, the United Kingdom, and the United States.

—Bush, 03-19-2004

(16) And the best way to honor the sacrifice of our <u>fallen</u> troops is to complete the mission and lay the foundation of peace by spreading freedom.

—Bush, 10-25-2005

(17) We pray for the military families who mourn the loss of loved ones. We hold them in our hearts and we honor the memory of every fallen soldier, sailor, airman, Coast Guardman and Marine. One of those <u>fallen</u> heroes is a Marine corporal named Jeff Starr (ph) who was killed fighting the terrorists in Ramadi earlier this year. After he died, a letter was found on his laptop computer. Here's what he wrote.

—Bush, 11-30-2005

例（11）和（12）中，fallen 作为名词使用。后面几个例句中，fallen 作为形容词使用。与 hero 相似，fallen 的适用范围很大，从阵亡的美军官兵到牺牲的消防队员、警察，以及来自盟国的军人和工作人员。

二、军事委婉语

反恐战争话语中使用的军事委婉语比比皆是，这与以往战争话语没有根本的区别。①一些常见的委婉语如表 7-1 所示。

表 7-1　常见军事委婉语

委婉语	本义	委婉义
attrition	消耗	不断杀伤对方人员
abuse	辱骂，虐待	折磨囚犯的行为
blue-on-blue	蓝军攻击蓝军	己方由于失误而炮击或轰炸己方军队
collateral damage	附带损害	美军及其盟国军队在攻击中造成的平民伤亡
friendly fire	我军或友军炮火	己方由于失误而攻击己方、盟国或中立一方的部队或人员
surge	突然增加	向战场增兵使战争升级
redeploy	重新部署	撤退

为了减少公众关于战争的强烈的负面联想，反恐话语在很多情况下使用其他表达形式取代 war 的说法。这些表达形式虽然在很多文献中没有被看作委婉语，实际上起到了委婉语的作用。它们包括 campaign（战役）、battle（战斗）、confrontation（对抗）、hostility（敌对行为）、conflict（冲突）、operation（行动）、intervention（干预）、incident（事件）、engagement（交战）。

任何战争中，消灭敌人、获得胜利都是一个重要目标。美国在反恐战争中的一个重要目标是杀死"基地"组织成员、塔利班成员、伊拉克政府高级官员和军队成员，从而使对手屈服。但是，作为自我标榜的文明国家，如果赤裸裸地宣称杀死对手，这在道义上是不可接受的。布什曾在 2001 年 9 月 17 日一次采

---

① 巴塞罗那国际研究所研究员 Fred Halliday 编写的一部词典专门收录了反恐战争期间使用的重要词汇（包括各种委婉语和冒犯语），每个表达形式都给出了定义。词典名为《震慑：反恐战争词典》（Fred Halliday. *Shocked and Awed*: *A Dictionary of the War on Terror*. Oakland：University of California Press，2011）。这部词典可以作为了解与反恐战争有关的委婉语和冒犯语的重要参考书。

访中宣称,只要能把拉登绳之以法,无论是死还是活(dead or alive)都可以。这样的说法引起很大争议。因此,反恐话语中这样直白的说法非常少见。一般情况下,在描述杀死对方人员时,反恐话语中会使用以下各种委婉语,包括:degrade(削弱,指轰炸)、take out(拔掉,杀死)、neutralize(破坏,杀死)、mop up(肃清,杀死))、eliminate(消除,杀死)、suppress(压制,轰炸)。这些都回避了直接使用 kill 等表达形式,由此可以委婉地提及死亡这一禁忌话题。

还有两个新的委婉语值得注意。一个是 enhanced interrogation technique(改进的审讯方法),实际上指采用各种酷刑折磨囚犯。这种表达方式很有欺骗性。虐待囚犯的行为被描述为一种改进的审讯方法,从而掩盖美军的虐囚行为,避免公众的批评。另外一个委婉语是 de-Baathification(非复兴党化),实际上指推翻萨达姆政府后,在伊拉克新政府中不允许之前执政的复兴党成员担任职务。

第三节 反恐话语中的冒犯语

在日常生活中,委婉语的频次远远高于冒犯语。而反恐话语与日常话语不同,在描述美国所认定的敌人或其敌视的国家、组织或个人时,一般反复使用冒犯语。这样做的目的在于使自己居于道义高地,贬低对手,并激发美国公众的仇恨和报复心理。反恐话语中的冒犯语体现在指称对手时所使用的各种表达式。美国精英阶层的人都接受过良好的教育,又认为自己比对手有更高的道德水准,因此不可能使用咒骂或诅咒性的表达形式。但是,其使用的各种冒犯语形式比咒骂或诅咒的影响力更强大,更能强化对手的负面形象。

一、"基地"组织及美国认定的恐怖主义组织或恐怖分子的指称形式

美国政府和媒体在指称"基地"组织及美国认定的恐怖主义组织或恐怖分子时,除了使用 Al Qaeda 或 terrorist 这样的形式以外,在很多情况下还使用各种贬义词,包括 killer(杀手)、criminal(罪犯)、thug(恶棍)、murderer(杀人犯)、evildoer(作恶者)。这些指称形式共同作用,从多个方面凸显对手身份的不合法性,为针对他们的打击行动提供合法性基础。例如:

(18) I also want to remind my fellow Americans as we round up the evildoers, as we look for those who might harm our fellow Americans, we must remember not to violate the rights of the innocent.

—Bush, 10-10-2001

(19) There's still Al Qaida <u>killers</u> roaming around Afghanistan.

—Bush, 10-11-2001a

(20) Actually, I will say it again. "If you cough him up and his people today that we'll reconsider what we're doing to your country. You still have a second chance. Just bring him in, and bring his leaders and lieutenants and other <u>thugs</u> and <u>criminals</u> with him."

—Bush, 10-11-2001b

(21) The Taliban has allied itself with <u>murderers</u> and gave them shelter.

—Bush, 10-11-2001c

二、反美武装组织或个人的指称

美国在"9·11"事件后通过两场战争,在阿富汗推翻了塔利班政府,在伊拉克推翻了萨达姆政府。但是,在这两个国家仍然有很多组织和个人反对美国的占领,他们与美国在当地的驻军展开激烈斗争。在描述这些反美组织的成员时,美国政府和媒体所使用的指称形式值得探究。反恐话语中从来不使用像soldier(战士)、serviceman(军人)、military(军方)或armed forces(武装力量)这样的说法,这些表达形式会使其指称对象获得合法性,因此只用于描述美国及其盟国的军队。在指称反美武装人员时,美国政府和媒体有时候会使用像fighter(战士,战斗人员)这样的比较中立的词。例如:

(22) These elements of Saddam's repressive regime and secret police have reorganized, rearmed, and adopted sophisticated terrorist tactics. They've linked up with foreign <u>fighters</u> and terrorists.

—Bush, 05-24-2004

(23) In recent weeks, American and Iraqi troops have conducted several major assaults to clear out enemy <u>fighters</u> in Baghdad and parts of Iraq.

—Bush, 11-11-2005

(24) They've reduced the flow of money to terror groups and arrested hundreds of radical <u>fighters</u> bound for Iraq.

—Bush, 02-09-2006

(25) Along with Afghan allies, we captured or killed hundreds of Al Qaida and Taliban <u>fighters</u>.

—Bush, 08-31-2006

以上例句中，使用 fighter 指称反美武装人员所表现的立场是中立的，而美国对这些人员的负面态度体现在 fighter 前面的修饰语。之所以说 fighter 是中性的，是因为反恐话语中也用它来指称美国自己及其主导建立的阿富汗新政府和伊拉克新政府的军队和警察力量。例如：

(26) The army and police are good fighters. At this moment, more than 21,000 American troops and more than 20,000 personnel from 40 countries are deployed in Afghanistan.

—Bush, 09-29-2006

(27) America and our troops are proud to stand side by side with these brave Iraqi fighters.

—Bush, 11-30-2005

(28) And so it's in our interest and the interest of NATO countries to provide training so they have more, more strong fighters—so we're going to increase the size of the national police from 61,000 to 82,000 by the end of 2008.

—Bush, 02-15-2007

例(26)中的 fighters 所描述的是美国及其他国家向阿富汗派遣的军队、警察和其他人员。而例(27)中的 Iraqi fighters 指伊拉克新政府组建的军队。例(28)中的 fighters 指阿富汗新政府组建的安全部队。

在描述反美武装组织和人员时，反恐话语中通常使用有强烈负面意义的指称形式。除了 terrorist 以外，还有以下各种表达形式：extremist（极端分子）、insurgent（叛乱分子）、illegal militia（非法民兵）、armed group（武装派别）、criminal（罪犯）、militant（好战分子）、attacker（袭击者）、枪手（gunman）。例如：

(29) Some of the attackers are members of the old Saddam regime who fled the battlefield and now fight in the shadows. Some of the attackers are foreign terrorists who have come to Iraq to pursue their war on America and other free nations.

—Bush, 09-07-2003

(30) Some remnants of Saddam Hussein's regime, along with Islamic militants, have attacked coalition forces in the city of Fallujah.

—Bush, 04-13-2004

(31) With every random bombing and every funeral of a child, it becomes more clear that the extremists are not patriots or resistance fighters; they are murderers at war with the Iraqi people themselves.

159

—Bush, 10-25-2005

(32) Earlier this week, Deputy President Tariq al-Hashimi lost his brother, Major General Hashimi, when <u>gunmen</u> dressed in police uniforms broke into his house and shot him in the head.

—Bush, 10-11-2006

(33) Iraqi civilians have suffered unspeakable violence at the hands of the <u>terrorists, insurgents, illegal militias, armed groups, and criminals</u>.

—Bush, 10-25-2006

以上例句中，带有下划线的表达式从各个方面凸显反美武装组织或个人的非法性质。美国政府和媒体不会使用这些形式指称美军及其盟国的军队。根据其行为判断，反美武装或个人也可以被称为 guerrilla（游击队）或 resistance fighter（抵抗运动成员）。但是，反恐话语避免使用这两个形式，因为它们容易使人想到历史上的许多战争中，人们为了反抗侵略者或专制政府而开展的武装斗争。这些斗争虽然被占领军或政府宣布为非法的，却被其他国家的政府认为是合法的。美国宣称在阿富汗和伊拉克进行的是解放战争而不是侵略战争，在这两个国家的美国军队不是占领军，而是为了协助两国新成立的政府打击恐怖主义。

为了凸显反美武装的非法性质，布什政府在许多场合强调他们不是合法的战斗人员，因此不受到《日内瓦公约》中关于战俘地位的规定。例如：

(34) I have—the question is about the detainees in Guantanamo Bay. I had a very interesting meeting this morning with my national security team. We're discussing all the legal ramifications of how we — what we — how we characterize the actions at Guantanamo Bay. <u>A couple of things we agree on. One, they will not be treated as prisoners of war. They're illegal combatants</u>. Secondly, they will be treated humanely.

—Bush, 01-28-2002

在上面的例句中，布什使用 detainee（被拘留者、被扣押者）指称被俘的"基地"组织成员和塔利班成员，并宣称他们不属于战俘（prisoner of war），而是非法战斗人员（illegal combatant）。2001 年 10 月 7 日，美国发动阿富汗战争以后，俘获了"基地"组织许多成员和塔利班成员，把他们关押在关塔那摩海军基地的军事监狱。这样做可以规避美国国内法律的限制，对囚犯进行长期关押。反恐话语中在指称这些人员时，使用频次最高的说法是 detainee。这一表达形式是中性的，通常指由于政治主张而被政府关押的人。

美国政府和媒体凸显反美武装组织或个人的非法性还体现在描述其反抗活

动时使用的 assassinate（暗杀）一词或其名物化形式 assassination。反美武装针对美国、阿富汗政府和伊拉克临时管理当局成员的袭击活动都被称为"暗杀"，而美国及其盟国针对"基地"组织或塔利班、反美武装组织的高级成员的袭击行动都使用像 kill（杀死）这样的中性词。① 例如：

(35) Mr. Salim was assassinated by terrorists seeking the return of tyranny and the death of democracy.

—Bush, 05-24-2004

(36) As killers have attempted to assassinate government officials, Iraq's leaders have refused to be intimidated, and the vast majority of Iraqis remain committed to democracy.

—Bush, 09-23-2004

(37) The Afghan people know firsthand the nature of the enemy that we face in the war on terror. After all, just yesterday, Taliban gunmen assassinated Safia Ama Jan — coldblooded kill — she got killed in cold blood.

—Bush, 09-26-2006

三、美国对其敌视的国家政府及领导人的指称

每个国家都有自己的政治体制，这些都是由该国的历史、文化、地理、人口构成等多种因素所决定的，不可能有一个普世的政治体制。但是，美国认为自己的民主标准适用于所有国家，因此敌视所有不符合其民主标准并且与其战略利益有冲突的国家。美国政府和媒体在指称自己国家的政府时，在泛指时使用 government 一词，其所指包括立法部门（即国会）、行政部门（即总统、副总统、内阁、大部分联邦机构）和司法部门（最高法院和其他法院）。由于行政部门代表国家参与到国际事务中，其行为被其他国家视为美国政府的行为，因此在指称美国某一届政府时使用 administration（政府）一词，而不用 government。

但是，在指称其敌视的国家的政府时，美国政府和媒体不使用 government

---

① 反恐话语中不仅用 assassinate 或 assasination 描述反美武装组织或个人的袭击活动，而且用来描述伊拉克政府，由此凸显其强调的萨达姆政府的不合法性。例如：

(1) In 1993, Iraq attempted to assassinate the Amir of Kuwait and a former American President.

—Bush, 09-12-2002

(2) Eleven years ago, Safia's father was assassinated by Saddam' intelligence service.

—Bush, 02-02-2005

161

（政府），而使用 regime（政权）。后者在西方政治学中指没有经过民主选举而成立的政府，尤其是威权主义政府。根据西方的标准判断，这样的政府是没有合法性的。反恐话语中 regime 的指称对象包括阿富汗塔利班、伊拉克、古巴、缅甸、朝鲜、津巴布韦、伊朗、巴基斯坦、叙利亚和其他阿拉伯国家。例如：

（38）And we fight abroad with our military, with the help of many nations, because <u>the Taliban regime</u> of Afghanistan refused to turn over the terrorists.

—Bush, 11-06-2001

（39）And we know that after September the 11th, <u>Saddam Hussein's regime</u> gleefully celebrated the terrorist attacks on America.

—Bush, 10-07-2002

（40）And that's exactly why I said what I said about <u>the North Korean regime</u>.

—Bush, 02-20-2002

（41）Our commitment to democracy is tested in countries like Cuba and Burma and North Korea and Zimbabwe—outposts of oppression in our world. The people in these nations live in captivity, and fear and silence. Yet, <u>these regimes</u> cannot hold back freedom forever — and, one day, from prison camps and prison cells, and from exile, the leaders of new democracies will arrive.①

…

<u>The regime in Teheran</u> must heed the democratic demands of the Iranian people, or lose its last claim to legitimacy.

—Bush, 11-06-2003

（42）We understood that Pakistan was critical to the success of our long-term strategy. To get at al-Qaida, we had to end Pakistan's support for the Taliban. So we had to recast our relations with that country. But nuclear sanctions, caused by Pakistan's nuclear weapons tests and the nature of <u>the new regime</u>, the way President Musharraf took office, made it difficult for us to work with Pakistan.

—Bush, 03-23-2004

（43）In the words of one Lebanese observer, "Democracy is knocking at the door of this country. And if it's successful in Lebanon, it is going to ring the doors of

---

① 1989 年，缅甸军政府将国家的英文名称由 Burma 修改为 Myanmar，其全称为 The Republic of the Union of Myanmar（缅甸联邦共和国），以此象征其与英国殖民统治时期的决裂。但是，美国等敌视缅甸军政府的国家仍然使用旧名称 Burma。

162

every Arab regime."

—Bush, 03-08-2005

(44) The influence of Islamic radicalism is also magnified by helpers and enablers. They have been sheltered by <u>authoritarian regimes</u>: allies of convenience like Syria and Iran that share the goal of hurting America and moderate Muslim governments and use terrorist propaganda to blame their own failures on the West and America and on the Jews.

—Bush, 10-06-2005

从以上例句中 regime 的指称对象可以看出,美国不承认这些国家的政府有合法性。但是,除了塔利班建立的政府没有得到国际社会承认以外,其他国家的政府都是国际社会承认的,但被美国认为不符合其民主政府的标准。其中,伊拉克由萨达姆担任领导人,古巴和朝鲜是美国一直敌视的社会主义国家,缅甸由军政府统治,津巴布韦长期由穆加贝执政,叙利亚一直由阿萨德家族统治,而巴基斯坦当时由沙萨拉夫通过政变上台组成的政府执政。而许多阿拉伯国家实行君主专制的世袭统治。伊朗是比较特殊的,其领导人是通过西方式的民主选举而产生的,但美国因与其长期有敌对关系,仍然不承认其政府的合法性。

反恐话语中在使用 regime(政权)指称美国敌视的国家的政府时,其附近的搭配词都是负面的,包括:outlaw(非法的)、brutal(野蛮的)、repressive(镇压性的)、ruthless(残忍的)、tyrannical(专制的,暴政的)、dangerous(危险的)、oppressive(压迫性的)、barbaric(野蛮的)。这些强烈的贬义词进一步强化了 regime 本身的负面含义。例如:

(45) Staring across this divide are bands of murderers supported by <u>outlaw</u> regimes.

—Bush, 12-11-2001

(46) Thank you all. For several years, the people of Afghanistan have suffered under one of the most <u>brutal</u> regimes—brutal regimes—in modern history, a regime allied with terrorists and a regime at war with women.

—Bush, 11-06-2001

(47) One of the most <u>brutal</u> and <u>repressive</u> regimes ever, the Taliban, is now out of business.

—Bush, 01-23-2002

(48) And we also find it very important to highlight that the action that is presently being taken in Afghanistan is not at all directed against the people of Afghanistan;

it is not at all directed against Islam; it is far rather directed against Osama bin Laden and the very ruthless regime behind him.

—Bush, 10-09-2001

(49) It has also clearly communicated to the international community, to the United Nations Security Council, and, above all, to Iraq's tyrannical regime a powerful and important message: the days of Iraq flouting the will of the world, brutalizing its own people, and terrorizing its neighbors must—and will—end.

—Bush, 10-16-2002

(50) The United States of America will not permit the world's most dangerous regimes to threaten us with the world's most destructive weapons.

—Bush, 01-29-2002

(51) Our Nation has liberated—we not only served to bring justice—not revenge but justice—we have liberated women and children who lived under the most oppressive regime—one of the most repressive regimes in this history of mankind. I am proud of this great country.

—Bush, 01-31-2002

(52) Not only have we thrown them out, but in doing so, we liberated—we liberated women and children from the clutches of one of the most barbaric regimes in the history of mankind.

—Bush, 02-11-2002

反恐话语除了把美国敌视的国家的政府称为 regime 以外，在指称其领导人时候不使用 president 或 leader 这样的词。如果使用这样的指称语，会赋予其合法性。反恐话语在很多时候使用的是 ruler（统治者）的说法，其含义是在这些国家中，领导人与人民之间是统治者与被统治者的关系，前者的权力不是来自后者的合法授权。因此，这些领导人的政府是专制性质的，其所在国家的人民是受到压迫的。例如：

(53) The Taliban regime has brought nothing but fear and misery to the people of Afghanistan. These rulers call themselves holy men, even with their record of drawing money from heroin trafficking.

—Bush, 10-11-2001

(54) As the colonial era passed away, the Middle East saw the establishment of many military dictatorships. Some rulers adopted the dogmas of socialism, seized total control of political parties and the media and universities. They allied themselves with

the Soviet bloc and with international terrorism. Dictators in Iraq and Syria promised the restoration of national honor, a return to ancient glories. They've left instead a legacy of torture, oppression, misery, and ruin.

—Bush, 11-06-2003

(55) Having broken the Ba'athist regime, we face a remnant of violent Saddam supporters. Men who ran away from our troops in battle are now dispersed and attack from the shadows. These killers, joined by foreign terrorists, are a serious, continuing danger. Yet we're making progress against them. The once all-powerful <u>ruler</u> of Iraq was found in a hole and now sits in a prison cell.

—Bush, 01-20-2004

(56) Many societies in the region struggle with poverty and illiteracy. Many <u>rulers</u> in the region have long-standing habits of control. Many people in the region have deeply ingrained habits of fear.

—Bush, 03-08-2005

(57) To the people of Iran: The United States respects you; we respect your country. We admire your rich history, your vibrant culture, and your many contributions to civilization. You deserve an opportunity to determine your own future, an economy that rewards your intelligence and your talents, and a society that allows you to fulfill your tremendous potential. The greatest obstacle to this future is that your <u>rulers</u> have chosen to deny you liberty and to use your nation's resources to fund terrorism and fuel extremism and pursue nuclear weapons.

—Bush, 09-19-2006

另外，反恐话语在指称美国敌视的国家时，还常常使用 rogue（无赖，流氓）这样的词来描述它们。通过使用这样的词，反恐话语所传递的含义是，这些国家在行为方式上不同于正常的国家，不遵守其他国家普遍接受的一些国际规则。因此，这些国家对其他国家构成了威胁。例如：

(58) Above all, we're acting to end the state sponsorship of terror. <u>Rogue</u> states are clearly the most likely sources of chemical and biological and nuclear weapons for terrorists.

—Bush, 12-11-2001

(59) By the end of 2004, we had a rudimentary capability in place to defend against limited missile attacks by <u>rogue</u> states or an accidental launch.

—Bush, 10-23-2007

165

第四节 结 语

本章的分析表明，委婉语和冒犯语是反恐话语的重要组成部分，能够有效地强化美国的正面形象和对手的负面形象。这些表达形式的反复使用会使得反恐话语中的二元对立得到固化，从而使公众形成关于双方的刻板印象，为其支持反恐战争提供动力。

第八章

框架分析

人们在理解任何话语时都离不开背景知识，这些背景知识被称为框架。[①]框架的概念在社会学、心理学、人类学、语言学、政治学、新闻学、人工智能等不同学科中都得到了广泛应用。本章对于其中部分学科中框架的概念进行评述，在此基础上考察美国反恐话语中使用的一些重要框架。

第一节　框架的概念

一、社会学

框架的概念来自社会学中 Goffman（1974）的研究。Goffman（1974）提出，框架是人们赖以组织自己经验的认知结构，影响人们对于现实的感知，并为其未来行为提供指导。人们通过框架对于日常生活中的事件进行识别、感知并命名，由此赋予世界以秩序和意义。如果没有框架把经验组织起来，人们将被迫重新理解（reinterpret）所有新的事物或事件，这在认知上和实际运作上都是不可行的。而框架是从各种不同的事物或事件中提取出来的抽象结构，可以适用于不同的实例，极大地简化了认知和实际运作的过程。

Goffman 区分了两类基本框架（primary framework），包括自然框架（natural framework）和社会框架（social framework）。前者指自然界中发生的情景，其中没有人类的影响；而后者指对事件进行解释，并将其与人类联系起来的情景。例如，天气就是一个自然框架，而气象学家为人们做出天气预报，这就是一个

---

① 与框架有关的术语还有图式（schema 或 schemata）、脚本（script）、全局模式（global pattern）、认知模型（cognitive model）、经验完形体（experiential gestalt）、场景（scene 或 scenario）、基体（base）、认知域（domain）。另外，国内有学者将 frame 翻译为"架构"，如汪少华、梁婧玉（2017）。

社会框架。Goffman 认为，框架是由文化所决定的、关于现实的定义，使人们可以理解物体与事件。例如，一个汽车广告可能把驾驶与表示玩耍和闲暇的符号（如沙滩）联系起来，从而将其建构为令人快乐的活动。①框架分析（frame analysis）是民族志研究的一个成分，可以使研究者解读可识别的社会行为片段，以发现这些行为的参加者理解该行为时所使用的框架。不同背景的人们可能在理解同一现实（如果存在同一现实的话）时依据不同的框架。例如，信仰某一宗教的人和没有宗教信仰的人，在理解同一情景时，可能赋予该情景不同的意义。

二、心理学

框架在心理学中常常被称为图式，指人们用于组织知识和指导认知过程及行为的心理结构（mental structure）。图式的形成是根据事物或事件之间的共同成分和特点进行抽象的过程。人们根据已有的心理结构对新的信息进行加工。Bartlett（1932）提出，知识的形式是复杂的、由抽象的心理结构组成的网络。Bartlett 研究发现，个体所在的文化背景中的图式对于某些事件的复述和记忆产生重要影响。在其中一个研究中，考察受试是否能够回忆起那些严重偏离其所在的文化背景的事件。结果发现，受试的背景与所呈现的故事的文化差异越大，能够回忆起该故事的可能性越小。Bartlett 认为，受试按照自己的文化定型（cultural stereotype）对所呈现的故事进行扭曲，故事中那些难以理解的细节被遗漏掉，因为这些细节不符合受试自己的图式。

心理学研究还发现有相当多的证据说明，人们在各种认知任务中都使用图式。人们在事件的感知、计划和记忆中都使用图式。此外，人们能够在复杂情景下做出推理，对情景的某些没有被说明的方面做出默认的判断，并且能够对于行为的后果做出预测。这些能力都可以根据图式来解释。

三、语言学

框架在语言学领域（尤其是认知语言学中）的应用十分广泛，类似的术语还有理想化认知模型（idealized cognitive model, ICM）和认知域的概念。认知语言学认为语言知识和非语言知识（百科知识）之间没有截然的区分，真值条件不足以描写语言表达式的意义，非语言知识在语义描写中是必不可少的。Fillmore（1982，1987）、Lakoff（1987）、Langacker（1987，1991，2008）使用的术语有所差别，但都论述过框架的重要性。Fillmore（1982，1987）提出了框

---

① 这一例子来自《不列颠百科全书》。

架语义学（Frame Semantics）的概念，论证框架在语义分析中的重要地位。框架语义学认为，所有实词的理解都需要参照相关的背景框架，其意义在该框架中才能得到理据和诠释。①例如，理解"Tuesday"（星期二）的意义必须知道时间在西方文化中是如何计算的，包括 7 天构成一个周期，其中每天都有特定的名称。

Fillmore 认为，框架语义研究本质上属于实证的、认知的和民族志的分析，研究者必须调查特定语言中存在哪些框架，不同语言会存在一些差别。这一过程涉及非常细微的语言理解问题，而不是符号的操纵或真值的判断，需要深入了解该文化的经验和价值观。Fillmore 领导的框架网络课题（The Berkeley Frame Net Project）的目标就是建设一个基于框架的数据库，课题的目的是为每个词的句法和语义的组合特征提供可靠的描写，并收集同一个概念域中的概念的不同表达方式的信息。②目前，该课题已收集 10 000 个词，分组为 800 个框架，并有来自英国国家语料库（BNC）的 12 万个例句，每个框架的定义来自《牛津大词典》。

框架所表示的知识本身是对于经验的概念化，常常与现实的某些方面不相匹配。这也是 Lakoff（1987）使用"理想化认知模型"这一术语的原因。最常见的例子是 bachelor（单身汉）。这个词指未婚的成年男性，其所依赖的框架是理想化的，不包括现实世界的各种复杂的情况。因此，bachelor 只适用于描写正常的未婚的成年男性，而一些特殊身份的人不能用它来描写，如教皇、男性同性恋者、与女友同居的成年男性。

Langacker（1987）使用的术语是 domain（认知域）。认知域是描写任何语言形式都必须参照的背景知识，而且一个语言形式的意义往往需要参照多个认知域描写。因此，认知域可以被看作与某一语言形式相关的知识网络。一个词没有固定的、有限的语义表征，而是提供了一个通向与其所指实体有关的知识网络的访问点（point of access）。所指实体相同的语言表达式在语义上有差别，这是因为它们所激活的主要认知域不同。例如，语言表达式"盐"和"氯化钠"指同一实体，但参照的认知域不同。前者主要与食物认知域有关，凸显作为一种调味品的作用，而其化学成分处于次要地位。后者虽然指同一事物，却

---

① 按照 Fillmore & Baker（2009）的解释，这里的实词包括名词、大部分动词、形容词、指示代词、副词、许多介词等。而功能词（function word），包括冠词、标句词（complementizer）、介词、助动词，只作为特定的语法构式的成分对意义做出贡献。各种理论关于这一问题看法不一。

② 关于框架网络的详细情况，可访问以下网址：http://framenet.icsi.edu。

主要参照化学认知域理解，而该事物作为调味品的作用处于次要地位。

四、人工智能

框架的概念在人工智能研究中十分重要。Minsky（1974）把框架看作表示常见的、定型化（stereotyped）情景的数据结构。框架中有一些槽（slot），即说明一个事件的一般特征的成分，而表示情景细节的成分被称为填充物（filler）。例如，一个儿童生日聚会的框架包括多个槽，如食物、游戏和礼物。在槽的填充（slot-filling）过程中，食物这样的槽被蛋糕和冰激凌所填充。框架作为数据结构的作用在于，其中的槽可以被具体的事物填充，由此提供了一种手段，把不同的儿童生日聚会的经验中存在的相似与差别组织起来。框架被激活后会促使主体把现有的信息填充到槽里面，从而产生关于语境的重要方面的期待。框架的重要性在于其默认值（default values）的使用，即每个槽最典型的或出现频次最高的填充物。如果主体无法获得关于一个槽实际的填充物的信息，就认为这个槽是按照其默认值填充的。

框架中包含的信息以及与其中的每个槽有关的默认信息对于设计理解自然语言的计算机系统很有帮助。Schank & Abelson（1977）提出了类似框架的概念，即脚本。脚本比框架更具体，表示定型化的事件序列，其中槽由情景中明显的成分填充，或者使用槽的默认值。他们认为，人们的知识中一部分是围绕数百个定型化的情景组织的，每个情景中都有一些常规的活动，如乘坐公交车、问路、到医院看病。人们通过直接的或间接的经验，获得几百个这样的文化定型，它们有一些个体差异，但这些差异可以忽略。脚本是对于人们关于这些定型化情景的知识进行编码的记忆结构。例如，餐馆脚本由以下成分组成。

（1）角色：顾客、服务员、厨师、收银员、餐馆老板

（2）道具：餐桌、菜单、食物、账单、钱、小费

（3）进入条件：顾客感到饥饿，顾客有钱

（4）结果：顾客拥有的钱减少，餐馆老板的钱增加，顾客不再感到饥饿

（5）场景顺序：进入、点餐、就餐、离开

脚本有助于主体对于常规活动的计划和实施。当一个文本提及脚本的名称或其中一些部分与脚本的某些部分匹配，受话人或读者会激活整个脚本，从而可以把许多在文本中没有提及的细节填充到里面去。例如：

（1）John went to a restaurant. He asked the waitress for coq au vin. He paid the check and left.

说话人在第一句中提到餐馆，第二句中使用定指短语 the waitress，第三句中

使用定指短语 the check。其中的服务员和账单在第一句话中没有提到，但说话人可以使用定指短语就是因为整个脚本被第一句激活后，其中的服务员和账单都是其中默认的成分，也处于激活状态。

第二节 框架与意识形态

上面讨论的框架概念重点在于其静态的方面，突出其在语言理解中的重要作用。与这些研究不同的是，在政治学、社会运动理论和媒体研究中，关于框架的讨论强调其动态的方面，尤其是通过不同框架的使用实现意识形态的操纵。尽管语言是规约性的，在个体的控制之外，但也是可以塑造的（malleable）。例如，医生向患者介绍一种治疗手段时，使用不同的框架对患者的影响会大相径庭。假设医生告诉患者，使用该治疗手段的患者的生存率为90%，或者说死亡率为10%。这两个数据所描述的情况是完全相同的，但对患者的决策的影响会有很大不同。两个数据激活的框架是不同的，90%激活的是"生命"框架，凸显治疗手段的良好效果，会使患者对其治疗成功产生信心；而10%激活的是"死亡"框架，凸显治疗手段的失败效果，会使患者产生恐惧。

通过不同框架的使用达到意识形态目的，这在政治话语和媒体话语中十分常见。研究者常常使用框架化描写这一现象，即通过选择特定的框架实现自己希望的意识形态效果。社会现实是高度复杂而混乱的，无法被公众直接理解和把握，这就使精英阶层可以使用特定的框架组织公众关于社会现实的经验，并指导公众的行为。这些框架对各种物体、情景、事件、经验和行为序列进行有选择性的简化，使公众对事件的定位、感知、识别和命名成为可能（Benford & Snow, 1992）。框架由此对问题做出界定，对原因提出诊断，做出道德的评判，并提出解决办法，为公众提供一个关于未来的更好的愿景。框架化的过程把社会现实的某些方面进行策略性的配置和重复，或者将其与公众熟悉的文化符号联系起来，由此决定公众是否注意到一个特定问题，如何理解和记忆该问题，以及如何对其做出评价和反应。因此，分析精英阶层话语中的重要框架可以揭示其如何塑造人们对于社会现实的感知。

Lakoff（2004）考察了以共和党为代表的美国保守主义在与民主党为代表的自由主义的竞选中所使用的话语策略。他认为，共和党自20世纪90年代以来一直占据优势的一个重要因素是，成功地操纵了美国政治话语的许多框架。一个最常见的例子是共和党所创造的 tax relief（减税）这一说法。这一说法在美国各大报纸上使用也很广泛，似乎是一个中立的术语。但是，按照 Lakoff 的分析，relief（疼痛或痛苦的减轻，缓解）激活了一个框架，其中包括 4 个成分，即痛苦、遭受痛苦的人、实施缓解的人、缓解疼痛的行为。其中，实施缓解的人被看作英雄，而任何阻止他们的人被看作坏蛋，希望痛苦继续。把 tax 和 relief 组合在一起，就得到一个隐喻，税收被塑造为一个公民被迫不公正地承担的痛苦，任何反对缓解这种痛苦的人都被概念化为坏蛋。这样，共和党在竞选主张中提出的减税计划就被塑造为对民众有利的事情，而民主党反对减税被塑造为希望民众的痛苦继续下去，在竞选中处于被动的地位。而且，民主党人自己也使用这样的说法，实际上是在共和党提出的框架内讨论问题，无论怎样攻击共和党，结果却使得对方的框架更加稳固。

　　Lakoff 的建议是，民主党应提出新的框架，而不是帮助对方巩固其框架。例如，可以把纳税建构为爱国行为，是生活在一个文明的民主国家所必需的。所有的基础设施，如高速公路、互联网、电视、教育、电网、科学研究都需要资金维护。最富裕的阶层比其他阶层的人更多地使用基础设施，其中有些设施主要就是他们使用的，因此他们应该缴纳更多的税。就像参加一个乡村俱乐部时缴纳的会员费一样，纳税也是作为国家的一名成员享受各种公共服务应该缴纳的费用。按照 Lakoff 的分析，民主党在话语策略方面不懂得如何使用框架，这是其在 2000 年和 2004 年总统大选中失败的重要原因。

第三节　反恐话语中的几个主要框架

　　人们对于现实的感知是通过媒体建构的。大部分人没有关于公共事务的直接经验，对于政府的运作机制和过程也没有直接的了解。因此，他们对周围世界的认识大部分情况下来自媒体，是新闻中反映的现实作用的结果。按照 Lippmann（1965）的观点，人们生活的环境十分复杂，不断变化，人们没有能力感知和理解环境的所有方面，但是又必须在这样的环境中运作，因此必须建立关于世界的简单的模型。主流媒体在新闻报道过程中已经预先进行了阐释，把复杂的政治世界简化，从而使得公众更容易理解和把握。

　　"9·11"事件后，美国公众对于大众媒体的注意力大幅增加，恐怖主义成为其关注的头号问题。他们不仅开始密切注意国内的恐怖主义威胁，而且开始关注与恐怖主义有关的政策问题，以及其他国家发生的恐怖主义事件。在这样的信息环境中，尽管公众中很少有人是"9·11"事件的直接目击者，也没有直接经历过恐怖主义，或参与有关政策的制定，但他们的日常思维很难回避关于恐怖主义的思考，美国政府使用或创造了一系列有操纵作用的语言表达式，从而激活不同的框架，以非常隐蔽的方式影响公众关于恐怖主义的认识，动员他们对反恐战争的支持。这些框架数量很大，很难进行穷尽性的分析。

这里我们主要考察在反恐话语中出现频次很高的几个主要框架，它们对公众产生了巨大的影响。这些框架分为两类。第一类是美化己方的框架，包括反恐战争或全球反恐战争（Global War on Terror）、多边联盟（Multilateral Coalition）、解放战争（War of Liberation）。第二类是丑化对手的框架，包括大规模杀伤性武器、邪恶轴心（Axis of Evil）、萨达姆。本书把这两类框架分别称为正面框架和负面框架。下面对其进行详细分析。

一、正面框架

（一）反恐战争或全球反恐战争

"9·11"事件刚刚发生时，美国政府和民众陷入一片混乱。尤其是民众迫切需要理解究竟发生了什么事件，这一事件的性质是什么，事件发生的原因是什么。这种情况下，迫切需要政府领导人对事件的性质做出界定，并说明政府将要采取哪些行动应对这一事件。否则，美国政府在民众眼中的权威和领导能力将受到严重质疑。布什政府的话语策略是将事件定义为恐怖袭击（terrorist attack），将袭击者定义为恐怖分子，把美国政府将要采取的行动定义为反恐战争。实际上，当时并没有任何组织宣布制造了袭击事件，也没有确凿的证据指向"基地"组织及其领导人拉登。但是，布什政府对袭击事件的性质及策划袭击的组织的身份迅速断定，这为民众提供了一个理解"9·11"事件的框架，使当时混乱的局面显得是有秩序的，一切都在美国政府的控制之下。无论是政府、军方成员还是民众，都在这一框架下理解袭击事件，由此可以迅速从事件造成的混乱、羞辱、痛苦、不满中恢复过来，把民众的注意力引向采取什么样的报复措施上。

反恐战争框架中的两个主要成分是恐怖主义和战争。这两个成分的选择值得思考。正如我们在第三章中所探讨的，国际上没有普遍接受的恐怖主义的定义，每个国家或组织都根据自己的利益和政治目的而界定恐怖主义。但是，"恐怖主义"这一术语本身有强大的负面评价作用和强烈的情感唤起作用。把"9·11"事件中的袭击者及其背后的组织定性为恐怖主义或恐怖分子，是对其身份做出的极其负面的评价，能够激发民众的恐惧和仇恨。因此，布什政府选择

"恐怖分子"这一术语指称"9·11"事件中的劫机者,而没有使用其他指称表达式,如 insurgent(叛乱分子)、rebel(反叛分子)或 attacker(袭击者)。

另一方面,布什政府把针对恐怖主义的措施定义为一场战争,而没有采取其他指称形式,如 operation(行动)、struggle(斗争)、effort(努力)。这一选择的目的是促使美国民众为长期的反恐工作做好各方面的准备,并像在以往战争中一样支持本国领导人做出的各种决策。同时,"战争"的说法使民众产生期待,认为美国可以凭借其强大的军事力量,使用军事手段,取得反恐战争的胜利,就像在传统的战争中那样。这样就使民众不需要思考恐怖主义的根源和美国受到袭击的原因,尤其是美国在全球的霸权主义政策及其在中东和平问题上长期偏袒以色列的立场。

在针对恐怖主义的行动中,胜利与和平无法像传统战争中那样有清晰的定义。按照兰德公司的研究,自 1968 年以来的证据表明,大多数恐怖主义组织都不是因为战争原因而瓦解的。绝大多数恐怖主义组织后来解散是因为他们或者加入了政治进程(43%),或者警方和情报机构逮捕或杀死这些组织的关键成员(40%)。因此,政治和解、情报工作、秘密行动和执法行动是消除恐怖主义威胁的关键,而战争根本不可能解决恐怖主义问题。

从美国认定的敌人"基地"组织的实力方面考虑,把反恐行动界定为战争也不符合战争的标准定义。美国拥有世界上最强大的军事力量,实力超过排名在其后的俄罗斯、中国、英国、法国、印度、日本等国军事力量的总和。而按照美国情报界的估计,所谓的对手"基地"组织在"9·11"事件时其成员在 500 至 1000 人之间,力量对比极为悬殊。此外,"基地"组织在阿富汗的沙漠中接受培训,没有先进的军事技术和武器装备。因此,把这样一个组织作为世界上最强大的美军的对手,完全不符合战争的概念。

布什政府把"基地"组织作为一场长期战争的对手,由此夸大恐怖主义的威胁,更容易动员美国民众的支持,并且为政府采取各种非常规手段提供了理由。①在民众看来,战争决定美国的命运,也决定他们自己的生死存亡,只要为了胜利,付出任何代价都是可以接受的。尽管美国政府把反恐行动定义为战争,在实际工作中却没有遵守与战争有关的法律和国际惯例。在通常的战争中,交战的双方或多方宣战以后,敌人的身份是很清晰的,双方对战争的范围和规模都有一定的共识,都会宣称自己的行为符合国际法。但是,在美国所谓的反恐

---

① 这些非常规手段包括特别的引渡措施、刑讯可疑人员、把对手的非战斗人员关押在秘密监狱等。

战争中，对手的身份是秘密的，战争规则无法适用。另外，美国于2001年10月7日发动阿富汗战争，打击"基地"组织和塔利班武装。美军在战争中俘获近600名"基地"组织成员和塔利班武装分子，将其称为 non-enemy combatant（非敌方战斗人员），并关押在美国在古巴的关塔那摩海军基地设立的军事监狱。美国的目的是避免按照《日内瓦公约》赋予其战俘身份，同时也不受美国国内法律的约束。

除了恐怖主义和战争两个关键成分，global（全球）的说法也值得注意。"9·11"事件后，全球反恐战争的说法在美国政界和军方领导人的言论以及官方文件中出现频次很高。这意味着，布什政府将把美国的反恐战争扩大到全球范围。事实上也是如此。美国在随后的反恐行动中，其活动范围从阿富汗不断扩展，到巴基斯坦、伊拉克、也门、索马里、肯尼亚、苏丹等国家和地区。

（二）多边联盟

美国在反恐战争中组建了由多个国家参加的联盟，共同采取行动。这一方面可以使其得到更多国家的支持，有利于其在全球范围内的行动，另一方面能够增强其反恐行动的合法性。作为冷战结束后存在的唯一超级大国，美国有实力在外交上推行单边主义，但是这样赤裸裸的霸权主义容易招致其盟国及其他国家的反感，削弱其在国际事务中的领导地位和权威。因此，美国表面上奉行多边主义，通过与其他国家协商合作解决问题，尤其是在发动战争时，由美国领导多个国家参与军事行动。

"9·11"事件发生后，俄罗斯和中国都立即向美国表示慰问，并强烈谴责恐怖袭击，尽管前者被美国视为战略对手，后者被美国定位为战略竞争者。两国都表示愿意向美国提供必要的支持。美国的西方盟国更是积极参加其领导的军事行动。2001年10月7日，美国和英国联军开始空袭阿富汗，阿富汗战争正式开始。11月20日，联合国安理会通过第1386号决议，决定成立驻阿富汗国际安全援助部队（International Security Assistance Force）。该部队指挥权于2003年8月11日移交给北约。在其高峰时期，安全援助部队的规模达到13万人，成员来自51个国家。除了北约所有成员国以外，还有许多非北约国家参与在阿富汗的行动，包括美国在亚洲的盟国日本和韩国、在大洋洲的盟国澳大利亚和新西兰。尽管美国凭借其强大的军事实力可以独立完成在阿富汗的作战行动，但仍然动员以北约盟国为主的众多国家参与行动。由此传递的信息是，美国的反恐战争得到国际社会的普遍支持，是正义的事业。从而使美国占据道义高地，在全球反恐行动中获取更多帮助。反恐话语中像 coalition（联盟，同盟）、

alliance（联盟，同盟）、allies（盟国）、allied troops（盟军）这样的表达式出现频次很高。例如：

(2) Together, we're building a very strong coalition against terror, and NATO is the cornerstone of that coalition. But I want to remind my fellow citizens, the coalition goes way beyond NATO.

—Bush, 10-10-2001

(3) I'm looking forward to meeting with the Crown Prince of Bahrain this afternoon. It is a perfect opportunity for me to remind him that, one, we appreciate the alliances we're forming around the world with Muslim nations and non-Muslim nations.

—Bush, 10-25-2001

(4) The Taliban know that. Our military forces and the forces of our allies, and many Afghans seeking a better future, are liberating Afghanistan.

—Bush, 11-21-2001

(5) The battles in Afghanistan are not over. American and allied troops are taking risks today in what we call Operation Mountain Lion, hunting down the Al Qaida and Taliban forces and keeping them on the run.

—Bush, 04-17-2002

阿富汗战争开始后不到两年，美国在未经过联合国安理会授权的情况下，于2003年3月20日发动伊拉克战争，目的是推翻萨达姆·侯赛因政府。为了增强战争的合法性，美国组织了反伊联盟，称为"自愿联盟"（Coalition of the Willing）。按照美国国务卿鲍威尔3月18日的声明，自愿联盟有30个国家参加，另外有15个国家不愿意公开表示支持美国的行动，但会向反伊联盟提供支持。而白宫3月21日发表声明，宣布参加自愿同盟的国家达到48个。这些国家列举如下：阿富汗、阿尔巴尼亚、安哥拉、澳大利亚、阿塞拜疆、保加利亚、哥伦比亚、哥斯达黎加、捷克、丹麦、多米尼加、萨尔瓦多、厄立特里亚、爱沙尼亚、埃塞俄比亚、格鲁吉亚、洪都拉斯、匈牙利、冰岛、意大利、日本、科威特、拉脱维亚、立陶宛、马其顿、马绍尔群岛、密克罗尼西亚、蒙古、荷兰、尼加拉瓜、帕劳、巴拿马、菲律宾、波兰、葡萄牙、罗马尼亚、卢旺达、新加坡、斯洛伐克、所罗门群岛、韩国、西班牙、土耳其、乌干达、乌克兰、英国、美国、乌兹别克斯坦。

表面上看，美国发动的伊拉克战争在国际上得到了广泛的支持，但实际上伊拉克战争在国际上受到广泛的质疑和反对。首先来看，哪些国家可以被看作自愿联盟的成员。按照美国国务院发言人鲍彻（Richard Boucher）3月18日的说法，被列入自愿联盟中的国家名单产生的过程是这样的：美国与这些国家进行联系，询问他们是否愿意被列入联盟名单，只要他们同意，美国就会把他们看作联盟成员。这意味着，这些国家几乎不需要采取任何实际行动，就可以被美国看作联盟成员。这种情况下，自愿联盟有48名成员，而不支持美国对伊动武的国家有140多个，说明反对伊拉克战争的国家远远多于支持战争的国家。从自愿联盟的国家名单来看，不仅没有中国和俄罗斯（两国反对美国发动伊拉克战争）这样的大国，而且像德国和法国这样的欧洲大国，又是美国的北约盟国，都没有参加反伊联盟。[①]

从自愿联盟内各个国家的行动来看，承担主要进攻任务的是美英联军，其他国家中只有澳大利亚派出作战部队参加战斗行动。少数几个国家，包括波兰和西班牙，派遣非作战人员支援美英联军。科威特等海湾地区的阿拉伯国家不允许美国和英国从其领土上发动进攻。土耳其是美国重要的北约盟国，但拒绝美军使用其在土耳其境内的空军基地作为执行轰炸任务的基地。意大利也不允许美军从其在意境内的空军基地起飞，执行轰炸伊拉克的任务。其他一些国家至多允许美英飞机过境飞行或允许降落加油。结果，美英联军只能依靠其航母的舰载机，或远程轰炸机从英国的费尔福德（Fairford）空军基地或印度洋的迪戈加西亚（Diego Garcia）基地起飞，长途奔袭。

尽管如此，布什政府不断强调伊拉克战争得到国际社会的广泛支持。在其演讲中，像alliance（同盟）、ally（盟国）、coalition（联盟）的说法出现频次很高。而这些说法通过媒体得到广泛传播，促使民众认为伊拉克战争在国际上得到广泛支持，从而不会去质疑战争的正义性和合法性。例如：

(6) I want to thank the allied forces. I want to thank the Brits, the Australians (applause) — I want to thank our friends from Poland — (applause) — for your service to your countries and to the cause of freedom, and for your courage.

—Bush, 06-05-2003

(7) Securing democracy in Iraq is the work of many hands. American and coalition forces are sacrificing for the peace of Iraq and for the security of free nations. Aid workers from many countries are facing danger to help the Iraqi people.

—Bush, 11-06-2003

(8) The enemies of freedom are opposed by a great and growing alliance. Nations

---

① 中俄两国都反对美国发动伊拉克战争。

that won the Cold War, nations once behind an Iron Curtain, and nations on every continent see this threat clearly. We're cooperating at every level of our military, law enforcement, and intelligence to meet the danger.

—Bush, 06-02-2004

(9) America is leading the world with confidence and moral clarity. We have a strong <u>coalition</u> of more than 30 countries in Iraq. I will continue to build on our alliances and to work with our friends for the cause of security and peace.

—Bush, 07-09-2004

组建联盟的战略在美国参加的历次重大战争中都发挥了重要作用。在第二次世界大战中，美国与英国、苏联、中国等国家组成广泛的反法西斯联盟。而在朝鲜战争（1950—1953）中，美国操纵联合国安理会通过决议，成立了所谓的"联合国军"，由16个国家派出的军队组成，参加朝鲜内战。其中，像卢森堡这样的国家仅仅派遣一个排的兵力，只有44人。而在越南战争（1954—1975）中，向越南派遣军队的国家帮助美国及南越政权的有韩国、澳大利亚、新西兰、加拿大、菲律宾、泰国等国家以及中国台湾等地区。在海湾战争（1990年8月2日—1991年2月28日）中，在得到联合国授权以后，以美国为首的多国部队发动了对伊拉克的打击行动，派遣部队参加行动的共39个国家。在科索沃战争（1999年3月24日—1999年6月10日）中，以美国为首的北约空袭南斯拉夫。

像ally和allied这样表示联盟的词在西方政治领导人讲话、历史文献、媒体中使用频次很高，而且通常用来描述美国、英国、法国及在战争中追随它们的国家。这样导致的结果是，它们的意义有一些微妙的变化。尽管它们的字面意义指两个或多个国家组成同盟，承诺相互帮助和支持，但在语言交际中最容易激活的是两个意义，都已经收录到辞典中。第一个意义是指第一次世界大战中由英国、法国和俄罗斯组成的军事同盟，即协约国。后来俄罗斯退出该同盟，而意大利和美国先后加入。第二个容易激活的意义是指第二次世界大战中由美国和英国及其他一些国家组成的同盟，与德国、意大利和日本法西斯进行战争。由于美国在两次世界大战中参加的军事同盟最终都取得胜利，ally和allied这样的词在描述战争时，逐渐与正义和胜利这样的意义联系起来。使用这样的词容易使公众形成一种印象，认为战争在美国领导下，由众多国家参加，代表正义的一方，一定能取得胜利。

（三）解放战争

美国政府极力把自己塑造成为民主和自由而与恐怖主义斗争的战士形象，

把"9·11"事件后发动的两场战争描述为解放战争。最明显的体现是战争行动的代号。2001年10月7日,阿富汗战争开始,代号为"持久自由行动"(Operation Enduring Freedom)。2003年3月20日,伊拉克战争开始,代号为"伊拉克自由行动"(Operation Iraqi Freedom)。布什政府没有使用像"阿富汗战争"(The War in Afghanistan)、"伊拉克战争"(The War in Iraq)或"伊拉克冲突"(The Iraqi Conflict)这样的说法。这些指称表达式都是中性的,无法调动民众的正义感和爱国热情,反而会使他们比较冷静地思考战争的性质。而"持久自由行动"和"伊拉克自由行动"的说法容易使民众产生共鸣,因为它们与重视自由这一美国社会的核心价值观联系起来。

两场战争的重心略有差别。阿富汗战争之所以代号为"持久自由行动",是为了凸显由于"9·11"事件,美国自由的体制和民众自由的生活方式受到恐怖主义的威胁。布什在许多演讲中都强调,恐怖主义是对美国文化中所珍惜的自由的一种威胁。例如:

(10) Freedom-loving people understand that terrorism knows no borders, that terrorists will strike in order to bring fear, to try to change the behavior of countries that love liberty. And we will not let them do that.

—Bush, 09-19-2001

(11) We are a welcoming country, we will always value freedom—yet we will not allow those who plot against our country to abuse our freedoms and our protections.

—Bush, 11-09-2001

布什政府反复强调自由这一美国文化中重要的价值观,而阿富汗战争代号为"持久自由行动",这样就使民众把战争理解为,美国政府为了民众能够持久地拥有自由的体制和生活方式而对阿富汗使用武力。按照这一思路推理,阿富汗战争不仅是为了惩罚实施"9·11"袭击的"基地"组织和为其提供庇护的阿富汗塔利班政府,而且为了美国能够维护本国自由的体制和生活方式必须进行的,战争的正义性是不容置疑的。此外,"持久"(enduring)这个词在英语中还有"忍受"的含义。因此,"持久自由行动"的另一个含义是,美国由于崇尚自由而遭到恐怖分子袭击,付出了沉重的代价,并且将在反恐战争中继续付出代价,美国民众应该忍受为了自由而付出的代价。这就会促使美国民众理解战争的必要性,并在心理上对漫长的反恐战争有所预期。

与阿富汗战争不同,伊拉克战争之所以代号为"伊拉克自由行动",是为了把美国建构为伊拉克人民的解放者,将他们从伊拉克总统萨达姆·侯赛因的压迫下解放出来。美国在阿富汗推翻塔利班政权并建立新政府以后,把注意力转向伊拉克。当时没有证据表明，萨达姆政府与"基地"组织和拉登有合作关系。事实上，拉登反对萨达姆所建立的世俗政权，并曾资助过库尔德人反对萨达姆政府。但是，布什政府为了动员国内民众对伊拉克战争的支持，把萨达姆政府描绘为对国内人民无情压迫的暴政实施者，是对美国所领导的自由世界的一种威胁。因此，为了使伊拉克人民过上自由的生活，并解除萨达姆政府对自由世界的威胁，必须发动伊拉克战争。"伊拉克自由行动"的重心偏向于建构美国的解放者形象。

二、负面框架

（一）大规模杀伤性武器

美国在反恐战争中所使用的"大规模杀伤性武器"的说法，就如这一术语本身一样，在影响民众思维方面极有杀伤性。按照《不列颠百科全书》的定义，大规模杀伤性武器指能够造成大规模死亡和破坏的武器，一般指核武器、生物武器或化学武器。这一术语本身产生于1937年，当时指大规模的轰炸机编队造成的严重伤亡。在第二次世界大战中，盟军对德莱斯顿和东京进行的轰炸都曾造成大量平民死亡。而美国为了尽快结束太平洋战争，促使日本投降，于1945年8月6日和9日分别在广岛和长崎投下原子弹，造成14万人和8万人死亡。"二战"结束后，美国与苏联开始长期的冷战，双方都生产和储备了巨大数量的核弹头、化学弹头，并有生物武器。而1991年冷战结束后，美国一直关注核、生、化武器的扩散问题，担心这些武器被美国的一些敌对国家或组织掌握，会对其构成严重威胁。因此，美国不断与其西方盟国努力，并与中国和俄罗斯这些大国合作，防止核、生、化武器的扩散。

"大规模杀伤性武器"与"核、生、化武器"指称的是同样的事物，但在语义上有明显差别。后者虽然会使人们联想到核、生、化武器造成的灾难，但相对而言是比较中性的指称形式。美国、英国、法国都会使用这些指称表达式描述自己拥有的核武器、生物武器和化学武器，不会产生任何意识形态上的倾向。但是，"大规模杀伤性武器"这一术语有明显的意识形态倾向，不会用于指称美、英、法这些西方大国和中国、俄罗斯这样的大国的核、生、化武器，甚至也不用于指称印度和巴基斯坦的核武器，以及以色列实际拥有（从来不承认也不否认）的核武器。该术语中的两个重要成分 mass（大规模）和 destruction（毁灭，杀伤）凸显了核、生、化武器能够造成的巨大灾难，使民众对它们产生极大的恐惧。这些武器掌握在美国及其盟国手中或中国和俄罗斯这样的大国手中，被认为是安全的，不会对其他国家构成威胁，因为这些都是负责任的国家，不会随意使用这些威力巨大的武器。但是，同样的武器如果掌握在其他国家或组织手中，就会使人类处于危险之中，因为这些国家或组织是危险的、不稳定的、不负责任的。

布什政府在反恐战争中为了夸大恐怖主义的威胁，唤起民众的恐惧，在许多场合的演讲中频繁地使用"大规模杀伤性武器"的说法，将其与恐怖分子联系起来。而2003年时，为发动伊拉克战争，在没有明确证据的情况下，宣称萨达姆政府拥有大规模杀伤性武器，对美国及其盟国构成威胁。除了"核武器""生物武器"和"化学武器"的说法之外，频繁使用的表达式还包括 deadly poisons（致命的毒物）、lethal weapons（致命的武器）、poison factories（毒物工厂）、the world's most terrible weapons（世界上最可怕的武器）、weapons of terror（恐怖武器）。例如：

（12）With every step the Iraqi regime takes toward gaining and deploying the most terrible weapons, our own options to confront that regime will narrow. And if an emboldened regime were to supply these weapons to terrorist allies, then the attacks of September the 11th would be a prelude to far greater horrors.

—Bush, 09-12-2002

（13）Many Americans have raised legitimate questions about the nature of the threat, about the urgency of action — why be concerned now — about the link between Iraq developing weapons of terror and the wider war on terror. These are all issues we've discussed broadly and fully within my administration.

—Bush, 10-07-2002

（14）Intelligence gathered by this and other governments leaves no doubt that the Iraq regime continues to possess and conceal some of the most lethal weapons ever devised. This regime has already used weapons of mass destruction against Iraq's neighbors and against Iraq's people.

—Bush, 03-17-2003

（15）And we have fought the war on terror in Iraq. The regime of Saddam Hussein possessed and used weapons of mass destruction, sponsored terrorist groups, and inflicted terror on its own people.

—Bush, 10-09-2003

像"大规模杀伤性武器"及类似说法所构成的框架能够对民众的思维产生重要影响。这些框架在话语中出现频次很高，以至于它们与恐怖主义组织或伊拉克这样的国家的联系不断得到强化。最终，尽管没有证据表明他们拥有这些武器，人们都会推导出他们对全球安全构成威胁的结论。这也正是框架强大的影响力之所在。一旦框架通过话语而获得很高的固化程度，无论其所依赖的事实被肯定或否定，都不会削弱该框架的影响力。正如 Lakoff (2004) 所分析的那样，在 2000 年美国总统选举中，共和党把税收定义为民众的痛苦和负担，主张减税，"税收作为负担"（tax as a burden）这样的框架确立之后，民主党无论怎么解释增加税收的必要性，都会落入对方的陷阱中。

（二）邪恶轴心

在 2002 年 1 月 29 日发表的国情咨文中，布什提出了"邪恶轴心"的说法，认为伊拉克、伊朗和朝鲜构成了一个严重威胁美国及全球安全的轴心。布什在演讲中宣布了反恐战争的两大目标。第一个目标是，将关闭恐怖分子的营地，挫败恐怖分子的计划，并将其绳之以法。布什宣称，尽管美国已在阿富汗摧毁多个恐怖分子训练营地，但在至少其他 10 个国家中仍然存在恐怖分子训练营地，他希望所有国家都关注美国的呼吁，消除那些威胁他们自己以及美国的恐怖分子。他称赞一些盟国在反恐问题上采取果断行动，同时对其他国家进行威胁，宣称对于那些在打击恐怖主义问题上软弱无力的国家，美国将替他们采取行动。布什在演讲中提到，美国的反恐行动在地理范围上已远远不限于阿富汗。美国陆军在菲律宾帮助训练政府军，打击当地的恐怖主义武装；在巴尔干地区与波斯尼亚政府合作抓捕策划袭击美国使馆的恐怖分子；而海军在非洲的索马里附近海域巡逻，阻止恐怖组织向索马里运送武器，防止其在索马里建立营地。

布什在演讲中宣称，第二个目标是阻止那些寻求核、生、化武器的恐怖分子及政权威胁美国和世界。为了把反恐战争扩大，尤其是为了寻求美国公众支持发动伊拉克战争，需要在恐怖主义与伊拉克之间建立联系，并说服公众相信这种联系的存在。布什提出，一些国家支持恐怖主义，必须防止他们使用大规模杀伤性武器威胁美国及其盟国和友好国家。这些政权中有一些自"9·11"事件后一直保持低调，但是美国知道他们"真实的面目"（true nature）。布什提到了朝鲜、伊朗和伊拉克。首先，朝鲜在国内人民遭受饥饿的情况下，积极发展导弹和大规模杀伤性武器。其次，伊朗在追求大规模杀伤性武器并向外输出恐怖主义，而且其领导层不是选举产生的，压制伊朗人民的自由。关于朝鲜和伊朗的论述一笔带过，布什在演讲中的重心放在伊拉克问题上。布什宣称，伊拉克继续敌视美国，并支持恐怖主义。伊拉克政府发展炭疽杆菌作为生物武器，并研制神经毒气和核武器已超过 10 年。伊拉克曾使用毒气对付国内民众，并且在大规模杀伤性武器核查方面采取不合作的态度。布什强调,这些国家是对世界和平的威胁。

(16) States like these and their terrorist allies constitute an axis of evil, arming to threaten the peace of the world. By seeking weapons of mass destruction, these regimes pose a grave and growing danger. They could provide these arms to terrorists, giving them the means to match their hatred. They could attack our allies or attempt to blackmail the United States. In any of these cases, the price of indifference would be catastrophic.

—Bush, 01-29-2002

在布什的演讲中,"邪恶轴心"指朝鲜、伊朗和伊拉克。而2002年5月6日,美国副国务卿博尔顿(John Bolton)在传统基金会(the Heritage Foundation)发表演讲,把"邪恶轴心"的名单扩大到利比亚、叙利亚和古巴,认为这些国家支持恐怖主义,并正在寻求获得大规模杀伤性武器。

(17) Today, I want to discuss three other state sponsors of terrorism that are pursuing or that have the potential to pursue weapons of mass destruction or have the capability to do so in violation of their treaty obligations.

First, Libya. There is no doubt that Libya continues its longstanding pursuit of nuclear weapons…

The United States also knows that Syria has long had a chemical warfare program. It has a stockpile of the nerve agent sarin and is engaged in research and development of the more toxic and persistent nerve agent VX…

In addition to Libya and Syria, there is a threat coming from another BWC signatory, and one that lies just 90 miles from the U. S. mainland — namely, Cuba. This totalitarian state has long been a violator of human rights…

—Bolton, 05-06-2002

"邪恶轴心"的说法在说服美国公众支持伊拉克战争和在全球扩大反恐行动方面非常有效。这一概念能够唤起公众关于第二次世界大战中轴心国(The Axis Powers)的记忆。"二战"爆发前,1936年10月25日,德国与意大利达成协调外交政策的同盟条约,宣布两国组成"罗马—柏林轴心"。随后11月25日,德国与日本签订了针对苏联的《反共产国际协定》。1939年5月22日,德国与意大利签订所谓的《钢铁条约》,正式成立军事同盟。1940年9月27日,德国、意大利和日本签订《德意日三国同盟条约》,被称为轴心国同盟,或"柏林—罗马—东京轴心"。为了击败轴心国,1942年1月1日,美国、苏联、英国、中国等 26 个国家签署了《联合国家共同宣言》，组成了反法西斯联盟，并最终取得"二战"的胜利。布什在演讲中使用"邪恶轴心"的说法，暗示朝鲜、伊朗和伊拉克的行为与"二战"时期的德、意、日法西斯国家类似。美国人民在"二战"中为了保卫自己的民主和自由，与法西斯国家进行了长期的战争，而现在面临类似的威胁，必须尽早采取措施，先发制人。

另一方面，"邪恶轴心"的说法也可以唤起公众关于苏联的记忆。"二战"结束以后，美苏展开了近半个世纪的冷战。其间，美国政府把苏联描绘成为一个残酷无情的极权主义国家，对内实行暴政，对外发动侵略战争。1983 年 3 月 8 日，里根总统在佛罗里达奥兰多的全国福音派协会（National Association of Evangelicals）发表演讲，其中把苏联称为"邪恶帝国"，把美国与苏联的冷战称为"是与非之间、善与恶之间的斗争"（the struggle between right and wrong and good and evil）。美国最终于 1991 年取得冷战的胜利。因此，布什在演讲中暗示，美国最终会取得对恐怖主义的胜利。

实际上，朝鲜、伊朗和伊拉克与"二战"时期的德、意、日没有可比性，它们之间不存在任何联盟关系。伊朗与伊拉克几十年来一直是对手，并曾进行过一场长达 8 年的战争（1980—1988）。而且没有证据显示，朝鲜与这两个国家有任何合作。之所以把伊朗和朝鲜归为邪恶轴心是因为，只把矛头指向伊拉克会使美国的战争意图过于明显，增加两个打击对象会使公众更容易接受布什政府发动伊拉克战争的理由。但是，从布什的国情咨文中可以看出，其重点在于伊拉克。"邪恶轴心"的说法成为布什政府的标志性语言，把与伊拉克有关的问题简化为一个清晰的事物，即善与恶之间的斗争。这一策略能够使公众理解一个极其复杂的问题，尽管这种理解是错误的。布什还在演讲中告诉公众，时间非常紧急，美国必须尽快采取行动，否则将付出灾难性的代价。这样就为即将发动的伊拉克战争做好了令人信服的铺垫。

(18) We'll be deliberate; yet, time is not on our side. I will not wait on events while dangers gather. I will not stand by as peril draws closer and closer. The United States of America will not permit the world's most dangerous regimes to threaten us with the world's most destructive weapons.

Our war on terror is well begun, but it is only begun. This campaign may not be finished on our watch; yet, it must be and it will be waged on our watch. We can't stop short. If we stop now, leaving terror camps intact and terrorist states unchecked, our sense of security would be false and temporary. History has called America and our allies to action, and it is both our responsibility and our privilege to fight freedom's fight.

—Bush, 01-29-2002

(三) 萨达姆

布什政府 2003 年 3 月 20 日发动伊拉克战争，目的是推翻萨达姆的统治，实现政权更迭。而此时，阿富汗战争仍在继续。尽管布什在 2002 年 1 月 29 日的国情咨文中宣称，已经把阿富汗从塔利班统治下解放出来，实际上局势远远不像其描述的那样乐观。拉登及"基地"组织的其他高级成员下落不明，阿富汗境内治安形势极不稳定，阿临时总统卡尔扎伊在首都喀布尔之外没有任何控制力。在这种情况下，要说服美国公众为另一场战争做好准备存在很大困难。而且，没有任何证据显示伊拉克与"9·11"事件有任何联系。

布什政府的话语策略是，从 2002 年 1 月开始不断向公众潜移默化地建构两个观点，即伊拉克与恐怖主义组织有联系和萨达姆政府寻求大规模杀伤性武器。但从不表明美国的对伊政策，直到在 9 月 12 日联合国大会的演讲中才明确把伊拉克作为主要敌人。在此期间，布什在一系列的演讲中不断唤起公众对于"9·11"事件的记忆，由此激起他们的恐惧、愤怒、仇恨以及报复的愿望。当时，并没有确凿证据显示，萨达姆政府与"基地"组织有任何合作关系。2002 年 3 月 19 日，中央情报局局长特奈特（George Tenet）在参议院军事委员会的一场听证会上说，伊拉克与"基地"组织是有过接触的。

(19) We continue to watch Iraq's involvement in terrorists' activities. Baghdad has a long history of supporting terrorism, altering its targets to reflect changing priorities and goals. It is also had contacts with Al Qaeda.

—Tenet, 03-19-2002

而在 2003 年 2 月 11 日参议院情报委员会的一场听证会上，特奈特宣称"基地"组织的一个分支机构的高级成员们一直隐藏在伊拉克，该机构由扎卡维（Abu Musab al-Zarqawi）领导。伊拉克曾经向"基地"组织提供伪造证件和制造炸弹的培训，并向其两名成员提供投毒和使用毒气的培训。当参议员卡尔·莱文（Carl Levin）询问扎卡维的恐怖主义网络是否受到伊拉克政府的控制或资助时，特奈特回答说并不清楚，但是扎卡维及其同党在巴格达活动的情况，伊拉克情报部门不可能不知道。

由于没有特别有力的证据指向萨达姆政府与"基地"组织的联系，美国政府转而把萨达姆塑造成为对美国及世界安全有重大威胁的人，需要对其发动先发制人的打击。这样的逻辑虽然有很大缺陷，但是对美国公众来说却是令人信服的。"9·11"事件后，美国公众处于羞辱、恐惧和愤怒中，对于任何有可能威胁美国安全的人或组织都会过度敏感。按照布什政府的逻辑，萨达姆统治下的伊拉克与"基地"组织存在相似之处。"基地"组织不仅攻击美国，而且试图获得大规模杀伤性武器。而伊拉克在两伊战争期间（1980—1988）曾多次使用神经毒气攻击伊朗军队和平民，并曾在1988年3月16日对库尔德人使用化学炸弹。而且，两伊战争结束后不久，伊拉克于1990年入侵科威特，后来被美国领导的多国部队赶出科威特。美国一直宣称，伊拉克试图发展大规模杀伤性武器，萨达姆政府就像恐怖分子一样，对地区和世界安全都构成威胁。①

布什政府在反恐话语中塑造了一个以萨达姆为中心的框架，这一框架把萨达姆建构为类似希特勒的邪恶的独裁者。通过在话语中不断强化该框架，在美国公众心目中把萨达姆与邪恶等同起来。在反恐话语中以 Saddam 为中心词检索时发现，在其邻近的搭配词中出现的负面意义词汇很多，包括 brutal（野蛮的）、cruel（残忍的）、dictator（独裁者）、evil（邪恶的）、murder（谋杀）、repress（镇压）、slaughter（屠杀）、slavery（奴役）、tyranny（暴政）、vicious（恶毒的）等。这些词能够塑造一个残忍的反人类的恶棍形象。

布什政府关于伊拉克的威胁的建构十分有效。2002年2月到2004年3月期间开展的11个不同的民意调查表明，平均有64%的受访者认为，伊拉克构成的威胁足以使得美国应采取行动。尽管公众认为美国应采取多边行动，这仍然表明伊拉克战争在美国国内的支持率是很高的。

第四节 小 结

美国政府在反恐话语中建构了许多框架，本章只考察了其中几个框架。这些框架分为正面与负面两种。正面框架把美国的反恐行动塑造为全球反恐战争，把对阿富汗和伊拉克的两场战争塑造为得到许多国家支持的解放战争。而负面框架把"基地"组织和伊拉克等国家塑造为试图获得大规模杀伤性武器的邪恶轴心。尤其是为了动员公众对伊拉克战争的支持，把其领导人萨达姆塑造为残酷无情的独裁者，为了美国及世界的安全，必须在伊拉克实现政权更迭。这些框架在反恐战争中发挥了强大作用，使得其他反对美国单边主义和侵略战争的框架受到压制。

---

① 美国及其西方盟国在两伊战争期间，为了防止伊朗取得胜利，一直秘密帮助伊拉克政府发展化学武器。但是，美国政府在反恐话语中是不可能提到这段历史的。

第九章

政治漫画

正如前面第二章中所讨论的，批评话语分析中的话语概念是很广泛的，包括所有产生意义的符号行为（Blommaert, 2005）。无论是文本、图片、动画，还是声音、图像、色彩、身体动作等，都被看作符号资源，在交际中共同发挥作用。因此，在分析话语时，不能仅仅把注意力集中在文本，还应该把各种形式的符号都考虑在内。

在美国的主流媒体中，政治漫画是一种常见现象。漫画作者使用夸张和讽刺等各种艺术手法，并结合文字，表达自己对特定问题的态度或观点。他们一般对权威提出疑问，引导民众注意腐败、暴力、社会不公等各种弊病。本章分析主流媒体的政治漫画作为反恐话语的一部分所起的作用。

第一节 多模态研究

一、多模态分析的概念

根据Sperber & Wilson（1986/1995）的观点，交际的本质在于受话人通过推理而识别出说话人的意图。受话人进行推理时必须依据一定的外界刺激，而不可能凭空想象出来。因此，除非说话人可以通过心灵感应（telepathy）传递信息，否则受话人不可能在没有外界刺激的情况下识别出说话人的意图。这种外界刺激就是各种能够作用于人们的视觉、听觉、嗅觉、味觉、触觉的现象。只要它们是信息的传递者为了使接收者识别自己的意图而发出的，就可以被看作符号。除了语言以外，伴随语言而进行的语调、语速、音量、停顿、节奏等都可以传递信息。从符号学的视角观察，人们交际时的表情、动作和空间距离，以及人类技术创造的各种产品，包括音乐、建筑、绘画、雕塑、服饰、电影、色彩、字体，都可以作为信息的接收者进行推理的基础。其中任何一种交际形式都被称为模态（mode），而多种交际形式的同时作用被称为多模态（multimo-dality）（Kress & Leeuwen，2001）。

在以语言为主要研究对象的学科中，研究者长期把注意力集中在书面语。尽管许多研究传统，包括会话分析、互动社会学、互动社会语言学、语言人类学、微观民族志和语言民族志，都很重视语言以外的其他模态，但由于技术限制，其他模态的研究一直没有得到充分发展。20世纪60年代以后，随着录音技术的普及，尤其是磁带的广泛使用，语言学家才有可能对真实、自然的口语进行研究。即使这样，对于口语的研究主要是将录音转写为文字，并标注其中的各种韵律和副语言信息、语法结构等。Quirk et al.（1985）关于英语语法的详细描写就是基于大规模的口语录音。

目前，数字摄影、音频和视频录制技术的普及为多模态分析提供了极大的便利，各个领域的研究者都很重视语言之外的各种模态。心理学关注人们如何感知不同的模态，以及不同的模态对于人们记忆的不同影响。社会学和人类学关注不同的群体如何使用多模态的规约标识并维持其身份，而语言学关注社会语境和文化语境中的意义建构问题，其中批评话语分析尤其重视考察权力、不平等和意识形态。20世纪90年代开始，在系统功能语言学和话语分析中出现了多模态的转向，使多模态分析成为语言学和交际研究中的热点课题。

语言研究中的多模态转向并非偶然。Halliday（1978）曾指出，每种符号都能表达一种意义，语言就是一种社会符号，而文化是一套相互联系的符号系统。语法及其他符号资源相互联系、相互作用，共同构成一个语义系统，旨在实现3个抽象的元功能，包括概念功能、人际功能和语篇功能。这一观点可以说明符号资源的各种意义，以及它们作为传递意义的工具的深层体系。由此，韩礼德的社会符号学理论成为多模态研究的基础和框架。社会符号学的核心观点可以总结为三个方面。第一，所有的模态都可以在交际中发挥作用，都对意义做出贡献。多模态分析应提出系统的手段，说明这些符号资源是如何被组织起来传递意义的。第二，所有模态都受到社会、文化和历史因素的塑造，而意义在不同模态中的实现方式是不同的。一种模态在一个特定群体的社会生活中使用的频次越高，其精细程度就越高。各种模态的意义取决于特定社会环境中该模态的创造者的动机和利益。第三，在一个交际事件中，不同模态的意义交织在一起，相互作用而产生意义。人们在交际中通过不同模态的选择和配置来产生意义，多模态研究关注人们产生意义的过程。

多模态研究中有4个核心概念，包括模态、符号资源、模态示能（modal affordance）和符号间关系（inter-semiotic relations）。模态被看作一种文化对于某种物质塑造的结果，而这种塑造是通过人们社会交往中的使用而实现的。每种模态都是一种符号资源，人们在使用这种符号资源时的方式会逐渐表现出规律性。模态示能指一种模态最适合表达什么。① 这既与模态本身的性质有关，也与其在特定的文化和社会历史环境中的使用有关。与模态示能有关的一个问题是，人们在特定的语境中是怎样配置不同模态的。以上4个概念为多模态分析提供了一个起点。

多模态分析能够使研究者深入理解特定群体的人们所掌握的符号资源、其组织原则和文化因素制约下的各种符号。例如，他们使用了哪些视觉符号、色彩、手势、表情、眼神、声音和音乐等。此外，多模态分析可以使研究者理解人们如何在各种情境和媒体中使用符号资源达到自己的交际目的。这些情境和媒体如学校、教科书、工作场所、在线环境、广告、产品说明书、电影，不一而足。这些场合的话语中不同模态之间的关系及其相互作用是一个重要研究领域。在批评话语分析领域，多模态研究能够更深刻地揭示话语所掩盖的不平等现象，从而使话语的受众认识到话语生产者的操纵目的。例如，在政治海报中，人物位置、色彩、明暗、目光的方向和角度，文字的字体、大小和颜色，以及整个海报中不同元素的布局，这些都会对受众产生影响。

在多模态分析领域中，有两部著作影响力巨大。一部是 Kress & Leeuwen (1996/2006) 的《读图：视觉设计的语法》（*Reading Images*：*The Grammar of Visual Design*）。该书是第一部关于视觉交际语法的系统而全面的论述。作者讨论了来自儿童绘画、教科书插图、新闻摄影、网络图片以及雕塑和玩具等三维形式的大量实例，据此考察图像传递意义的方式。其中提出的视觉设计的结构或者说语法，包括色彩、视角、分格（framing）和组合（composition）等概念成为进行多模态研究中重要的概念分析工具。另一部是 Leeuwen（1999）的《言语、音乐与声音》（*Speech, Music, Sound*）。作者主张把3种模态的声音信息整合分析，而不是割裂为不同的领域。该书探讨了言语、音乐与声音的共同之处，详细描写了人们怎样使用视角、节奏、文本特质和声音的其他方面来传

---

① 多模态研究中的示能（affordance）的概念来自心理学家 Gibson（1979）关于感知和行为的研究，本来指在一个环境中所有潜在的行为可能性。一个特定物体的潜在用途既取决于其本身可被人们感知到的特征，也取决于行为者的能力和兴趣。例如，椅子可以被人们坐在上面，也可以被人们用来打击他人。Kress（2010）把心理学的这一概念应用于多模态研究，提出了模态示能的概念，指不同模态的潜能与制约，即该模态的资源能够很容易地表达和描述什么，而很难或无法表达什么。这与人们使用特定的符号资源创造意义的方式有关，而这些方式是在受到物质、文化、社会和历史方面的因素影响下形成的。

递情感和意义。其中分析的实例十分丰富，来自广播（包括音乐节目主持人的声音、新闻播报的声音、广播剧、广告短歌曲、新闻节目的标志音乐）、电影音乐（包括《钢琴课》《X档案》以及迪士尼公司的动画片），甚至包括中世纪的吟唱在内的各种音乐。

由于与图像、音频、视频有关的数字技术的快速发展，多模态数据的采集已不存在困难。目前的难点在于，这些数据不像文本那样，可以方便地进行标注与分析。目前的多模态分析领域的研究者在进行数据的收集、整理、抽样和转写后，进行分析，以定性研究为主。①

二、政治漫画的分析思路

政治漫画在主流媒体中十分普遍。不同媒体通过刊登不同的政治漫画，向公众传递自己的立场。与文字相比，政治漫画直观、生动，其寓意深刻而明确。随着社会节奏的加快，要求公众仔细阅读新闻文本，这在很多情况下是不现实的。而政治漫画几乎可以使公众在瞬间对当前时事有一个清楚的认识，从而对读者产生更大的冲击力。

在分析政治漫画时，我们收集数据的思路不同于文本分析的思路。像Lexis-Nexis这样的数据库只收录了各种报刊的文本，但没有图片数据。因此，无法从中检索《纽约时报》等主流媒体上的政治漫画。本章所考察的政治漫画来源于美国政治漫画家协会（The Association of American Editorial Cartoonists，AAEC）的官方网站。② 我们在检索中把时间范围限制在两个阶段。第一阶段是"9·11"事件发生当天至2001年12月31日。分析这一阶段的政治漫画主要是为了考察美国公众对于"9·11"事件的反应，以及对美国10月7日发动的阿富汗战争的态度。第二阶段是2011年5月1日至6月1日。之所以选择这一阶段是为了考察美国海豹突击队击毙拉登后一个月内公众的反应。检索中使用的关键词如下：terror、terrorist、terrorism、Laden、Al Qaeda、War on Terror。每次使用其中一个关键词检索完后，再使用另外一个关键词，由此进行多轮检索，在检索结果中去除重复的漫画。关于两个阶段的检索分别得到政治漫画56幅和105幅。下面分别讨论这两个阶段的漫画的内容。我们的讨论主要是对内容进行总

---

① 以Kay O'Halloran为代表的学者近年来一直致力于开发多模态分析软件，可以对文本、图像、音频和视频数据进行整合分析。
② 该协会拥有将近300名会员，是世界上最大的政治漫画家组织，旨在为美国、加拿大和墨西哥的政治漫画家服务。

体分析，并根据分析结果深入讨论一些有代表性的漫画，一共72幅。①

第二节　关于"9·11"事件和阿富汗战争的漫画

根据漫画的寓意判断，"9·11"事件后至2001年年底的漫画有以下五个鲜明的主题。

（1）对袭击事件表示震惊，将其塑造为与以往几次重大战争的历史地位相当。

（2）凸显美国在阿富汗战争中的优势地位，以及对拉登的坚持不懈的追捕工作。

（3）表现美国的坚强决心、仁慈善良和民族团结。

（4）凸显美国政府的反恐法律和措施对民众权利的侵犯。但这一主题相对次要。

（5）塑造塔利班、"基地"组织及拉登的负面形象。

一、关于袭击事件本身性质的认识

"9·11"事件是美国本土自1812年美英战争以来第一次受到袭击，使美国公众极度震惊。这次袭击的历史地位被主流媒体塑造为类似于美国之前参加的一些重大战争，尤其是第二次世界大战。我们在这里分析6幅有代表性的漫画。

第一幅漫画的标题是"Tora, tora!… Terror, terror!"，作者是Dennis Draughon，发表于2001年9月11日。该漫画的一部分描绘了1941年12月7日日本偷袭珍珠港的场面。在日语中，tora指虎。"虎！虎！虎！"是负责协调空中攻击的日本海军航空兵指挥官渊田美津雄（Mitsuo Fuchida）向"赤城号"航母发回的无线电代号，表示未被美军发现，即将开始攻击。日本"零式"战斗机在上空轰炸，一艘美国军舰冒着浓烟，船体倾斜，正在沉没。而漫画的另一部分中，"Terror! Terror! Terror!"是漫画作者模拟"9·11"事件中袭击者发出的信号，表示攻击开始。这部分描绘了世界贸易中心被两架劫持的飞机撞击时，

---

① 由于版权原因，我们在本章中删除了之前放在手稿中的漫画，只给出了漫画的标题、作者、发表日期等相关信息。有兴趣的读者可以访问美国政治漫画家协会的网站，通过作者姓名等信息检索到这些漫画。也可以联系本书作者获得这些漫画，用于教学或科研等非商业性目的。

浓烟滚滚的场面。

第二幅漫画的标题是"Infamy",作者是 Mike Keefe,发表于 2001 年 9 月 12 日。漫画中,一只强大的秃鹰被一支名为"恐怖主义"的利箭射中。秃鹰(白头海雕)是美国的国鸟,出现在美国的国徽、许多部门的标志和 1 美元的钞票上面等。秃鹰是北美的特有物种,是大型猛禽,外形美丽,性情凶猛,攻击力强。这象征着美国强大的武力。但是,在漫画中,秃鹰中箭象征着强大的美国受到恐怖主义的攻击。图片中的文字为 "September 11, 2001…a date which will live in infamy",其中引用了罗斯福在"珍珠港事件"第二天发表的演讲中所说的话,即把 1941 年 12 月 7 日称为"将永远是历史上耻辱的一天"。日本政府当时一边与美国开展谈判,一边积极为进攻珍珠港做准备。袭击开始后,日本驻美大使才向美国递交宣战文件,宣布终止谈判,对美国宣战。美国对日本政府的行为极其愤慨,认为日本政府极其无耻、卑鄙。漫画作者的意图是把"9·11"事件与"珍珠港事件"类比。

第三幅漫画的标题是"Sleeping Giant"(沉睡的巨人),作者是 Mike Keefe,发表于 2001 年 9 月 13 日。漫画描绘了一个巨人和一只正在逃走的鼠。巨人摆出一个充满力量的姿势,显示出准备反击,而恐怖主义被描绘成一只鼠,在巨人面前惊慌失措地逃走。这幅漫画与 1970 年上映的二十世纪福克斯公司的影片《虎!虎!虎!》中的情节呼应。影片中,日本联合舰队司令长官山本五十六在偷袭珍珠港取得成功后,说"我担心我们的攻击将唤醒一个沉睡的巨人,并使他充满可怕的决心"[①]。

第四幅漫画的标题是"War"(战争),作者是 Mike Keefe,发表于 2001 年 10 月 4 日。漫画以拟人的方式把美国具象化为一名军人,该军人参加过多场重大战争,包括 1941 年对日本和德国的"二战"、1950 年的朝鲜战争、1964 年的越南战争,而 2001 年虽然已开始进入战争,但敌人的身份还有待宣布。这幅漫画把即将开始的反恐战争的地位大幅提升,与以往的几场重大战争相提并论。

第五幅漫画的标题是"A New Kind of War"(一场新型战争),作者是 Mike Keefe,发表于 2001 年 10 月 4 日。漫画描绘了几名美国人在奋力把国旗竖立起来的场面,他们立足的地方有各种购物袋和旅行箱。该漫画创意来自一幅关于硫磺岛战役的著名照片。1945 年 2 月 19 日至 3 月 26 日,美国为夺取西太平洋的硫磺岛,作为轰炸日本本土的航空基地,发动硫磺岛战役。此役美国海军陆

[①] 影片中山本五十六的原话是:I fear all we have done is to awaken a sleeping giant and fill him with a terrible resolve。

战队经过血战后，于 2 月 23 日冲上硫磺岛制高点折钵山（Mount Suribachi）。6 名陆战队士兵在山顶升起美国国旗，当时的情景被美联社记者罗森塔尔（Joe Rosenthal）拍摄下来。这幅照片塑造了美军的英雄形象，在美国成为爱国主义的象征。漫画的寓意是，美国面临的反恐战争的重要性堪比"二战"，美国民众应发扬硫磺岛战役中的精神，全力支持反恐。其中，重振消费信心、促进经济增长，就是对反恐战争的支持。

第六幅漫画的标题是"Ground Zero"（爆心投影点），作者是 Mike Keefe，发表于 2001 年 10 月 14 日。画面以黑色为背景，中心是地球，上方是白色字体的 5 个词"In the War on Terrorism"（在反恐战争中），下方两个词为"Ground Zero"。所谓爆心投影点也叫地面零点或地面爆炸点，在地下爆炸的情况下指地面上最接近爆炸的点，而地面以上爆炸的情况下在地面上处于爆炸正下方的点。"9·11"事件中，世界贸易中心双子塔各有 110 层，高度超过 1300 米。这两幢巨型大厦被摧毁，对美国民众的心理冲击极强。因此，其所在地点被称为爆心投影点，其重要性由此被提高至核爆炸或大地震。画面内容简洁，但视觉上十分震撼。漫画的寓意是，美国在世界贸易中心被摧毁后，必将在全球展开反恐战争。

二、阿富汗战争

2001 年 10 月 7 日，美国发动阿富汗战争。作为对手的塔利班政权和"基地"组织与美国的军事实力极为悬殊，因此美国快速取得战场上的胜利是意料之中的事情。但是，美国为了追捕拉登不遗余力，却没有任何进展。一些漫画在凸显美国强大实力的同时，也描述了追捕工作的艰巨性和复杂性。下面分析 4 幅有代表性的漫画。

第一幅漫画的标题是"Mission Accomplished"（完成任务），作者是 Mike Keefe，发表于 2001 年 9 月 27 日。漫画描绘了两个飞行员驾驶一架战机的场面。根据上面的星条旗标志判断，是美军的飞机。其中一个飞行员说，战斗任务已完成，阿富汗被完全摧毁。另一名飞行员说，还没有投下炸弹。漫画的寓意是宣扬美国强大的军事实力，在阿富汗战场上有压倒性的优势。在对付塔利班和"基地"组织的行动中，美国轻而易举取得了胜利。

第二幅漫画的标题是"The Hunt"（狩猎），作者是 Mike Keefe，发表于 2001 年 10 月 3 日。画面中，两名美军士兵在阿富汗山区搜寻拉登。山坡上面全是石头，沿中间的山谷中一条小路蜿蜒而行。一名士兵用枪把一块大石头撬起来查看，另一名士兵在做记录，说已查看了 14 123 242 块石头（1400 多万），还有 153 440 582 014（1500 多亿）块石头没有检查。漫画的寓意是凸显美军为搜寻拉登而做出的巨大努力。

第三幅漫画的标题是"Tunnels"（隧道、地道或坑道），作者是 Mike Keefe，发表于 2001 年 11 月 9 日。2011 年 10 月 7 日，美国发动阿富汗战争，仅仅 78 天后，美军就占领了喀布尔和坎大哈等重要城市，迫使塔利班和"基地"组织的残余力量退却到山区。漫画中，几名美军士兵沿着一座山上的小路，逐个山洞地搜寻塔利班和"基地"组织的武装人员。附近一架美军的战机在空中，不断有人员从机上空降下来，参加搜寻行动。漫画底部一行字是对英语中的习语"the light at the end of the tunnel"（希望的曙光，指一个持续很长时间的坏的事情开始出现好转的迹象，或者一个漫长而艰难的工作即将完成的迹象）的颠覆，其寓意是美军在搜寻完一个山洞之后，没有收获，再开始搜寻另外一个山洞。而阿富汗的地形以山地为主，美军搜寻武装分子的工作困难重重。

第四幅漫画的标题是"We've Got Bombs"（我们有炸弹），作者是 Mike Keefe，发表于 2001 年 10 月 3 日。漫画中，塔利班和"基地"组织的武装分子藏匿于山洞之中。漫画中所配的文字如下："We've got bombs. We've got smart bombs. What we need is a gifted and talented bomb.（我们有炸弹，还有精确制导炸弹，但是需要像人一样有天赋、有才华的炸弹，投下后可以自动搜寻拉登，并将其击毙。）"漫画的寓意是，美国在搜寻拉登的过程中并不顺利。

三、美国的决心、仁慈与团结

美国在武力打击阿富汗的同时，又向阿富汗民众提供人道主义援助。这能够帮助其在阿富汗的军事行动获得当地民众的支持，瓦解塔利班政权的民意基础。另外，美国民众在"9·11"事件后表现出空前的团结。这些主题在漫画中都得到凸显。下面分析 6 幅有代表性的漫画。

第一幅漫画的标题是"Lunch"（午餐），作者是 Mike Keefe，发表于 2001 年 10 月 10 日。画面中一只秃鹰，目光凶猛锐利，两只巨大的翅膀完全展开。两只鹰爪，一只抓着一枚炸弹，向下掷向地面上的一名塔利班武装人员的头顶，另一只鹰爪抓着一盒午餐投向地面上一名怀抱儿童的妇女。漫画是为了表现美国在发动阿富汗战争后，一方面空袭塔利班武装，另一方面向阿富汗民众提供人道主义援助，以此获得当地民众的支持。

第二幅漫画的标题是"High Noon"（正午），作者是 Dennis Draughon，发表于 2001 年 10 月 10 日。漫画中山姆大叔牛仔装束，腰间别着枪，右手正要去拔枪。而对面的恐怖分子站在山坡上，背着一个榴弹发射器，摆出一副决斗的姿态。《正午》是美国1952年上映的一个西部片。影片讲述一位小镇警长为了维护正义，独自一人勇敢地面对恶棍，最终战胜对手的故事。画面中所配的文字如下："This world ain't big enough for the both of us.（世界虽大，却容不下我们两个人。）"结合漫画的标题分析，漫画的寓意是把美国塑造为西部片中的英雄警长，而恐怖分子被塑造为恶棍。美国像西部片中的警长一样，勇敢地面对恐怖主义，并最终会战胜恐怖主义。

第三幅漫画的标题是"Heroes"（英雄），作者是Mike Keefe，发表于2001年9月15日。漫画显示世界贸易中心受到袭击后，美国的政府工作人员和民众都为减轻灾难的损失而积极工作。漫画作者认为，他们都是英雄。图中文字如下："Calming children（照顾儿童），praying（祈祷），sending money（捐款），caring for the injured（照顾伤者），giving blood（献血），moving rubble（清运瓦砾），putting out fires（救火），comforting the bereaved（安慰遇难者家人），searching（搜救），standing tall（保持信心）。"漫画旨在表现美国民众在袭击事件后表现的爱国主义精神。

第四幅漫画的标题是"Patriotic Duty"（爱国的责任），作者是Mike Keefe，发表于2001年9月29日。画面中是一对年轻夫妇。丈夫对妻子说："I want to do my patriotic duty, but I can't decide. Army, navy, air foce, marines or the mall?（我想尽到自己的爱国责任，但拿不定主意。是去加入陆军、海军、空军、海军陆战队，还是在商业单位工作呢？）"漫画的寓意是表现美国民众的爱国精神。

第五幅漫画的标题是"We the People"（人民），作者是Mike Keefe，发表于2001年9月21日。画面的背景是黑色的，上面各种白色字体的字描述美国人口中各种群体，分别由肤色、族裔、宗教信仰、政治观念、年龄、职业、身体状况等各有不同的人组成。这些文字如下："Blacks（黑人），Whites（白人），Asians（亚裔），Hispanics（拉美裔），Native Americans（北美原住民），Christians（基督教徒），Arabs（阿拉伯人），Jews（犹太人），Muslims（穆斯林），Hindus（印度教信徒），Atheists（无神论者），Gays（男性同性恋者），Lesbians（女性同性恋者），Heterosexuals（异性恋者），Democrats（民主党人），Feminists（女权主义者），Environmentalists（环保主义者），Blue Collar（蓝领，工人阶级），Disabled（残疾人），Blind（盲人）等。"画面中心由左向右延伸的是3个大字体的词"We the People"。漫画强调，尽管不同群体之间有各种差异，但他们共同组成了一个民族。漫画的寓意是，在恐怖袭击发生后，全体美国人都应该团结起来，共同面对。

第六幅漫画的标题是"History Quiz"（历史测验），作者是Mike Keefe，发表于2001年9月26日。漫画描绘了4个人物，从左至右依次是艾森豪威尔、肯尼迪、里根和拉登。最左边的文字如下："Modern American quiz: Since FDR, who best united the country?（美国现代历史测验题：自富兰克林·罗斯福以来，谁最能使美国人民团结起来？）"这里提到的人物，除了拉登，都是美国历史上著名的领导人，在美国民众心目中享有很高的威信。漫画把拉登与他们相提并论是为了说明，他所领导的"基地"组织被美国认为是其头号敌人，对国家安全造成严重威胁。这种外部威胁是促使美国民众团结起来的最重要的因素。

四、公民权利及日常生活受到的影响

"9·11"事件后，美国国会很快通过了《爱国者法案》，扩大了情报机构和执法部门的权力，而联邦政府制定了许多加强安全的措施。这些法律和措施在很多方面都侵犯了民众的权利，并给日常生活带来了许多不便。并且，民众对政府传递的许多信息感到困惑，对政府在反恐战争中的一些表现感到不满。这些都在漫画中得到反映。下面分析8幅有代表性的漫画。

第一幅漫画的标题是"Terrorism…Counter-Terrorism"（恐怖主义……反恐），作者是Dennis Draughon，发表于2001年9月27日。漫画中，左边的部分文字是"terrorism"，说明这是世界贸易中心双子塔受到袭击的情景。右边部分中，上边的文字是"counter-terrorism"。一个西装革履的人左手拿着一个打火机，右手拿着一个文件，上面的标题是"civil liberties"（公民自由）。人物身上的文字"Congress"（国会）说明其代表国会，而被点燃的文件应该是保障民众权利的宪法。漫画的背景是，"9·11"事件后不久，美国国会通过了《爱国者法案》，由小布什于10月26日签署生效。该法案扩大了美国执法部门和情报机构搜集和分析美国民众私人信息的权力，严重影响了公民的权利和隐私。漫画的寓意是讽刺美国国会为了反恐而严重侵犯公民权利。

第二幅漫画的标题是"Security"（安全），作者是Clay bennett，发表于2001年10月11日。位于画面中心的卡片上的字是"Security"。根据画面中的剪刀和胶水可以看出，组成该词的字母是由Equality（平等）、Liberty（自由）、Justice（正义）、Freedom（自由）的字母剪切下来的。漫画的寓意是，美国公众的安全是以损害他们的平等、正义和自由为代价的。

第三幅漫画的标题是"Terrorism Bill"（反恐怖主义法案），作者是Dennis Draughon，发表于2001年10月26日。画面中，一个美国人肩扛着一枚导弹，弹体上的文字为"Terrorism Bill"，显示导弹实际上是美国国会通过的反恐怖主义法案。法案被隐喻为导弹，向外发射出去，旨在打击恐怖分子。在这个美国

人的后面是自由女神像，其基座上的文字是"Civil Liberties"（公民自由）。这说明，自由女神所代表的民主和自由的基础是公民自由。导弹发射时，后部喷出的火焰和力量击中了自由女神，女神疼痛之下发出叫喊，把自由火炬扔了出去。漫画具有讽刺意味，说明美国为了反恐所制定的法案损害了公民的民主和自由的权利。

第四幅漫画的标题是"Security Fence"（安全围墙），作者是Clay Bennett，发表于2001年10月29日。画面的中心是一幢房子，里面住着一对夫妇，房门上的文字是"privacy"（隐私）。房子周围一群工人在忙碌着，把房屋墙壁的许多木板拆掉后，组成围墙。漫画的寓意是，美国政府在反恐战争中，为了追求所谓的安全，严重侵犯了公民的隐私。

第五幅漫画的标题是"I'm glad to see things are getting back to normal"（我很高兴看到，一切恢复正常了），作者是Dennis Draughon，发表于2001年10月17日。画面描绘的场景中，左边一家人有两个孩子在门前的草坪上玩耍，女主人在隔着围墙与隔壁邻居的女主人交谈，而邻居的男主人在修剪草坪，旁边的人行道上一名妇女在牵着一条狗散步。画面最引人注目的是所有人，无论大人还是孩子，都戴着防毒面具。漫画的背景是"9·11"事件一周后美国发生的炭疽攻击事件。炭疽杆菌可以通过皮肤接触、呼吸道和消化道传染。这使美国公众陷入恐慌。画面中隔壁邻居女主人的话尤其有讽刺意义，说很高兴看到生活恢复正常。漫画的寓意是描写美国公众的生活受到的影响。

第六幅漫画的标题是"Security Hassles"（安全措施带来的麻烦和不便），作者是Clay Bennett，发表于2001年10月29日。画面中，圣诞老人和一个孩子坐在雪橇上，拉雪橇的是一头强壮高大的驯鹿。圣诞老人从星光灿烂的夜空中飞下来，赶去给每家的孩子送礼物。圣诞老人在抱怨："We don't need the security hassles just because I might fit some profile.（我们不能因为自己可能符合某个恐怖分子疑犯的画像，就有那么多的措施。）"漫画的寓意是讽刺"9·11"事件后，美国机场的复杂的安检程序。

第七幅漫画的标题是"Voices"（各种声音），作者是Mike Keefe，发表于2001年11月1日。画面中的场景是一户人家的客厅中，一对夫妇在交谈。女主人躺在长条沙发上，两手抓着头发，说："The voices in my head—"Be afraid! Be calm! Be suscipicous! Be normal...（我听到自己脑袋中有各种声音，有的说不要恐惧，有的说保持平静，有的说保持警惕，有的说要表现正常，等等。）"显然，女主人感到十分困惑痛苦。男主人的回答是：Actually, those are voices frome the White House（这些声音实际上都是从白宫发出来的）。漫画的寓意是，

197

美国政府向民众发出的信息是混乱的，使民众无所适从。

第八幅漫画的标题是"Spy Satellites"（间谍卫星），作者是 Mike Keefe，发表于 2001 年 11 月 7 日。图片中两个美国情报人员正在观看接收到的关于恐怖分子的卫星图像。坐在电脑屏幕前的人说"Our spy satellites produce images of such clarity we can actually read the enemy's lips!（我们的间谍卫星拍摄的图像高度清晰，我们可以识别敌人说话时嘴唇的动作，由此判断其说话内容。）"旁边的情报人员说："Cool! If we only had someone who spoke the language.（这非常好，但是没有人懂得对方说的语言。）"漫画的寓意是讽刺美国的情报部门对阿富汗的情况不熟悉，是很无能的。

五、恐怖分子的形象

"9·11"事件后，"基地"组织及其领导人拉登一直没有宣布对袭击事件负责。但是，美国认定是其所为。美国政府回避之前与该组织及拉登的密切关系，转而对其进行丑化。这一立场在许多漫画中得到反映。漫画中把恐怖分子塑造为极端分子，他们本性邪恶，违背了伊斯兰教的教义，一直在策划如何发动恐怖袭击。他们生性残忍，同时又胆小如鼠。下面分析 8 幅有代表性的漫画。

第一幅漫画的标题是"Message"（信息），作者是 Mike Keefe，发表于 2001 年 10 月 12 日。漫画中的人物显然是按照拉登的形象塑造的。拉登手里拿着一部《古兰经》，旁边放着一把枪。然后声称"If you hold it sideways and read every 47th word, Alla's message to us is clear…"（如果把经书侧面对着自己，然后每隔 47 个词阅读一个词，就能清楚地看到真主的信息），信息的内容是"Hide in a cave and kill pepole"（躲藏在山洞里，从事杀人活动）。漫画的目的是讽刺以拉登为代表的"基地"组织的成员，他们声称是伊斯兰教的虔诚信徒，但实际上对《古兰经》的理解是歪曲的，违背了真主的命令，不能代表广大的穆斯林。

第二幅漫画的标题是"Call to Prayer"（祈祷时间到），作者是 Clay Bennett，发表于 2001 年 9 月 21 日。按照伊斯兰教的要求，全世界的穆斯林每天必须在规定的时间向麦加方向祈祷，每天 5 次，分别是早晨、中午、日落一半时、日落、入睡之前 5 个时段。漫画描绘了一群人跪着祈祷的场面。其中，其他人都跪在地上虔诚地祈祷，他们的方向应该都朝向麦加。画面中心的一个穆斯林与其他人不同，他跪拜的方向与其他人相反，身上还背着一支枪，枪带上的文字显示他的身份是恐怖分子。他左边的祈祷者瞪着惊恐的眼睛看着他。漫画的寓意是，恐怖分子不是伊斯兰教真正的信徒，不能代表广大的穆斯林。

第三幅漫画的标题是"White Substance"（白色物质），作者是 Mike Keefe，

198

发表于 2001 年 10 月 20 日。漫画描绘一个面带邪恶表情的人，正在策划生物恐怖攻击。这幅漫画指的是 "9·11" 事件后一周美国发生的炭疽攻击事件。有人把含有炭疽杆菌的信件寄给多家新闻机构和两名民主党参议员，最终导致 22 人被感染，其中 5 人死亡。漫画的寓意是炭疽攻击是拉登领导的 "基地" 组织实施的。美国实际上没有任何证据。直到 2008 年，联邦调查局断定在马里兰州军方实验室工作的微生物学家布鲁斯·艾文斯（Bruce Ivins）应对攻击事件负责，但艾文斯在联邦调查局公布调查结果前自杀。目前该案件的许多事实仍然没有确定。

第四幅漫画的标题是 "Loose Nukes"（失去控制的核武器），作者是 Mike Keefe，发表于 2001 年 11 月 23 日。画面中心是一个恐怖分子模样的人，左边地上的一个标志牌上的文字是 "Kaboomistan（formerly of USSR）Nuclear Arsenal"，说明这个地方是一个被称为 Kaboomistan 的国家（曾经是苏联的一个共和国）的核武库所在地。旁边是核武库，位于一座山的内部，山顶竖立着许多导弹。在核武库的入口附近有一个标志牌，上面的文字内容为 "Beware：Police Goat on Duty"（注意：警羊在执勤）。画面底部一行字 "Loose Nukes Attract Kooks"（没有受到严密监管或处于流失状态的核武器会吸引恐怖分子）。整个漫画以一种轻松可笑的口吻告诉公众，恐怖分子可能会从苏联的一些加盟共和国中窃取核武器，给人类造成灾难。

第五幅漫画的标题是 "Spore Form"（孢子体形式），作者是 Mike Keefe，发表于 2001 年 11 月 25 日。漫画把拉登塑造为善于适应环境、躲避美国追捕的恐怖分子。画面中，拉登躲在一个山坡岩层下面的土壤中。旁边有两段文字。一段是 "Under harsh conditions Osama is known to go into spore form"（大家知道拉登在严峻的条件下会变成孢子体的形式）。另一段是 "To emerge Later when the environment become more hospitable"（在环境变得更适宜的时候，再出来活动）。炭疽杆菌的孢子可以在土壤中休眠几百年，在温度适宜时感染其他生物体。漫画的寓意是说明拉登的生命力顽强，在美国的追捕下仍然一直安然无恙。

第六幅漫画的标题是 "Scum"（本义指液体表面的浮沫、浮垢，引申义指卑鄙的人、人渣或败类），作者是 Mike Keefe，发表于 2001 年 12 月 21 日。漫画描绘了一个生物进化链，从最低等到最高等。拉登没有从最初原始生命体进化为人类，而是演化成为恐怖分子。图中的文字是 "Research indicates that humans are related to ancient scum…Some humans being more closely related than others"（研究表明人类与远古时代的浮沫有亲缘关系，而有一些人与浮沫的亲缘关系更密切）。漫画的寓意是把拉登塑造为卑鄙的人，甚至连人都算不上。

第七幅漫画的标题是"Relax, Osama…"（别紧张，奥萨马），作者是 Dennis Draughon，发表于 2001 年 10 月 7 日。漫画描绘了两个人物在一个房间内。右边的人脸上冒汗，两手缩在胸前，十分惊恐的表情。左边的人在向窗外望去，同时安慰右边的说："Relax, Osama…Its' just a crop duster.（奥萨马，不要紧张，外面的声音是喷洒农药的农业飞机。）"根据称呼语判断，右边的人显然是拉登，左边的人是其警卫。漫画显然是在讽刺拉登虽然被认为是恐怖分子的首领，但是个懦夫。

第八幅漫画的标题是"Shave"（剃须），作者是 Mike Keefe，发表于 2001 年 12 月 19 日。漫画中有两个人物，一个显然是拉登，他在想："If I shave my beard and adopt Western dress… Who's going to recognize me?（如果我把胡须剃掉，穿上西方人的服装……谁能认出我呢?）"另一个人物是希特勒模样，是拉登把胡须剃掉，穿上西装后的模样，右臂上有一个字"Evil"（邪恶）。漫画的寓意是，无论拉登变成什么模样，其邪恶的本质不会变化，都会被美国识破。

第三节 关于拉登被刺杀事件的漫画

2011 年 5 月 1 日，拉登被刺杀，这是"9·11"事件后持续近 10 年的反恐战争中的一个里程碑，似乎标志着反恐战争即将以美国的胜利而结束。美国民众对拉登之死感到喜悦，认为美国取得了胜利。但是，这并不是这一时期主流媒体的主要态度。拉登被刺杀的地点是巴基斯坦，美国却在阿富汗进行了将近 10 年的战争。因此，美国民众对政府的反恐决策十分不满，并且认为巴基斯坦作为盟国是不可靠的。另外，民众对美国经济的持续不景气感到悲观，并认为恐怖主义不会随着拉登之死而终结。此外，布什领导的共和党政府 10 年反恐战争没有很大建树，而奥巴马的民主党政府却在执政两年多就取得刺杀拉登的胜利。这让共和党十分尴尬，导致了两党之间的纷争。这些都在漫画中得到生动的描述。

一、认为美国获得反恐战争的胜利

拉登被美国政府和主流媒体认为是"9·11"事件的元凶，因此美国特种部队刺杀拉登取得成功被认为是反恐战争取得胜利，正义得到伸张。许多漫画认为，拉登之死是其咎由自取，"9·11"事件的受害者终于可以安息。同时，他们对奥巴马政府的表现提出赞扬。下面是 10 幅有代表性的漫画。

第一幅漫画的标题是"Justice"（正义），作者是 Bruce Plante，发表于 2011

年5月3日。画面是一个尺寸巨大的单词"JUSTICE"（法律制裁），横向延伸，占据整个画面，但是单词中间少了一个字母"I"。占据字母"I"位置的是一名身着黄色长袍、头戴白色帽子的人，他的头部飞溅出一些鲜血，左脚大拇指上一个标签上的文字是"Osama"，显示其身份是拉登。漫画的寓意是，拉登被绳之以法，正义得到伸张。

第二幅漫画没有标题，作者是Nate Beeler，发表于2011年5月3日。拉登被描绘成一座巨型大楼的形象，其脸部向外涌出熊熊大火和浓烟，头部左边的虚线象征击中拉登的子弹。漫画的目的是唤起读者关于"9·11"事件中世界贸易中心被摧毁的场面的记忆，表示美国复仇成功。

第三幅漫画的标题是"Osama bin Laden Dead"（拉登死亡），作者是Adam Zyglis，发表于2001年5月3日。漫画中的场景是一片墓地，墓碑上的文字显示死者是"9·11"事件中的遇难者。墓碑前的地上摆着一束鲜花，旁边一张报纸上的日期是2011年5月1日，报纸页面中心是拉登的照片。地上还竖立着一面美国国旗。墓碑上除了死亡日期以外，还有"Rest in Peace"（安息）的文字。画面左上部的话"Now I finally can"（现在我终于能够）似乎是从地下传来的，与墓碑上的文字组合起来，构成一个完整的句子"Now I finally can rest in peace"（现在我终于能够安息了）。漫画的寓意是，拉登被击毙，"9·11"事件中遇难的人可以安息了，因为导致他们死亡的元凶被杀死了。

第四幅漫画的标题是"C-Grid Blank"，作者是Steve Greenberg，发表于2001年5月3日。画面中有两个耸立的长方体，象征世界贸易中心的双子塔，另外还有两个长方体，分别相当于bin Laden名字中的i和L。画面中还有一行文字"As ye sow"，来自《圣经》，在现代英语中为"As you sow"。该谚语的完整形式为"As you sow, so you shall reap"。其寓意是，无论是好事情还是坏事情发生在自己身上，都是自己之前的行为导致的结果。这类似汉语中的"种瓜得瓜，种豆得豆"和"自食其果"。拉登的名字bin中少了一个字母i，Laden中少了一个字母L。这象征着拉登被刺杀。缺失的两个字母对应着象征着双子塔的长方体。漫画的寓意是，拉登策划了"9·11"袭击事件，摧毁了世贸中心的双子塔，而最终被击毙，是自食其果。

第五幅漫画的标题是"Change"（变革），作者是Clay Bennett，发表于2011年5月5日。画面上有一堵墙，挂着奥巴马的画像，奥巴马头部后面和脸部有大片的红色，显然代表鲜血。鲜血从奥巴马脸部流下，一直到手上，左手拿着一支笔，右手拿着拉登的照片。拉登的头部向下鲜血直流，整个脸部被打了一个"×"的符号，表示已死亡。照片最下部的一个大写的字"Change"，表示奥巴马政府带来的变化。布什政府在 10 年之久的反恐战争中未能找到拉登，而奥巴马上台后两年多的时间就确定了拉登的藏身之地，并派遣海豹突击队成功刺杀拉登。漫画显然是在赞扬奥巴马的表现。

第六幅漫画没有标题，作者 Nate Beeler，发表于 2011 年 5 月 8 日。画面中有一片草地，草地上有各种标签的箭，代表奥巴马政府外交政策中一系列有待解决的问题，包括以色列（与巴勒斯坦的和平问题）、伊朗、俄罗斯、利比亚、叙利亚和埃及。奥巴马面向标有"外交政策"的靶子，拉开弓，把标签为"本·拉登"的箭射向靶子，正中靶心。旁边有一个记者在进行报道，称赞说："Wow, Mr. Presdient. You're a dead shot!!!（总统先生，您是一个神箭手。）"漫画的目的是称赞奥巴马解决了拉登问题。

第七幅漫画没有标题，作者是 Paul Berge，发表于 2011 年 5 月 3 日。漫画中，一艘航母占据了画面一半的空间，甲板上停放着几架直升机，一队美国士兵站在甲板上，为首的军官大步向前，一脚把拉登从甲板上踢下去，拉登向海里坠落。航母下方的海水里聚集着一群鲨鱼，似乎在等待着吞食。漫画底部有一行文字，内容为"So long, chum. Welcome to shark week（再见了，朋友，欢迎来到鲨鱼周）"。"鲨鱼周"一语双关，既指美国 Discovery 频道自 1988 年 7 月 17 日开播的电视节目，以鲨鱼为主题，每年一次，每次持续一周，目的是呼吁公众保护鲨鱼，并澄清人们关于鲨鱼的错误观念。另外，"鲨鱼周"还是美国 2012 年上映的一部恐怖片的名称。影片中，一群人在一个岛上，面对凶残的鲨鱼奋力拼搏。漫画显然是为了表现美国通过刺杀拉登所展现出的强大实力，同时体现出美国的英雄主义。作者也是为了表现美国政府和公众从刺杀拉登事件中得到报复性的快乐。

第八幅漫画同样没有标题，作者是 Chip Pok，发表于 2011 年 5 月 5 日。画面中有两个人物。一个是向前走的人，左手向上，显出胜利的姿势，脸部显示是奥巴马。另一个人被沉在海底，装在一个袋子里面，上面文字显示是拉登，旁边有两条鱼在游动。漫画最上部的两个词为"New Polling"（民意调查）。奥巴马被认为是一匹强壮的马（strong horse），拉登被认为是一匹虚弱的马（weak horse）。美国政府曾于 2001 年 12 月 13 日公布拉登 11 月中旬时对支持者的讲话的录像带。其中，拉登有一句话后来被广为引用，即，当人们看到一匹强壮的马和一匹虚弱的马，他们本性上会喜欢强壮的马（When people see a strong horse and a weak horse, by nature, they will like the strong horse)。①

  第九幅漫画没有标题，作者是 Matt Wuerker，发表于 2011 年 5 月 3 日。漫画中有一个大街，名为阿拉伯大街，大街上有两项游戏。一项游戏前面无人问津。游戏机的标志是拉登的头像，两边各有一个骷髅，象征其已经死亡。游戏的名称是"Al Qaeda Terror 2001"（"基地"组织恐怖主义 2001）。下面的文字显示"Game Over"（游戏结束）。另一项游戏活动前面，人们挤得满满的，都希望能够参与。游戏机最上面的文字为"Demoncracy"（民主）、"Arab Awakening"（阿拉伯觉醒）。这实际上指 2011 年 12 月从突尼斯开始的"阿拉伯之春"运动，随后蔓延到埃及、巴林、也门、利比亚、叙利亚，最后影响到阿拉伯世界所有国家。这些国家的民众要求政府结束独裁统治，赋予民众更大权利，美国在背后起了积极的推动作用，希望这些国家建立美国式的民主政府。漫画的寓意是随着拉登的死亡，反恐战争已结束，重点工作转移到了在阿拉伯世界推行美国式民主。

  第十幅漫画也没有标题，作者是 Signe Wilkinson，发表于 2001 年 10 月 3 日。内容与上一幅漫画类似。漫画中的场景可以分为两个部分。其中一个部分有几个人物，有的拿着手机，有的举着标语牌。标语的内容是"阿拉伯之春""民主"等。在"民主"下面的文字是"mullahs"（毛拉，指伊斯兰教的教师或领袖），上面的×的符号表示要推翻现有的独裁统治。有一个人衣服上的大字是"freedom"（自由）。画面中，之所以抗议的民众手中拿着手机是因为，在"阿拉伯之春"中，移动通信技术和社交媒体对抗议运动的发动和组织起到了重要作用。画面还有一部分是"基地"组织的商店柜台，上面摆放着各种爆炸物，前面的标志"Clearance"显示已得到政府的许可。图中的文字显示，购买炸弹者，还额外获赠定时器。但是，柜台前无人问津。漫画的寓意是，以"基地"组织为代表的恐怖主义问题已经解决，现在的政治重点是阿拉伯国家内部的民主问题。

---

① 美国记者史密斯（Lee Smith）2010 年出版了《强马：权力、政治和阿拉伯文明的冲突》（*The Strong Horse: Power, Politics, and the Clash of Arab Civilizations*）。该书是一本关于中东政治与美国中东政策的纪实性著作。史密斯认为，强马原则中的核心成分是：攫取权力和维护权力。阿拉伯国家中没有和平的权力交接机制，所以政治就是两匹强马之间的斗争，直到其中一匹马死亡。因此暴力是阿拉伯政治、社会和文化的中心。史密斯认为，中东地区的问题是阿拉伯国家自己造成的，不是西方帝国主义和犹太复国主义造成的。

二、对美国反恐政策的怀疑

美国在阿富汗的战争进行了将近 10 年，但塔利班武装和"基地"组织的抵抗一直没有停止。拉登虽然被刺杀，但其死亡地点在巴基斯坦。并且，美国政府仍然不愿意从阿富汗撤军。这些都使美国民众对其反恐政策产生严重怀疑。下面分析 6 幅有代表性的漫画。

第一幅漫画的标题是"Should We Stay Or Should We Stay?"（我们是继续在阿富汗驻军呢还是继续在阿富汗驻军呢?），作者是 Ted Rall，发表于 2011 年 5 月 25 日。漫画中，一位美军高级将领（四星上将）在向奥巴马汇报，建议把美军从阿富汗撤出。两人的对话如下：

General：Now that we've found Osama in Pakisan, where we knew he was but didn't look for him, can we leave Afghanistan, where we looked for him even though we knew he wasn't there?（我们一直知道拉登藏匿于巴基斯坦，但不进入巴基斯坦搜寻他，而是一直在阿富汗进行搜寻，尽管我们知道他不在阿富汗。现在既然在巴基斯坦找到了拉登，我们可以撤出阿富汗了吗?）

Obama：No. In an alternative universe, he's still there, alive, and knows black magic.（不能撤军，因为在另外一个宇宙中，拉登仍然活着，并且他还会巫术。）

漫画的标题完全是同语反复（tautology），具有讽刺意味。通过对话可以看出，漫画的目的是讽刺美国政府欺骗公众，以谎言掩盖其想长期在中亚地区驻军的意图。

第二幅漫画没有标题，作者是 Hap Pitkin，发表于 2011 年 5 月 10 日。漫画中，一位戴眼镜的老者斜靠在沙发上，双脚放在一个圆形的沙发凳上。下面的文字是"Cheney explains",说明其身份是布什政府的副总统切尼。切尼在解释说:"See? We told you we needed to invade Afghanistan… so that we could let a certain terrorist mastermind escape from there to Pakistan and 10 years later launch a secret helicopter raid from Afghanistan into the proved-to-be unreliable ally Pakistan…to get bin Laden.(明白吗?我们告诉过大家,我们需要入侵阿富汗……这样能够让某一个恐怖分子主谋由阿富汗逃到巴基斯坦,然后我们10年以后才能从阿富汗进入巴基斯坦这样一个已被证明不可靠的盟国,发动一次秘密袭击,由此击毙拉登。)"拉登被刺杀的地点是巴基斯坦境内的一个小城市阿伯塔巴德。美国公众怀疑,布什政府一直知晓拉登的藏身地点是巴基斯坦,但却把重点放在阿富汗。漫画中切尼的答复的逻辑显然是荒谬的。漫画的目的是对布什政府的反恐政策进行讽刺。

第三幅漫画的标题是"Why We Can't Leave Afghanistan?"(我们为什么不能撤出阿富汗?),作者是Ted Rall,发表于2011年5月5日。漫画由6个画面组成,叙述了一名美军士兵在阿富汗的经历,从对阿富汗的无知和困惑到最终变得像本地人一样。漫画内容涉及美军对阿富汗的交通、语言和风俗习惯的不适应,到最终生活方式像本地人一样。最后一幅图片尤其发人深省,该美军士兵到达阿富汗时是18岁,2011年时已28岁了,感觉没有希望看到美国了。漫画的目的是讽刺美国政府发动的阿富汗战争持续了10年,仍然以各种借口不愿意结束。

第四幅漫画没有标题,作者是Ann Cleaves,发表于2011年5月4日。画面描绘了一个家庭,有妈妈、儿子、女儿。一家人看到电视上播放美国杀死"9·11"主谋拉登的消息。听到消息后,女主人很高兴,两个孩子欢天喜地,问妈妈:"Now Daddy will be coming home from Afghanistan. Won't he, Mom?(爸爸现在肯定可以从阿富汗回国了,是吗,妈妈?)"漫画表达了美国民众盼望政府从阿富汗撤军,家人能够团圆的愿望。

第五幅漫画没有标题,作者是Steve Kelley,发表于2011年5月15日。画面中是一个播音员。他播报的第一个消息是"Intelligence offcials going through Osama bin Laden's dairies say he had targeted Los Angeles for attack…"(查看拉登日记的美国情报官员宣称,拉登曾把洛杉矶作为袭击目标)。第二则消息是"Today, Al-Qaeda claimed responsibility for the Lakers"(今天,"基地"组织宣布为湖人队在全国职业篮球联赛季后赛中的失败负责)。漫画的目的是对美国政府部门的判断进行讽刺,他们想把美国发生的一切问题都归咎于"基地"组织,由此推卸自己应该承担的责任。同时,也是在讽刺情报部门的判断是很不可靠的。

第六幅漫画的标题是"Osama"（奥萨马），作者是 Rob Rogers，发表于 2011 年 5 月 17 日。漫画中的拉登正在看电视，电视新闻说："In the midst of a recession and high unemployment, the GOP-controlled House wants to reward the rich and dismantle America's safety net!（美国经济处于衰退、失业率很高的情况下，共和党控制的众议院却希望奖赏富裕阶层，而摧毁美国的安全网。）"①拉登看到电视上的新闻后说："I'll wait until they self-destruct and then claim responsibility.（我要等着美国政府由于其错误的政策而自我毁灭时，站出来宣布是自己实施的。）"漫画最上部的一行字是"Why Bin Laden didn't launch another attack on the U.S…"（为什么拉登不对美国再次发动袭击……）。共和党长期以来主张减税，并减少社会福利开支，这些主张对富人有利，但损害穷人的利益。漫画的意图是对共和党的政策提出批评。

三、对美国经济的担忧

持续 10 年之久的反恐战争对美国经济产生了巨大影响。2001 年 9 月 20 日，布什在国会演讲时宣布开始反恐战争，美国政府的战争预算除了 2004 和 2005 年以外，每年都有较大幅度的增加。战争预算包括国防部和退役军人事务部的基础预算、海外应急作战预算和国土安全部、国务院和国家核安全局等用于反恐战争的额外预算。小布什政府负责 2002 至 2009 财政年度的预算，并为 2001 财年的预算增加了 310 亿美元。这期间的反恐战争费用共 1.161 万亿美元。奥巴马政府在阿富汗和伊拉克两场战争中的费用为 8 070 亿美元，比布什政府少 30%。另外，伊拉克战争持续时间超过越南战争，阵亡人员达到 4 488 名，受伤人员为 32226 名。美国的国债增加了 2.1 万亿美元，增长幅度超过 10%。②

另外，2007 年美国次贷危机开始。9 月 7 日，美国房地产信贷市场两大巨头房地美（Freddie Mac）和房利美（Fannie Mae）陷入困境，美国财政部和美联储被迫接管两家公司。随后，世界顶尖的投资银行美林被美国银行收购，雷曼兄弟申请破产保护，世界最大的保险公司美国国际集团（AIG）被政府接管。

---

① 漫画中提到的所谓安全网是指美国联邦政府为低收入家庭和残疾人家庭等贫困人口提供的各种保障计划，包括住房补贴、免费医疗服务、食品券和失业保险等。这些计划对于社会稳定起到了重要作用。

② Kimberly Amadeo. War on Terror Facts, Costs, and Timeline [EB/OL]. 2018-03-31, https://www.thebalance.com/war-on-terror-facts-costs-timeline-3306300.

次贷危机不断扩大,最终导致了 2008 年蔓延全球的金融危机,美国经济陷入大萧条。①

面对旷日持久的反恐战争,美国公众中许多人并没有为成功刺杀拉登而欢欣鼓舞,他们更关注的是美国经济,尤其是不断恶化的经济状况对他们的生活产生的影响,下面几幅漫画反映了他们的担忧。下面分析 6 幅有代表性的漫画。

第一幅漫画的标题是"Graphic bin Laden Picture"(图解拉登),作者是 Stigne Wilkinson,发表于 2011 年 5 月 5 日。漫画呈现一个曲线图,表示美国为应对"9·11"事件而支出的费用连年大幅增加,曲线从左下角向右上角延伸,一直呈现增长。其中的文字为"Trillions spent in response to 9-11"(为了应对"9·11"事件而支出的数万亿资金),另外还有一行文字为"Includes: Iraq, Afghanistan, Security, Surveillance, Intelligence, etc…"(包括:伊拉克战争、阿富汗战争、安全、监视、情报等)。图中的最后一行文字显示在反恐战争中阵亡人数为 4 683。漫画传递的信息是,美国为反恐战争付出的代价巨大。

第二幅漫画没有标题,作者也是 Stigne Wilkinson,发表于 2011 年 5 月 9 日。漫画描绘了一家三口人居住在一个山洞里,每个人都蓬头垢面、无精打采。女主人脚下的石头上的文字为"unemployed",显示处于失业状态,男主人手拿一张报纸说:"So, in the end, bin Laden wasn't holed up in some miserable cave…(原来拉登没有躲藏在一个条件很差的山洞里。)"男主人旁边有一个火堆,一个树枝上串着一个玉米在火上烤着。玉米应该是一家人的食物。漫画的寓意是,反恐战争的结果是美国的经济受到重创,许多民众生活贫困、无家可归,而拉登反而一直生活优越。漫画旨在对美国政府进行讽刺。

第三幅漫画没有标题,作者是 Signe Wilkinson,发表于 2011 年 5 月 6 日。漫画描绘了两个人驾着车,副驾驶位置的人举着上面有"USA"字样的旗帜,驾驶员位置的人看着加油机上面的汽油价格 4.29 美元,说:"We can't afford to go to the 'We Got Osama' celebration.(不能去参加击毙拉登的庆祝会了,付不起油费。)"漫画的寓意是美国民众在欢庆胜利的同时面临经济困难。

第四幅漫画同样没有标题,作者是 Nick Anderson,发表于 2011 年 5 月 8 日。漫画描绘了一家三口在一个汽车经销商处购买轿车的场面。销售人员介绍说有一款车非常省油("Super High Gas Milage!"),男主人决定购买,他的儿子在

---

① Timeline: Key events in financial crisis [EB/OL]. USA Today. 2013-09-08, https://www.usatoday.com/story/money/business/2013/09/08/chronology-2008-financial-crisis-lehman/2779515/.

旁边举着国旗，在为拉登被刺杀而欢呼。漫画上还有一行字是"Americans finally strike a blow against terrorists"（美国最终给了恐怖分子沉重一击）。漫画的寓意是，反恐战争取得了胜利，但美国的经济状况却让民众苦不堪言。

第五幅漫画的标题是"V-O Day"（对拉登胜利日），作者是 Ted Rall，发表于 2011 年 5 月 9 日。这是漫画作者模仿"二战"结束时的欧洲胜利日（V-E Day）和对日作战胜利日（V-J Day）而创造的一个词，其中的 V 代表 victory（胜利），O 代表 Osama。画面描绘了一个戴棒球帽的男子在亲吻着一名女子，背后有一个大屏幕，上面显示拉登的照片和生卒年月（1957—2011）。在他们旁边的地上，一名流浪汉躺着，一动不动，还有一个人在乞讨，而街道两旁的商店都已经关门大吉，失业状况非常严重。两人亲吻的照片是模仿 1945 年 8 月 14 日《生活》杂志的摄影师艾森斯塔特（Alfred Eisenstaedt）在纽约的时代广场拍摄的著名照片。这一天，日本宣布接受《波茨坦公告》，向盟军无条件投降。① 在时代广场，美国民众欢迎胜利的活动进入高潮，美国海军的一名水兵情不自禁地抱着街头一名护士亲吻。照片一周后发表在《生活》杂志上，由此成为庆祝胜利而激动欢乐的象征。漫画的作者评论说，如果当时的情景发生在今天，那么看起来会完全不同，人们不会有激动欢乐的感觉，因为拉登之死对减轻美国的经济困境和民众的痛苦毫无帮助。

第六幅漫画没有标题，作者也是 Ted Rall，发表于 2011 年 5 月 11 日。漫画描绘了 3 个人物，其中一个人坐在办公桌后面，桌上 CEO 的座签显示，他是公司的首席执行官。他背后的墙上一个相框中的照片是他在海边度假的情景，海

---

① 日本时间为 8 月 15 日，美国时间为 8 月 14 日。

中有一艘游艇，上方阳光照耀。相框下面两个便签，上面的文字分别如下："To do today: Lay off lots of workers"（今日安排：裁减很多员工）；"To do tomorrow: Give myself a raise"（明日安排：给自己加薪）。面对着他的是两名特种作战队员，前面的一个用枪对着他，窗外还有一个特战队员从直升机上吊下来，正破窗而入。漫画上部的一行文字为"Going after terrorists responsible for running and ending the lives of thousands"（追捕那些管理成千上万人生活的人，因为他们也是毁掉这些人生活的人）。漫画的寓意是，拉登被击毙了，现在应该去抓捕真正的恐怖分子，他们就是那些公司的高管，他们是导致美国经济困境、给民众带来巨大痛苦的罪魁祸首，是真正的恐怖分子。

四、党派之争

在反恐问题上，美国共和党长期采取强硬立场，主张通过军事手段解决问题。民主党在税收、医保、移民、枪支管制、堕胎等问题上的立场与共和党有巨大分歧，但在反恐政策上被迫追随共和党。尽管如此，共和党一直指责民主党的反恐立场软弱，没有能力保卫美国的安全。这也是共和党候选人布什在2004年的总统大选中勉强战胜民主党候选人克里的重要原因。在2008年的总统大选中，民主党候选人奥巴马以压倒性的优势击败共和党候选人麦凯恩。奥巴马政府在反恐战争中取得了刺杀拉登这样巨大的胜利，而布什在两届政府任期内都没有抓到拉登。共和党一方面对拉登被刺杀感到高兴，另一方面对民主党领导下的政府取得这样的成绩感到嫉妒和尴尬。下面几幅漫画表现了这种态度。下面分析8幅有代表性的漫画。

第一幅漫画没有标题，作者是Nick Anderson，发表于2011年5月9日。漫画中一艘巨大的航母占据画面的主要部分，一个袋子被从航母上丢到海中，上面的姓名显示为bin Laden。航母旁边的一艘小船上一个人在指责："That's an awfully cushy body bag. I told you Demoncrates were soft on terror.（装拉登遗体的袋子过于舒适了。我告诉过你们，民主党在反恐方面是软弱的。）"小船上人物旁边的名字是Cheney，指布什政府的副总统切尼。漫画的背景是，美国于2011年5月2日把拉登的遗体，按照伊斯兰教传统的要求进行处理后，装进一个有重物的袋中后投入阿拉伯海北部海域。民主党政府刺杀拉登取得成功，这是反恐战争中的巨大胜利，但共和党依然没有停止对民主党的指责。

第二幅漫画的标题是"Tatoo Regret"（文身遗憾），作者是Rob Rogers，发表于2011年5月6日。漫画描绘了一头大象，手中拿着一本书，书名为"Tattoo Removal for Dummies"（文身去除傻瓜教程）。大象的前胸上有一个很醒目的文身，是一只凶猛的秃鹰，另有一行字，内容是"Dems are weak on terror"（民主党在反恐问题上软弱无力）。在美国政坛，共和党的标志是大象。面对奥巴马领导的民主党政府取得了刺杀拉登的胜利，共和党显得十分尴尬，因为无法再指责民主党在反恐问题上软弱。

第三幅漫画没有标题，作者是 Paul Berge，发表于 2011 年 5 月 6 日。漫画由 4 幅画面组成，都描绘的是一家广播电台主持人。这些画面的文字分别如下。

(1) As I've been saying for 18 months, it's time for Barack Obama to stop pinning blame for our economy on George W. Bush.（我过去的 18 个月中一直在说，奥巴马不应再继续把美国经济的不景气归咎于小布什。）

(2) The economy, the debt and the deficit all belong to Obama now.（经济不景气、债务和财政赤字现在都是奥巴马政府的责任。）

(3) Afterall, he's be in office over two years? Let's take some of your calls.（毕竟，奥巴马已执政不是超过两年了吗？现在我们接听一些听众的电话。）

(4) Aint' it great that we finally killed Osama bin Laden? And we can thank George W. Bush.（我们最终击毙了拉登，这难道不是一个重大的好消息？我们应该感谢布什。）

显然，主持人的言论明显偏向共和党。漫画的意图实际上是在讽刺共和党。无论民主党有什么样的良好表现，共和党都是不会接受的。

第四幅漫画的标题是"Mission Accomplished"（完成任务），作者是 Douglas MacGregor，发表于 2011 年 5 月 12 日。漫画描绘了 3 个人站在草地上。其中一个人举着一个牌子，上面的文字是"Mission Accomplished"。旁边的草地上站着两个人，红色衣服的人戴着一个大象模样的面具，代表共和党；蓝色衣服的人戴着驴子模样的面具，代表民主党。共和党人在说"That's called 'grand standing'（这是'哗众取宠'）"，而民主党人的回答是"No, that's getting the job done（这不是哗众取宠，而是完成工作）。"漫画表现了两党之间的矛盾。

第五幅漫画没有标题，作者是 Steve Kelley，发表于 2011 年 5 月 3 日。漫画描绘了两个人物。其中拿着报道拉登被击毙的报纸的人是特朗普（Donald Trump），在办公桌前坐在椅子上的人是奥巴马。特朗普左手向前伸出，要求奥巴马提供拉登的死亡证明，由此对拉登之死提出疑问。奥巴马右手放在额头上，一脸苦恼。漫画的背景是，特朗普在 2016 年参加总统选举之前，已多次尝试参加选举，尤其是 2012 年的总统选举。2011 年时，特朗普希望扩大自己的影响力，为总统选举造势，于是在许多媒体的采访中不断对奥巴马的出生地提出疑问，认为奥巴马不是在美国自然出生的公民，没有资格担任总统。即使在奥巴

<<< 第九章 政治漫画

马的出生地夏威夷州卫生部公布了奥巴马的出生证明文件后，特朗普仍然不断质疑。① 漫画的寓意是对特朗普及其所在的共和党进行讽刺。

第六幅漫画的标题是 The Certificate（证书，证明），作者是 Clay Bennett，发表于 2011 年 5 月 3 日。漫画中有两个表格。下面的一张为奥巴马的出生证明，另一张为拉登的死亡证明。死亡证明显示，拉登死于 2011 年 5 月 1 日下午 3：30；男性，出生于 1957 年 3 月 10 日，死亡原因为枪伤。漫画的寓意是讽刺特朗普等共和党人不断传播关于奥巴马的出生地不是美国的谣言。

第七幅漫画的标题是"bin Laden"（拉登），作者是 Rob Rogers，发表于 2011 年 5 月 3 日。画面中心的人是奥巴马，身后躺在地上的人是拉登，只露出两条腿，面对着奥巴马的是一群举着美国国旗的民众。其中一个穿绿色西装、戴绿色礼帽的人张着大口，说："I'm gonna need to see a death certificate.（我需要一个死亡证明。）"而奥巴马在展示一个书面文件，并解释说："He's not only merely dead… He's really most sincerely dead.（他不仅仅已经死亡……他是真真切切的死亡了。）"着绿色西装的人的礼帽上的文字是 Birther，指以特朗普为首的、怀疑奥巴马出生地不是美国的一些人。漫画旨在讽刺以特朗普为首的共和党人。

第八幅漫画的标题是"The Bottom Line on Osama"（关于奥萨马问题的底线），作者是 Bruce Plante，发表于 2011 年 5 月 5 日。画面有两名潜水员在海底，一名潜水员对装在袋子里的拉登遗体进行生物化学分析，根据 DNA 确定遗体是拉登本人后，问另外一名潜水员是否相信。另一名潜水员双手抱在胸前，提出问题："How do I know it's not photoshopped, Mr. President?（总统先生，怎样才能知道这不是用 Photoshop 软件处理而成的图片呢？）"漫画的目的是讽刺那些对拉登之死提出怀疑的人。

五、对巴基斯坦的不信任

"9·11"事件发生前，巴基斯坦是国际社会中承认塔利班政权的少数几个国家之一，并向塔利班提供援助。"9·11"事件后几个小时，巴基斯坦总统穆沙拉夫向全国发表演讲，谴责袭击事件，并宣布支持美国的反恐行动。随后，巴基斯坦在长达 10 年的反恐战争中与美国合作，并招致塔利班的多次恐怖袭击。但是美国一直怀疑巴政府与塔利班和"基地"组织有秘密的合作。2011 年 5 月 1 日，美国特种作战部队突袭了拉登在巴基斯坦阿伯塔巴德的住所，并击毙

---

① PROKOPA A. Trump fanned a conspiracy about Obama's birthplace for years. Now he pretends Clinton started.［EB/OL］. vox, 2016-09-16.

拉登。这座小城在巴首都伊斯兰堡以北约 60 千米，是巴基斯坦军事学院所在地。美国怀疑巴军方情报部门一直知晓拉登的居住地，但没有向美国提供相关情报。而巴基斯坦军方对美国采取突袭行动前没有通知表示不满，认为美国根据巴方提供的情报确定了拉登的藏匿地点，但却没有与巴方分享情报。下面一些漫画反映了美国政府和公众对巴基斯坦的不信任。下面分析 6 幅有代表性的漫画。

第一幅漫画的标题是"Pakistan Aid"（对巴基斯坦的援助），作者是 Mike Keefe，发表于 2011 年 5 月 6 日。漫画描绘了两位男士。一位男士身着西装和礼帽，礼帽上的星条旗标志象征美国；另一位男士身着军装，军帽上有"巴基斯坦"字样，左胸部的姓名标志为基亚尼（Kayani）。基亚尼时任巴陆军参谋长。基亚尼说："Your unilateral attack on bin Laden threatens our unique relationship. We demand a formal apology! You can send it along with the foreign aid check.（你们对拉登的单方面袭击损害了我们两国的独特关系。我们要求你们正式道歉！你们可以给我们提供援助时正式道歉。）"漫画旨在说明巴基斯坦是不可靠的盟友。

第二幅漫画没有标题，作者是 Randy Bish，发表于 2011 年 5 月 8 日。漫画中，一名军人在办公室里，坐在旋转椅上，似乎在放声大笑，对巴基斯坦有恐怖分子的说法嗤之以鼻。他说的话如下："Terrorists? Here? Don't be silly.（恐怖分子？在这里？别傻了。）"下面的文字说明他的身份："Quincy Magoo, director of Pakistani Military Intelligence"（巴基斯坦军事情报局局长昆西·马古）。在他坐的旋转椅背后有三名恐怖分子，下面还有一名恐怖分子，而椅子左边还有两名恐怖分子，其中一名伪装成落地台灯，另一名举着十个指头示意。桌子下面有两名恐怖分子一团漆黑，只有四只眼睛闪着亮光。在办公桌旁边的废纸篓中也躲藏着一名恐怖分子。巴基斯坦军方负责情报事务的机构是三军情报局（ISI），而不是军事情报局，其当时的局长是艾哈迈德·舒亚·帕夏。漫画中的机构和人物都是虚构的。其中马古是 1949 年一部美国动画片中的主人公，眼睛高度近视，但自己却不承认近视。

第三幅漫画没有标题，作者是 Chip Bok，发表于 2011 年 5 月 4 日。漫画中，一名军人胸前挂着一幅告示牌，文字为"Abbottabad Maps to the Terrorists"（给恐怖分子的阿伯塔巴德地图），而他的双手中各举一张告示，上面的文字是"Pakistan Vacations"（欢迎到巴基斯坦度假）。漫画的目的显然是讽刺巴基斯坦军方包庇恐怖分子。

第四幅漫画的标题是"Pakistan Eye Care"（巴基斯坦看眼科医生），作者是 Deb Milbrath，发表于 2011 年 5 月 12 日。漫画中有两个人，一个是眼科医生模样，另一个身着军装，在看一个视力表。医生问他是否能看清第二行的字母 OBL，代表拉登的名字的缩写（Osama bin Laden），对方回答说看不见。漫画讽刺巴基斯坦，认为拉登居住在巴军方眼皮底下六年之久，对方却毫不知情。

第五幅漫画的标题是"Sharkistan"，把 shark（鲨鱼）和 Pakistan（巴基斯坦）组合起来，作者是 Rob Rogers，发表于 2011 年 5 月 5 日。漫画中巴基斯坦被塑造为一个大鲨鱼的形象，担任救生员，美国被塑造为一个准备下水游泳的人。救生员告诉游泳者："All clear.（警报解除，平安无事。）"而游泳者说："Maybe it's time for a new lifeguard.（可能需要换个救生员了。）"实际上大海里面有许多鲨鱼游动。救生员之所以报告说很安全，是因为他本身就是一个大鲨鱼。漫画讽刺巴基斯坦在反恐战争中是不可靠的盟友。

第六幅漫画的标题是"After bin Laden"（追捕拉登），作者是 Sage Stossel，发表于 2011 年 5 月 5 日。漫画中有两扇门，一扇门上的文字是"Pakistan"（巴基斯坦），另一扇门上是美国国旗。画面中有两个人，一个着便装，从代表巴基斯坦的门走进来，代表巴基斯坦。还有一名着美国军装的人也从该门中走出来，背着一个用于捕杀有害动物的药剂罐，左手抓着一只野兽的尸体，上面的字样显示为 Osama，右手拿着药剂罐的喷管。巴基斯坦人站在自己的大门口，向美国抗议说"This is private property"（"这里是私人领地"），而他的门边还有一只野兽。

六、认为恐怖主义将继续存在

拉登被刺杀以后，美国公众在欢庆胜利的同时，并没有天真地认为恐怖主义问题已得到解决。相反，大部分人认为，尽管拉登已死亡，但恐怖主义仍将持续。下面分析 4 幅有代表性的漫画。

第一幅漫画的标题是"Still Going"（仍将持续），作者是 Adam Zyglis，发表于 2011 年 5 月 10 日。漫画中，拉登的头颅被斩下，放在地上，而一名被隐喻为兔子的恐怖分子手里拿着一个鼓，鼓上的文字是"terrorism"。兔子是西方文化中复活节的标志，象征着多产与富饶，因其有很强的繁殖能力。漫画的寓意是，恐怖分子像兔子一样，不断大量地产生，不会随着拉登的死亡而结束。因此，传递的信息是美国发动的反恐战争会继续。

第二幅漫画没有标题，作者是 Adam Cleaves，发表于 2001 年 10 月 3 日。漫画中有 3 个人物，两个人物在高举双手欢呼，一个人在喊"bin Laden is dead"（"拉登死掉了"），另一个人说"We're No. 1"（"我们是世界头号强国"），还有一个人把双手摊开，表示无奈，说"Why do I still feel so afraid"（"为什么我还感到恐惧"）。

第三幅漫画的标题是"Killing bin Laden"（杀死拉登），作者是 Douglas

MacGregor，发表于2011年5月2日。漫画中，一个伐木工人手拿着一把电锯，站在一个树干被锯掉后剩下的树桩上，电锯上有美国的国名和国旗。树桩的地下部分有许多粗壮的树根，已开始长出幼苗，树根上的文字是"terrorist network"，显示这代表恐怖主义网络。被锯掉的树干，隐喻拉登被斩下的头颅，上面也开始长出幼苗。伐木者看着这些幼苗，目瞪口呆，不知所措。

第四幅漫画的标题是"War on Terrorism"（反恐战争），作者是Clay Bennett，发表于2011年5月4日。漫画中一男子站在岩石嶙峋的荒地上，左手持一把钢刀，刀上还在滴血，右手拎着一个响尾蛇，蛇的头部已被砍下，地上血迹斑斑。男子的裤子和礼帽上是美国的星条旗标志，显然是代表美国，而响尾蛇身上的文字是"Osama bin Laden"，代表拉登。男子在向大家展示其战斗的成果，却没注意到在周围的乱石之中有一些蛇卵已经孵化，许多小的响尾蛇已破壳而出。漫画的寓意是，作为恐怖主义首领的拉登虽然死亡，但更多的恐怖分子正在滋生，"基地"组织仍然在活跃。

第四节 小 结

作为图片的一种形式，政治漫画是重要的模态，因此在多模态分析中占有重要地位。目前的多模态分析手段只适合于研究者选择自己感兴趣的一幅或多幅图片进行深入的考察，而我们的目的是通过考察大量的政治漫画揭示反恐话语的形象塑造策略，以往的分析手段显然不太合适。因此，我们没有采取多模态研究中常用的一些分析工具，而是仍然把重点放在漫画中由图片和文字的组合所构成的内容上。这样更有利于我们进行更广泛的分析。本章的分析表明，美国主流媒体上的政治漫画是反恐话语的重要组成部分，对于塑造美国政府的正面形象和以拉登为代表的"基地"组织的负面形象发挥了重要作用。

第十章

民族认同与民族神话

美国政府使用了各种话语策略实现对舆论的操纵，从而使公众立场向有利于其政治目标的方向偏移。从前面各章的分析可以看出，这些话语策略都与美国文化中许多根深蒂固的观念有密切关系。正是因为它们能够激活公众集体记忆中许多根本的、无意识的观念，所以产生了强烈的意识形态作用。本章考察反恐话语如何通过民族认同和民族神话的作用建构和强化美国公众的团结一致，把美国置于道义高地，从而使反恐战争得到国内民众的广泛支持。

第一节 民族认同与民族神话的概念

一、民族认同

民族认同是一个民族共同的自我形象，是通过共同的历史、神话、符号、语言和文化规范，以及作为一个政治共同体的成员而形成的自我认识。民族认同的作用在于使群体内的成员与群体外的成员之间划出边界，使两者有明显区分。这就像人们根据很多标准把一个群体的成员与另外一个群体的成员区分开。例如，在家庭层面，人们会把家庭成员与非家庭成员区分开，而社会中还存在不同的社会阶层，每个阶层都有与其他阶层区分开的标准。人们通常会选择忠诚于自己所在的群体，即产生认同或归属感。

关于民族认同的起源有两种有影响力的观点。一种观点被称为原生论（primordialism），认为民族完全是一个基于历史、文化和神话而产生的实体。这一观点强调群体成员共同的起源和情感。例如，出生于一个特定的宗教群体或特定的地域，以某种语言为共同的母语，或者参加某些传统和仪式。这些共同之处都会促使群体成员产生密切的关系，相互之间有亲近感和忠诚感，从而作为一个民族形成的基础。共同的起源不一定是一个客观的现象,大部分情况下群体成员相信自己具有共同的起源,这比客观事实更重要。另一种观点被称为现代论(modernism),认为民族完全是一个现代现象,主要是工业化后在欧洲出现的。根据这一观点,共同的族群和文化起源不太重要,因为并非所有现代的民族国家都具有这些。促进民族产生的因素包括工业化、新兴的资本主义经济体制,以及由于印刷业的发展而导致的图书和报刊的普及,进而使某种方言成为通用语。

在学术界,现代论的影响力大于原生论,尤其是 Anderson(1983)提出的民族作为想象出来的政治共同体(imagined political community)的观点。Anderson 认为,即使是最小的一个民族的成员也从来不会认识其他大部分成员,与他们见过面,或者听说过他们,但是他们在心目中认为自己属于同一个团体,因此民族是由其成员想象出来的、社会建构而成的共同体。共同体的成员之间存在感情的纽带,即使其内部存在不平等和剥削现象,也不影响成员彼此怀有的亲近感情。根据 Anderson 的分析,印刷资本主义(print capitalism)是促使想象的共同体形成的关键因素。随着印刷业的发展,为了扩大发行量,大量的图书和报刊的印刷采用各地的方言而不是拉丁语这样只有少数人掌握的语言。由此,各地不同方言的人们可以相互理解,从而产生共同的话语,这是近代欧洲民族国家形成的关键因素。

在民族认同的建构过程中,符号起着至关重要的作用。全国统一的时钟、日历、节日,全国性的报纸、电视和广播、国歌和国旗等都是建构民族认同的重要符号。例如,人们不仅关注本地发生的事件,而且关注同一国家内遥远的地方发生的事件,即使这些与自己没有关系。甚至像天气预报这样的活动都有建构民族认同的作用,因为不同地区的人们相互了解对方所在地区的天气情况,对这些地区可能与自己有关的人产生关切。在各种符号的反复作用下,人们会在心理上不断地强化自己作为同一个民族成员的意识,互相产生亲近感情,为了共同的利益做出努力。这种心理上的认同在国际关系领域尤其重要,其作用在于确保民族受到威胁时,各种更小的群体受到压制,不同成员作为整体的能力被动员起来对其进行保卫。例如,基于共同的族裔、家族或宗教而形成的各种小的群体的身份被压制,而服从于作为民族这一更大群体的成员的身份。当一个民族遇到危机时,其政治领导人会努力突出并强化民族认同,从而有效地动员公众支持其政治目标。

二、民族神话

在民族认同建构的过程中，神话是一个关键因素。神话本质上是一种叙事，存在于宗教和社会两个层面。首先，在宗教层面，神话指各个民族所创造出来的各种与神有关的叙事或宗教性的叙事，以解释世界（包括人类）的起源、世界的重大事件、世界秩序背后的原理等。这一意义上的神话表达了每个民族早期的人们的宗教价值观和规范，为人们提供可以模仿的行为模式，确立各种神灵的地位，并规定各种有一定目的的仪式。例如，中国神话认为，女娲是中华民族的祖先，以泥土创造生命，并在天塌时炼石补天拯救人类。女娲一直被中国民间广为崇拜。希腊神话则认为，普罗米修斯用泥土创造了人类，并从太阳神阿波罗那里盗取了火种，将其传给人类。而《圣经》的《旧约全书》第一卷《创世记》记载，上帝创造世间万物，尤其是用尘土造出人类第一个男性亚当，并用亚当的一根肋骨造出了第一个女性夏娃。这一神话在基督教世界中影响巨大。

在社会层面，民族神话指每个民族所确立的各种促进自己正面形象的叙事。与宗教神话不同，这些叙事是与一个民族有关的历史事件的官方版本，旨在确立该民族正面的自我形象。官方对各种历史事件进行选择、组合或加工，把本民族塑造为比其他民族更优秀的群体。社会层面神话的作用在于把本民族与其他民族区分开，证明自己存在的价值，保护自己的利益，从而确立民族优越感和自豪感。任何民族，无论是最强大的还是最弱小的，都有自己的社会神话，把自己建构为优秀的民族，区别仅仅在于有些民族会采取极端的立场，认为自己的地位凌驾于所有其他民族之上，应作为其他民族的领导者，而有些民族会采取温和的立场，主张各个民族应平等相处。社会神话按照国家领导阶层的意志创造，并通过各种政治机构和文化机构传播，包括学校、教会和大众媒体（Deutsch, 1953）。

社会神话创造和传播的一个重要载体是学校中使用的历史教科书。历史教科书应向学生提供关于一个国家过去的重要事实的叙事，这些叙事应是全面、真实的。但是，任何历史教科书都体现了特定的立场和看待世界的方式。哪些事实应包括在教科书中，哪些事实应排除在外，特定的事件应怎样予以叙事，编撰者在判断时总会有自己特定的视角。而这一视角体现出来的价值观很多时候都是默示的，但它们会对读者产生强大的影响。教科书的许多事实和细节可能会被读者忘记，但它们形成的总体认识和印象会一直保持在读者记忆中。有一些国家的历史教科书为了塑造自己民族的正面形象，不惜歪曲事实，掩盖其历史上不光彩的行为。例如，自20世纪80年代开始，在日本右翼势力的推动下，日本国内一些否认、篡改，甚至美化其军国主义侵略历史的教科书通过日本文部省审定。这些教科书在伪满洲国、"七七事变"、"慰安妇"、南京大屠杀、"731细菌战"部队等许多与侵略中国和其他亚洲国家有关的重要事实上，或者删除其中一些内容，或者改变措辞，为日本的侵略行为辩护。这些教科书受到包括中国在内的许多亚洲国家的强烈谴责。

第二节 美国的民族认同与民族神话

所有文化都有塑造集体意识和民族认同的神话。神话试图对现实进行描述和美化，从而为个体或社会提供道德和精神层面的意义（Bellah，1992）。美国文化中创造的民族神话体现在很多方面，其中体现其核心价值观的神话有以下四个，它们之间存在密切的联系。

一、大熔炉与美国梦

大熔炉（Great Melting Pot）与美国梦（American Dream）是理解美国文化的两个重要神话。根据大熔炉隐喻，不同族裔背景的移民来到美国后，都会被融合为一个和谐的群体，拥有共同的价值观。而与这一隐喻有密切联系的美国梦指美国被认为是一个充满机遇的国度，任何人，无论任何背景，都可以来到美国，通过勤奋工作取得成功。这就像一个炼金炉一样，各种元素进入其中后，出来变成金子。这意味着，移民到美国的人不应保留其各自独特的性质，而应被同化到美国的主流文化中。

根据这两个神话，美国国内的经济和政治机遇是无限的，并拥有极高的社会流动性，任何人的家庭背景和阶层背景都不应成为其取得成功的障碍。美国历史上有许多出身卑微的移民最终在工商界或政界取得成功的例子。例如，19世纪后期的美国的钢铁巨头安德鲁·卡内基是苏格兰移民，家境贫寒，却在没有资本、专业知识和技术的情况下，白手起家，最终使其创办的钢铁公司成为世界上规模最大的钢铁企业。而美国第16任总统林肯同样出身贫寒，没有接受过正规教育。为了谋生，他曾从事过各种工作，但热爱读书，通过自学成为律师，后来进入政界，最终当选为总统。

二、山巅之城

美国政治话语中一个重要的观念是"山巅之城"的说法，即美国把自己视为民主和自由的典范国家，是国际社会的领导者，负责引领其他国家。这一说法可以追溯到1630年7月2日英国新教牧师温斯罗普（John Winthrop）布道时的话。温斯罗普是一名清教徒领导人，他在开往波士顿的"阿贝拉号"轮船上向移民们布道，其布道词的题目是"基督慈善的典范"（A Model of Christian Charity）。他在布道中强调，所有移民应怀有仁慈之心，行为正当，谦虚团结，相互友爱。其中提到了山巅之城。

（1）"Now the only way to avoid this shipwreck and to provide for our posterity is to follow the Counsel of Micah, to do Justly, to love mercy, to walk humbly with our God, for this end, we must be knit together in this work as one man, we must entertain each other in brotherly Affection...for we must Consider that <u>we shall be as a City upon a Hill</u>, the eyes of all people are upon us; so that if we shall deal falsely with our God in this work we have undertaken and so cause him to withdraw his present help from us, we shall be made a story and a byword through the world..."

温斯罗普提到的山巅之城来自《圣经·新约全书》的《马太福音》第五章第14节中耶稣所说的："你们是世上的光。城造在山上，是不能隐藏的。（You are the light of the world. A city that is set on a hill cannot be hidden.）"温斯罗普带领的1000多名移民在波士顿建立殖民地，希望可以按照自己的意愿信仰宗教和生活。他们把《圣经》视为法律和日常生活的权威依据，任何不赞同《圣经》思想的人或提出不同思想的人都被从殖民地放逐。温斯罗普告诉移民们，他们将要建立的新社会与上帝有一个特殊的契约，他们被上帝选中领导其他国家，他们将要建立的殖民地应成为其他人模仿的典范。①

山巅之城的说法在美国政界受到广泛欢迎，尤其是由于肯尼迪和里根的使用而成为历任总统在演讲中最喜欢使用的说法。1961年1月9日，当选总统的

---

① 据一些专家考证，温斯罗普的布道原稿直到1838年才由纽约历史学会出版，在整个19世纪没有受到多少注意。从当时的语境判断，他领导建立波士顿殖民地时，希望为后来的殖民地提供一个经验或教训。他在布道中强调的是移民们之间应和睦相处，互帮互助，其中没有任何地方强调向外传播民主和自由，也没有强调自己优越于其他民族。而且，他反对建立民主政府，认为这是各种政府形式中最糟糕的。

肯尼迪在马萨诸塞州议会发表演讲中使用了"山巅之城"的说法。

(2) "... I have been guided by the standard John Winthrop set before his shipmates on the flagship *Arbella* three hundred and thirty-one years ago, as they, too, faced the task of building a new government on a perilous frontier. 'We must always consider', he said, 'that we shall be as a city upon a hill—the eyes of all people are upon us.' Today the eyes of all people are truly upon us—and our governments, in every branch, at every level, national, state and local, must be as a city upon a hill—constructed and inhabited by men aware of their great trust and their great responsibilities. For we are setting out upon a voyage in 1961 no less hazardous than that undertaken by the *Arbella* in 1630. We are committing ourselves to tasks of statecraft no less awesome than that of governing the Massachusetts Bay Colony, beset as it was then by terror without and disorder within. History will not judge our endeavors—and a government cannot be selected—merely on the basis of color or creed or even party affiliation. Neither will competence and loyalty and stature, while essential to the utmost, suffice in times such as these. For of those to whom much is given, much is required ..."

—Kennedy, 01-09-1961

里根是使用"山巅之城"说法最频繁的总统。里根在担任加利福尼亚州州长时,曾在1974年1月25日的第一届保守主义政治行动大会上发表了题为《我们将成为山巅之城》(*We Will Be a City Upon a Hill*)的演讲,并声称美国是地球上人类最好的、最后的希望。

(3) "Standing on the tiny deck of the Arabella in 1630 off the Massachusetts coast, John Winthrop said, 'We will be as a city upon a hill. The eyes of all people are upon us, so that if we deal falsely with our God in this work we have undertaken and so cause Him to withdraw His present help from us, we shall be made a story and a byword throughout the world.' Well, we have not dealt falsely with our God, even if He is temporarily suspended from the classroom...

"We are, indeed, and we are today, the last best hope of man on earth."

—Reagan, 01-25-1974

1980年11月3日,里根在总统大选前夜发表题为《美国的愿景》(*A Vision for America*)的演讲,其中7次提到山巅之城或山巅闪耀之城。例如:

(4) "I have quoted John Winthrop's words more than once on the campaign trail this year—for I believe that Americans in 1980 are every bit as committed to that vision

of a shining 'city on a hill,' as were those long ago settlers …

"These visitors to that city on the Potomac do not come as white or black, red or yellow; they are not Jews or Christians; conservatives or liberals; or Democrats or Republicans. They are Americans awed by what has gone before, proud of what for them is still…a shining city on a hill."

—Reagan, 11-03-1980

1989年1月11日,里根在告别演讲中强调自己在政治生活中总是会提到山巅之城,说明自己想象中的山巅之城应该是什么样的。

(5) "I've spoken of the shining city all my political life, but I don't know if I ever quite communicated what I saw when I said it. But in my mind it was a tall, proud city built on rocks stronger than oceans, wind-swept, God-blessed, and teeming with people of all kinds living in harmony and peace; a city with free ports that hummed with commerce and creativity. And if there had to be city walls, the walls had doors and the doors were open to anyone with the will and the heart to get here. That's how I saw it, and see it still."

—Reagan, 01-11-1989

美国只是在最近的历史才称得上山巅之城,受到一些国家的仰视和追随。美国是"二战"中战胜法西斯德国和日本的领袖和主力,并在战后取代英国成为所谓"自由世界"的领导者,占领了国际政治的道义高地。美国在20世纪70年代时,受到越南战争的影响,经历严重的经济衰退和国内社会分裂,其国际威望大幅下降。1991年苏联解体,美国领导的西方阵营取得冷战胜利,再次占据道义高地。并且,在1991年的海湾战争中,美国领导的多国部队击败伊拉克,把科威特解放出来,其国际威望达到顶峰。①

三、美国例外论

美国例外论(American Exceptionalism)的思想在独立战争前就已萌芽。1776年,托马斯·潘恩出版了题为《常识》(Common Sense)的小册子,首次宣称,美国不是欧洲的延伸,而是一个新的国度,一个拥有几乎无限潜力和机遇的国家,殖民地应反抗英国的君主暴政,建立共和政体,权力归属于人民,而不是世袭的统治阶级。这些观点受到殖民地人民的广泛欢迎,对美国独立革命

---

① 张睿壮. 山巅之城今安在 [N]. 人民日报, 2016-10-16.

产生了深远的影响。

美国例外论这一概念本身由托克维尔于 1831 年首次访问美国时提出。托克维尔认为，美国的民族认同的形成与其他民族国家不同，不是建立在共同的历史或族裔的基础上，而是主要基于共同的信仰。这些信仰包括自由、平等主义、民主和自由竞争的经济体制。无论是古代还是现代，有许多国家都认为自己在世界上有特殊的地位和作用，甚至也有一些像美国一样，认为自己是被上帝选中领导世界的国家。近代和现代历史上，大英帝国、以色列、纳粹德国都曾宣称自己民族是与众不同的、优秀的民族，而古代历史上的罗马帝国和各种小的王国及部落都宣扬过自己是优秀民族。它们都提出各种各样的所谓的证据，来说明自己与其他民族相比的优越之处。这些证据会从本国的地理环境、文化背景、神话传说和政治目标等方面去寻找。

不同历史时期的美国政治话语中有各种各样的观点，但都宣称美国比其他民族更优秀，应把美国的政治体制和经济体制输出到其他国家。托克维尔在《论美国的民主》（法文书名 De la démocratie en Amérique，英文书名 Democracy in America）一书中强调，美国的民主思想渗透到社会和文化的每个方面，在当时（19 世纪 30 年代）是先进的体制。同时代的欧洲大陆各国还处在君主专制下，英国是君主立宪制国家，也非共和制。美国的共和体制在当时代表了与历史的决裂，标志着一个新的社会制度的产生，其建国的基础原则是自由、人权和自治。美国的开国领袖们希望能够避免其他国家存在的大规模贫困和阶级冲突，把美国建成一个人民自由平等的国家，并成为一个捍卫自由和民主的善意的大国。

美国例外论的神话使美国政府为了自己的利益在进行海外秘密行动或战争行动时，总是以保护民主和自由为借口。在很多情况下，美国政府认为自己的行为不应受到国际法的约束。"二战"以后，美国政府把美国例外论推行到极致，成为在全球范围内扩张霸权的国家。1991 年，冷战的结束使其自信达到顶峰，之后越来越频繁地使用武力进行海外干预行动，甚至在没有联合国授权的情况下以军事手段推翻一些国家的合法政府。这种霸权主义行为使其国际信誉受到很大损害。

四、天定命运论

天定命运论（Manifest Destiny）是 19 世纪 40 年代出现的神话，被美国作为其在北美大陆和海外扩张的理论依据。当时美国的民主党人主张把俄勒冈地区、得克萨斯、加利福尼亚和新墨西哥都兼并为美国领土。①他们宣传的观点是，上帝在世界众多民族中选择了美利坚民族，赋予其特殊的恩惠和权利。美国按照上帝的旨意承担特殊的角色，负责拯救世界，在世界的各个地方传播自由和民主，并且在必要时可以使用武力。他们宣扬美国应把自由和民主扩展到整个北美大陆，甚至向海外扩展，直到所有地方都实现自由和民主。

在天定命运论的指引下，美国不断扩张，与英国通过谈判获得俄勒冈地区的大片土地，通过战争夺取了墨西哥超过其面积一半的领土，从沙皇俄国购买了阿拉斯加，兼并了夏威夷。而美国海外扩张的标志是其于1898年对西班牙发动的战争，目的是夺取西班牙殖民地古巴、波多黎各和菲律宾。当时，古巴和菲律宾都爆发了反对西班牙统治的起义，遭到西班牙的镇压。美国发动战争的借口是把古巴和菲律宾人民从西班牙的殖民暴政中解放出来，实现民主和自由。但实际上，这只是为了夺取这些殖民地，实现自己走向全球霸权的第一步。美国取得战争胜利后，并没有允许菲律宾和古巴人民建立自由民主的政府。美国占领菲律宾后，拒绝了其独立的要求，转而对起义军残酷镇压，最终于1902年使其成为美国的殖民地。美国在古巴实行军事占领，一方面镇压古巴人民的民族解放运动，另一方面扶持建立亲美政府，并在古巴宪法中规定美国在古巴享有特权。这些事实充分说明，所谓的天定命运论只是为了便于美国向外扩张而提出的虚假口号。但是，这一神话在美国政治中长期存在，直到今天仍然是美国在全球维护其霸权的依据之一。

第三节　反恐话语中的民族认同与民族神话

以上讨论的民族神话对于塑造美国的民族认同具有重要的作用。在反恐话语中，这些相互密切联系的神话不断被提到并强化，对于动员美国国内民众的支持是至关重要的。

一、作为上帝选民的神话

布什把反恐战争建构为一场善与恶的斗争，美国被上帝赋予领导这场斗争

---

① 这是美国第7任总统杰克逊1825年创立的民主党，是美国民主党的前身，而其起源可以追溯至第3任总统杰弗逊1792年创立的民主共和党。

并拯救文明世界的责任。在以基督教为主要宗教的美国，这一神话有重大的影响。按照《圣经》的预言，世界末日会发生战争和自然灾难，人类获得新生，犹太人会回到上帝承诺赐予其先祖亚伯拉罕的土地。布什不断扩大恐怖主义的威胁，将反恐战争夸大为一场善与恶的决战，文明世界是否能够生存取决于这场意识形态的决战。① 在布什的话语中，"基地"组织等恐怖分子是没有任何政治诉求的，他们之所以袭击美国是因为他们痛恨美国的民主和自由的体制。

在反恐话语中，美国被塑造为受到上帝的委派，负责在全球范围内开展反恐斗争的形象。布什在多次演讲中都提到领导反恐斗争是上帝赋予美国的责任，美国愿意承担责任。例如：

(6) We cannot know all that lies ahead. Yet, we do know that God has placed us together in this moment, to grieve together, to stand together, to serve each other and our country. And the duty we have been given, defending America and our freedom, is also a privilege we share. We're prepared for this journey. And our prayer tonight is that God will see us through and keep us worthy.

—Bush, 09-11-2002

(7) My fellow citizens, we now move forward with confidence and faith. Our Nation is strong and steadfast. The cause we serve is right, because it is the cause of all mankind. The momentum of freedom in our world is unmistakable, and it is not carried forward by our power alone. We can trust in that greater power who guides the unfolding of the years. And in all that is to come, we can know that His purposes are just and true.

---

① 阿富汗战争的代号最初为 Operation Infinite Justice，但是受到宗教人士和媒体的批评，在伊斯兰教中，只有真主才能施行无限的正义。因此，布什政府把战争代号修改为 Operation Enduring Freedom。同样，布什政府曾经使用 crusade 的说法。例如：

(1) This crusade, this war on terrorism is going to take a while, and the American people must be patient. I'm going to be patient.

—Bush, 09-16-2001

(2) I want to tell you something: We've got no better friends than Canada. They stand with us in this incredibly important crusade to defend freedom, this campaign to do what is right for our children and our grandchildren.

—Bush, 02-116-2002

这里的 crusade 指一场坚定不移的斗争或运动，但其本义是中世纪时欧洲基督教国家对地中海东岸的伊斯兰国家发动的战争。由于这种历史联想，crusade 的使用引起广泛批评，因为很容易把美国发动的反恐战争理解为一场针对广大的伊斯兰国家发动的圣战。

第十章 民族认同与民族神话

—Bush, 01-20-2004

更多的时候，布什在演讲中使用 history（历史）一词，实际上是"上帝"（God）的同义词。布什宣称，历史在一个重要的时刻，把领导全球反恐战争、维护民主自由的使命（calling）赋予了美国，因此美国必须承担这一使命。例如：

(8) America is a nation full of good fortune, with so much to be grateful for, but we are not spared from suffering. In every generation, the world has produced enemies of human freedom. They have attacked America because we are freedom's home and defender, and the commitment of our fathers is now <u>the calling of our time</u>.

—Bush, 09-14-2001

(9) We stand for the permanent hopes of humanity, and those hopes will not be denied. We're confident, too, that history has an author who fills time and eternity with his purpose. We know that evil is real, but good will prevail against it. This is the teaching of many faiths, and in that assurance we gain strength for a long journey. It is our task — the task of this generation — to provide the response to aggression and terror. We have no other choice, because there is no other peace. We did not ask for this mission, yet there is honor in <u>history's call</u>. We have a chance to write the story of our times, a story of courage defeating cruelty and light overcoming darkness. This calling is worthy of any life, and worthy of every nation. So let us go forward, confident, determined, and unafraid.

—Bush, 11-10-2001

(10) As I've told the American people, freedom and fear are at war. We face enemies that hate not our policies, but our existence; the tolerance of openness and creative culture that defines us. But the outcome of this conflict is certain: <u>There is a current in history</u> and it runs toward freedom. Our enemies resent it and dismiss it, but the dreams of mankind are defined by liberty—the natural right to create and build and worship and live in dignity. When men and women are released from oppression and isolation, they find fulfillment and hope, and they leave poverty by the millions. These aspirations are lifting up the peoples of Europe, Asia, Africa and the Americas, and they can lift up all of the Islamic world.

—Bush, 12-11-2001

(11) <u>History has called us to these responsibilities</u>, and we accept them. America has always had a special mission to defend justice and advance freedom around

225

the world. Whatever the difficulties ahead, we are confident about the outcome of this struggle. Tyranny and terror and lawless violence will not decide the world's future. As Ronald Reagan said and as every generation of Americans has believed, the future belongs to the free.

—Bush, 04-30-2002

(12) Many challenges, abroad and at home, have arrived in a single season. In two years, America has gone from a sense of invulnerability to an awareness of peril; from bitter division in small matters to calm unity in great causes. And we go forward with confidence, because <u>this call of history</u> has come to the right country. Americans are a resolute people who have risen to every test of our time.

—Bush, 01-28-2003

(13) America rejects the false comfort of isolationism. We are the nation that saved liberty in Europe, and liberated death camps, and helped raise up democracies, and faced down an evil empire. Once again, we accept <u>the call of history</u> to deliver the oppressed and move this world toward peace. We remain on the offensive against terror networks. We have killed or captured many of their leaders—and for the others, their day will come.

—Bush, 01-31-2006

二、美国作为文明和自由的希望的神话

美国政府和媒体把反恐斗争建构为一场文明与野蛮之间的战争。美国被塑造为来自文明世界，而恐怖主义被塑造为来自野蛮世界。这一对立建立在一个重要神话的基础上，即美国的历史是一部向外扩展文明的历史。其目的不是追求领土、自然资源或奴役其他民族，而是把文明传播到世界各个角落。与此相反，抵抗美国扩张和侵略的民族和国家被塑造为生活在野蛮世界中，他们的本性是非理性的、暴力的、危险的。因此，他们对美国抱有敌视态度。

美国自取得独立战争胜利后，开始向西扩张，通过各种手段侵占北美原住民（印第安人）的土地，最终将印第安人从其原来居住的土地赶走，迁移到为其划定的所谓的保留地。按照美国第 5 任总统门罗的说法，印第安人依靠狩猎的生活方式只能存在于面积巨大的未耕种土地上，这种状态应服从于文明人口密集居住的压力，因为地球被上帝赋予人类，必须支撑其能够承受的最大数量人口的生存。在美国主流的文学、报刊和电影、电视作品中，白人被塑造为来自文明世界，他们诚实、勇敢、善良、有坚定的信仰；而印第安人被塑造为来

自野蛮世界,他们生性残忍、奸诈、富有攻击性。

把恐怖分子塑造为来自野蛮世界,这不仅与美国的民族神话一致,而且与西方国家关于历史的主流叙事一致,容易引起西方民众的共鸣。在西方的主流叙事中,所谓的文明世界多次受到"野蛮"民族的入侵。公元5世纪时,中欧和东欧的匈人帝国的首领阿提拉曾多次入侵西罗马帝国和东罗马帝国,并迫使西欧许多国家臣服。之后,西罗马帝国在许多日耳曼"蛮族"部落的攻击下灭亡。

布什在反恐话语中宣称,美国代表人类的希望,是自由和民主的灯塔。例如:

(14) America was targeted for attack because we're the brightest beacon for freedom and opportunity in the world. And no one will keep that light from shining.

—Bush, 09-11-2001

(15) Tomorrow is September the 12th. A milestone is passed, and a mission goes on. Be confident. Our country is strong, and our cause is even larger than our country. Ours is the cause of human dignity, freedom guided by conscience and guarded by peace. This ideal of America is the hope of all mankind. That hope drew millions to this harbor. That hope still lights our way. And the light shines in the darkness. And the darkness will not overcome it.

—Bush, 09-11-2002

(16) Because of the service of our military men and women, because our Nation has got a military full of the bravest and most decent people that I've ever met, America remains a beacon of hope for all around the world; America remains the place where peace has the best chance to be encouraged. We're doing the hard work now so generations of American kids can grow up in peace.

—Bush, 07-04-2004

布什在演讲中还宣称,平等和自由是普世的价值观,是上帝赋予人类的权利,所有地方的人们都应享有这些权利。美国在推广这些价值观时,并不是把自己的文化或政治体制强加于其他国家,而是帮助他们的人民实现这些权利。

美国决心把自由推广到世界的每个角落。①

(17) It's also important for people to know we never seek to impose our culture or our form of government. We just want to live under those universal values, God-given values. We believe in the demands of human dignity that apply in every culture, in every nation. Human beings should have the right to free speech. Women deserve respect and opportunity. All people deserve equal justice, religious tolerance. This is true in America. This is true in Afghanistan. These rights are true everywhere.

—Bush, 10-11-2001

(18) You know — but we have shown the world our greatest resources and our greatest strength, which is our national character — that we hold certain values to be true, that we've got tremendous compassion as a nation, that we're an optimistic people, and we're a resolved people, we are resolved to defend the peace of the world, that we are resolved to bring freedom to corners of the world that haven't seen freedom in generations, that we're determined to build the prosperity of our own country.

—Bush, 05-05-2003

(19) Fellow citizens, we've been tested these past 24 months, and the dangers have not passed. Yet Americans are responding with courage and confidence. We accept the duties of our generation. We are active and resolute in our own defense. We are serving in freedom's cause, and that is the cause of all mankind.

—Bush, 09-07-2003

(20) Thomas Jefferson understood that these rights do not belong to Americans alone. They belong to all mankind. And he looked to the day when all people could secure them…

---

① 这里讨论的例句都来自布什的演讲。这些思想在奥巴马的演讲中同样存在。例如：

(1) But I suspect they're also taking some time to reflect on the unique nature of what it means to be an American; to give thanks for the extraordinary blessings that we enjoy; to celebrate and uphold the ideas and values that have invigorated and sustained this democracy and made it the lasting beacon for all of the world.

—Obama, 07-04-2009

(2) But look around you. Look at the person standing next to you. You look around and you see the strength and resilience that will carry us through. You look at this installation and the forts that have stood watch over this bay and its people for centuries, through the rise and fall of empires, through a terrible Civil War, and as a nation healed itself, we became a beacon to the world. We've endured.

—Obama, 06-15-2010

We honor Jefferson's legacy by aiding the rise of liberty in lands that do not know the blessings of freedom.

—Bush, 07-04-2008

三、美国作为优秀民族的神话

反恐话语中不断强调的一个神话是，美国是一个善良、勇敢、乐观、慷慨、宽容的民族。这些被认为是美国的民族性格和核心价值观。例如：

(21) No, the true character of this great land has been revealed in adversity. Americans are generous to our neighbors in need. Americans are tolerant toward our fellow citizens of every background.

—Bush, 10-17-2001

(22) Above all, we will live in a spirit of courage and optimism. Our Nation was born in that spirit, as immigrants yearning for freedom courageously risked their lives in search of greater opportunity. That spirit of optimism and courage still beckons people across the world who want to come here. And that spirit of optimism and courage must guide those of us fortunate enough to live here.

—Bush, 11-08-2001

布什尤其在2001年9月14日祈祷和纪念日的演讲中，通过一些在"9·11"事件中及其后的一些个体的表现，来宣扬美国人民的勇敢和无私。

(23) This is true of a nation as well. In this trial, we have been reminded and the world has seen that our fellow Americans are generous and kind, resourceful and brave.

We see our national character in rescuers working past exhaustion, in long lines of blood donors, in thousands of citizens who have asked to work and serve in any way possible. And we have seen our national character in eloquent acts of sacrifice. Inside the World Trade Center, one man who could have saved himself stayed until the end and at the side of his quadriplegic friend. A beloved priest died giving the last rites to a firefighter. Two office workers, finding a disabled stranger, carried her down 68 floors to safety.

A group of men drove through the night from Dallas to Washington to bring skin grafts for burned victims. In these acts and many others, Americans showed a deep commitment to one another and in an abiding love for our country.

—Bush, 09-14-2001

(24) The thing that makes our nation so strong and that will ultimately defeat terrorist activity is our willingness to tolerate people of different faiths, different opinions, different colors within the fabric of our society.

—Bush, 10-11-2001

在美国作为优秀民族的神话中，团结是一个重要的成分，这是与大熔炉隐喻一致的。在反恐话语中，布什常常塑造美国民众在反恐战争中的团结一致，而将民众的分歧和差异减少到最低限度。例如：

(25) Today, we feel what Franklin Roosevelt called, "the warm courage of national unity." This is a unity of every faith and every background. This has joined together political parties and both houses of Congress. It is evident in services of prayer and candlelight vigils and American flags, which are displayed in pride and waved in defiance. Our unity is a kinship of grief and a steadfast resolve to prevail against our enemies. And this unity against terror is now extending across the world.

—Bush, 09-14-2001

(26) You know, obviously this is a time of great national unity. The evil ones struck, but they forgot who they were striking, evidently. They thought they were going to weaken us, but they didn't. We're strong and united.

—Bush, 10-12-2001

(27) Since September 11th, we've seen America more united and resolute than at any point in our lifetimes. We've seen a nation that is generous and patriotic and a nation that is determined to see justice be done.

—Bush, 10-15-2001

(28) This Nation is strong. This Nation is united. This Nation is resolved. This Nation will defeat terror wherever we find it across the globe.

—Bush, 10-17-2001

(29) Beyond all differences of race or creed, we are one country, mourning together and facing danger together.

—Bush, 01-29-2002

(30) We're a nation of patriots. The attacks of September the 11th and the attacks that have followed were designed to break our spirit. But instead, they've created a new spirit in America. We have a renewed spirit of patriotism. We see it in the countless flags that are flying everywhere in America. We hear it in familiar phrases that move us more deeply than ever before. We all know that this is one nation, under God.

And we pray that God will bless America, the land that we all love, regardless of our race, regardless of our religion, regardless of where we live.

—Bush, 10-30-2001

(31) September the 11th brought out the best in America, and the best in this Congress. And I join the American people in applauding your unity and resolve. Now Americans deserve to have this same spirit directed toward addressing problems here at home. I'm a proud member of my party—yet as we act to win the war, protect our people, and create jobs in America, we must act, first and foremost, not as Republicans, not as Democrats, but as Americans.

—Bush, 01-29-2002

四、"善意的"大国

美国文化和政治话语中的一个民族神话是，美国是一个没有历史的年轻国家，像一个天真（innocent）的儿童一样，无论是在国内政治还是对外政策上，遵循自己的原则，追求高尚的理想而不是为了自己的私利或权力。这样的定位不同于欧洲大国之间为了争夺领土、资源或海外殖民地而互相争斗，美国向海外扩张的目的是按照上帝的旨意，在世界范围内传播民主和自由。这样一个国家的政府和人民是不会作恶的，是没有过错的。由此可进一步推导出，对这样一个国家发动袭击的人或组织一定是邪恶的、有罪的。在反恐话语中，innocent 的使用频次很高，在我们收集的语料中出现频次为 503，分布在 233 个文本中。它既可以作为形容词，也可以作为名词使用。例如：

(32) Today we focus on Afghanistan, but the battle is broader. Every nation has a choice to make. In this conflict, there is no neutral ground. If any government sponsors the outlaws and killers of <u>innocents</u>, they have become outlaws and murderers, themselves. And they will take that lonely path at their own peril.

—Bush, 10-07-2001

(33) The hijackers were instruments of evil who died in vain. Behind them is a cult of evil which seeks to harm the <u>innocent</u> and thrives on human suffering.

—Bush, 10-11-2001

(34) These attacks are from some people who just are so evil it's hard for me to describe why. It's hard for us to comprehend why somebody would think the way they think and devalue life they way they devalue and to harm <u>innocent</u> people the way they harmed innocent people. It's just hard for all of us adults to explain.

231

—Bush, 10-25-2001

(35) Today, our Nation is challenged by a great conflict. We face new threats, and they require a fight on many fronts, both overseas and here at home. After September the 11th, I vowed to the world that we would bring to justice those who killed <u>innocent</u> women and children and men here in America.

—Bush, 11-28-2001

反恐话语中把美国塑造为一个理想主义的、"善意的大国"（benevolent power），为了使地球上每个国家的人民都能享受幸福的生活而向外输出民主和自由。在向外扩张的过程中，即使伴随着使用武力，也是为了对方的利益。这一神话完全是自欺欺人。

五、牛仔英雄的神话

布什在2000年总统大选中就把自己描述为一个淳朴但又坚毅果断的牛仔形象。这与其出身和教育背景并不相符。布什的祖父曾担任参议员，其父亲老布什曾担任一家石油公司高管，后担任过中情局局长、副总统和总统。布什本人获得耶鲁大学历史学专业学士学位，并获得哈佛大学工商管理硕士学位。他的牛仔形象很受美国公众欢迎，这与美国文化开拓边疆时代的牛仔形象是吻合的。这一形象也是其在2004年总统大选中战胜民主党候选人克里的一个重要原因。在2004年选举中，共和党的竞选团队把布什塑造为立场坚定、敢作敢为的硬汉形象，有男子汉气概，同时攻击克里，将其塑造为优柔寡断、见风使舵的政客形象，不能坚持原则。

实际上，克里和布什一样，都毕业于耶鲁大学，并且都是耶鲁著名的社团组织"骷髅会"的成员。克里的服役经历比布什更出色。1967年越南战争正在激烈进行时，布什选择加入空军国民警卫队服役。这是预备役部队，不需要派遣到越南战场。而克里在越战期间服役，参加过作战行动，并获得紫心勋章。但是，民主党的竞选团队没有能够塑造出克里坚定果断的形象，反而在共和党的攻击之下处处被动。当时，布什政府发动伊拉克战争后，没有找到萨达姆发展大规模杀伤性武器的证据，这使其名誉受到很大损害，伊拉克局势持续恶化。并且，美国经济状况不佳，失业人数剧增，财政赤字达到天文数字，美国与大多数国家（包括其盟国）关系疏远。在这样不利的条件下，布什以微弱优势赢得了选举胜利。

布什政府的对外政策被许多批评者认为是"牛仔外交"（cowboy diplomacy），但却被布什本人及其政府中的国防部长拉姆斯菲尔德等人坚定不移地奉为圭臬。

按照这一政策，美国在国际事务中采取强硬的单边主义立场，在全球范围内推行美国模式的民主和自由，以武力对付美国所称的侵略和邪恶。此前，"牛仔外交"的说法曾被用来描述美国第 26 任总统西奥多·罗斯福的外交政策。罗斯福把自己的外交政策总结为"言辞温和，同时手拿大棒"（"Speak softly and carry a big stick"）。而第 40 任总统里根的外交政策也被称为"牛仔外交"。里根对苏联采取强硬政策，并曾把苏联称为"邪恶的帝国"。拉姆斯菲尔德将这一名言雕刻在一个铜牌上，放在自己在五角大楼的办公室桌上。

美国文化中的牛仔不是一般的负责照管牲口的人，而是一种被塑造为神话的英雄形象。就像西部文学和影片中常常描写的那样，在西部边疆地区的一个小镇或居民点，有一个坏蛋嗜杀成性、无法无天，当地善良的民众敢怒而不敢言。主人公是一个诚实正直的牛仔，或者来自他乡，或者在当地担任司法长官。他为了伸张正义而与坏蛋发生冲突。双方进行一番激烈的斗争，最终以主人公杀死坏蛋、正义战胜邪恶而结局。这种定型化的牛仔不是美国历史的真实反映，而是一种理想化的形象。实际上，牛仔是没有接受过教育的劳动者，没有工作经验和技能，穿的衣服破烂而不合身，并且有违法乱纪的行为。但是，在美国文化中，通过文学和电影的作用，塑造出牛仔英雄的形象，为人们提供一种可以作为参照物的行为规范。

"9·11"事件后，布什的牛仔形象在反恐话语中十分明显。在 2001 年 9 月 17 日，"9·11"事件刚刚一周时，布什在五角大楼发表简短讲话并接受记者采访时明确提到自己儿童时形成的美国西部的印象。

(36) Q: Do you want bin Laden dead?

The President: I want him held—I want justice. There's an old poster out West, as I recall, that said, "Wanted: Dead or Alive."

……

Q: Are you saying you want him dead or alive, sir? Can I interpret—

The President: I just remember—all I'm doing is remembering—when I was a kid, I remember that they used to put out there, in the Old West, a wanted poster. It said, "Wanted: Dead or Alive." All I want—and America wants him brought to justice. That's what we want.

—Bush, 09-17-2001

布什表达的愿望是，自己要像西部片中那些牛仔英雄一样，对坏蛋穷追不舍，最终将其捉拿归案。这样直率大胆的措辞是西部片中主人公的标准台词，尽管与作为国家领导人的总统身份并不相符。

牛仔英雄所在的社会中，世界是一分为二、黑白分明的，正义与邪恶针锋相对，没有中间地带。在布什政府的反恐话语中，反复对此强调，尤其是不断告诫国内民众和其他国家，在反对恐怖主义和支持恐怖主义之间，不能保持中立。例如：

(37) Each nation comes with a different set of capabilities and a different set of—a different willingness to help. America says, "We don't care how you help; just help. Either you're for us, or you're against us."

…

And so we're talking to countries and banks and financial institutions and saying, "Either you're with us, or against us. Cut off their money."

—Bush, 10-04-2001

(38) I have no specific nation in mind, at least as I stand here now. Everybody ought to be given the benefit of the doubt. But over time, it's going to be important for nations to know they will be held accountable for inactivity. You are either with us or you are against us in the fight against terror. And that's going to be part of my speech at the United Nations.

—Bush, 11-06-2001

(39) I said real clear to the world that—real clearly to the world—the old west Texan in me slipping out clearly to the world, I said that either you are with us or you are against us when it comes to finding terror.

—Bush, 01-22-2001

(40) We're making good progress. We put together a great coalition of nations around the world with this message: Either you're with us, or you're against us; either you're on the side of freedom and justice, or you aren't. And the good news is, most people are beginning to see the wisdom of being on the side of freedom and justice.

—Bush, 01-30-2002

(41) That's why it's so important to have a vast coalition of nations, friendly nations together. And it's why it's important for our country to continue to lead, to make sure that part of the doctrine that says, "Either you're with us, or you're against us," is enforced.

—Bush, 01-31-2002

(42) I view this as a struggle of tyranny versus freedom, of evil versus good. And

there's no in between, as far as I'm concerned. Either you're with us, or you're against us. Either you stand for a peaceful world for our children and our grandchildren, either you're willing to defend freedom to its core, or you're going to be against the mighty United States of America.

—Bush, 02-05-2002

(43) First, I mentioned the coalition the Secretary of State's working on. And we sent a clear message: Either you're with us, or you're against us; either you stand for freedom, or you stand with tyranny. And the good news is, many, many, many nations have heard that message, and I'm proud to report they stand squarely with the United States in the defense of freedom.

—Bush, 02-16-2002

2003年3月17日,在发动伊拉克战争前两天,布什向萨达姆政府发出最后通牒。

(44) In recent days, some governments in the Middle East have been doing their part. They have delivered public and private messages urging the dictator to leave Iraq, so that disarmament can proceed peacefully. He has thus far refused. All the decades of deceit and cruelty have now reached an end. Saddam Hussein and his sons must leave Iraq within 48 hours. Their refusal to do so will result in military conflict, commenced at a time of our choosing. For their own safety, all foreign nationals—including journalists and inspectors—should leave Iraq immediately.

—Bush, 03-17-2003

萨达姆政府拒绝美国的要求之后,美国和英国在没有联合国安理会授权的情况下,发动了入侵伊拉克的战争。美国官方及媒体都将其塑造为正义战争,这与其文化中的牛仔英雄的观念是一致的。英雄为了惩罚坏蛋、伸张正义,不会顾及正统的法律规则和道德观念。他的英雄行为最终会得到公众的理解和敬佩,而不是受到批评和指责。3月18日,《纽约时报》的一篇报道说,布什的形象是一个佩枪巡游的牛仔,而在联合国不能采取行动的情况下,美国有责任担任世界警察。

(45) Standing in the White House this evening, Mr. Bush seemed to complete that evolution, describing America as having virtually a duty to police the world if the United Nations fails to do so, and giving... In Europe, his message will undoubtedly

play into the favorite image of Mr. Bush as gunslinging cowboy.①

《洛杉矶时报》3 月 19 日的一篇报道也提到，布什通过最后通牒把自己塑造为西部边疆地区的执法长官形象，在警告一帮坏蛋从镇上滚出去。

(46) George Bush's speech on Iraq might not have supplied any instant aphorisms for the ages, no single phrase to stand nobly, like a Marine at parade rest, alongside FDR's "date which will live in infamy" or Winston Churchill's "give us the tools and we will finish the job." Perhaps one will emerge Thursday night, when the president is expected to face the nation again on television.

It's also too soon to tell how his quarter-hour address may shape Bush's long-term historical persona, said a number of linguists, political commentators, historians and image analysts who were tuned in to their TV sets Monday night.

But at a minimum, America's 43rd president may have coined a new type of oratory: the prime-time ultimatum to a foreign head of state, which one observer likened to a Wild West sheriff warning the bad guys to get out of town.②

六、普通人的英雄神话

反恐话语除了把美国政府及总统塑造为英雄以外，还把每个为反恐战争做出贡献的普通美国人塑造为英雄。这些人来自各行各业，包括政府工作人员、军队和执法部门的成员、非政府组织成员，以及教师、消防队员、警察、医务工作者等。这样做的目的是，为在反恐战争中失去生命的人赋予意义，向他们表示敬意。由此可以安慰他们的家属，鼓励其他美国民众继续为反恐战争努力工作。同时，塑造英雄的一个重要作用是使美国的反恐战争占据道义高地，因为英雄是不会受到人们的指责或道德评判的。

(47) First, I want to say to the teachers who work in this school, and all throughout New York, how much we appreciate the courage that New York teachers showed. There are some—there's a lot of talk about heroes in our society. A hero is somebody you look up to, of course, and the teachers of New York City were very heroic.

They were not only heroic in taking boys and girls your age out of the buildings

---

① David E. Sanger. Bush's Doctrine for War [N]. *New York Times*, 2003-03-18.
② Reed Johnson & Gale Pollard-Terry. Bush's speech: One for the ages? Maybe [N]. *Los Angeles Times*, 2003-03-19.

and helping them find places to stay at night or making sure nobody got hurt; they're heroic today. You know why? Because they love you. And if you've got any worries about what took place at the World Trade Center, they want to help you. Some of you— yes, they do want to help you, sure. They want to comfort you, and they want to make sure that you understand what went on. And I want to thank the teachers a lot. And I know the mayor and the Governor join me, as well.

—Bush, 10-03-2001

(48) A fireman's widow recently said that her husband was her hero, "and there's nothing I wouldn't do to have my hero here." That same feeling is shared by many here today, and time won't ever take it away. But the years can bring comfort, and they can bring hope. You'll always know that your hero died in the service of others. You can give one another the strength to go on. You can find the comfort of God, who is with us especially in sorrow. And you can know today that your loved ones are not forgotten. They hold an honored, cherished place in the memories of their comrades and an honored place in the memory of our country.

—Bush, 10-07-2001

(49) We have gained new heroes: those who ran into burning buildings to save others, our police and our firefighters; those who battled their own fears to keep children calm and safe, America's teachers; those who voluntarily placed themselves in harm's way to defend our freedom, the men and women of the Armed Forces.

And tonight we join in thanking a whole new group of public servants who never enlisted to fight a war but find themselves on the frontlines of a battle nonetheless: those who deliver the mail, America's postal workers. We also thank those whose quick response provided preventative treatment that has no doubt saved thousands of lives, our health care workers.

—Bush, 11-08-2001a

(50) Above all, we will live in a spirit of courage and optimism. Our nation was born in that spirit, as immigrants yearning for freedom courageously risked their lives in search of greater opportunity. That spirit of optimism and courage still beckons people across the world who want to come here. And that spirit of optimism and courage must guide those of us fortunate enough to live here.

Courage and optimism led the passengers on Flight 93 to rush their murderers to save lives on the ground. (Applause.) Led by a young man whose last known words

237

were the Lord's Prayer and "Let's roll." (Applause.) He didn't know he had signed on for heroism when he boarded the plane that day. Some of our greatest moments have been acts of courage for which no one could have ever prepared.

—Bush, 11-08-2001b

(51) We are thankful for new heroes, police officers and firefighters and emergency workers, who have renewed our respect for public service and provided lasting lessons in courage.

—Bush, 11-24-2001

第四节 小 结

本章考察了美国文化中的民族认同及其有关的一些民族神话。这些神话处于美国公众的集体意识的深处，但在反恐话语中很多时候会浮现出来。它们对于说服美国民众支持反恐战争起到了关键作用，因此对其进行深入分析是十分必要的。尤其值得重视的是，这些民族神话贯穿于不同时期的政治话语，而不是只出现在布什政府的反恐话语中。正是因为它们在历史上的延续性和一致性，才使得它们成为美国不同时期的政治领导人在劝说民众时使用的最有效的意识形态塑造工具。

第十一章

美国主流媒体与政府的合谋

在长达10年的反恐战争中,美国主流媒体中发表的各种与恐怖主义有关的报道和评论对美国公众产生了巨大的影响。这些报道和评论是反恐话语的重要组成部分。媒体与政府之间存在相互作用。一方面,媒体的主要消息来源是政府,由此使政府的立场通过媒体传播给公众,影响公众关于恐怖主义的认识。另一方面,媒体的报道可以对政府的决策产生一定影响,但是这种情况极为少见。大部分情况下,在反恐问题上,美国主流媒体的立场与政府保持很大程度的一致,而不是向公众提供客观、中立、平衡的报道。研究文本的生产、传播和消费过程发现,美国主流媒体与政府存在合谋,共同影响公众舆论,以有利于政府推动反恐战争的进行。

第一节 文本的生产、传播与消费

在批评话语分析中,除了语言层面的分析以外,研究文本的生产、传播与消费的过程对于揭示其中的意识形态有重要意义。这被称为话语实践(discourse practice)(Fairclough, 1992)。在这一层面上,批评话语分析认为,任何文本都不是孤立存在的,而是与先前的或同时代的文本存在密切联系,即所谓的互文性。这一概念可以追溯到巴赫金的对话性思想(dialogism),后来由克里斯特娃(Kristeva, 1980)正式提出。巴赫金认为互文性是语言本身内在具有的,任何话语都预设说话人或其他人之前的话语的存在,这也是人们能够理解话语的前提。巴赫金认为,互文性应成为语言分析的一部分。

批评话语分析十分重视互文性,认为这是建构意识形态的重要手段,尤其是在新闻语篇和政治语篇中。在文本的生产阶段,分析者可以观察两个方面。一方面是当前的文本如何改变之前的文本,并对现有的规约进行调整,以产生新的文本。另一方面是当前文本中哪些成分来自先前文本。这一阶段受到社会或机构中权力关系的制约。在文本的传播阶段，分析者可以观察文本的类型发生改变时，该文本在与其他文本构成的网络中处于什么样的位置。在文本的消费阶段可以观察到，决定话语参加者的解读方式的不仅仅是当前文本，而且有关于先前文本的知识和经验。不同参加者对于同一文本的解读可能大致相同，也可能存在差别。拥有更大权力的参加者的解读可以强加于其他参加者（Fairclough，1989）。

  本章关注的是反恐话语的生产过程，尤其是其中的消息来源问题。当文本的消费者了解文本的生产过程受到哪些因素的影响后，就会清楚地认识到其中意识形态的作用。这样，就不会轻易地受到操纵。在新闻文本的生产过程中，多种因素都会对其产生制约，包括法律、伦理、政府、媒体的所有者、媒体主管、媒体自身的编辑政策、记者、广告商、利益集团、观众和信息来源等。

  新闻文本的产生，从信息来源到观众，是一个很长的、复杂的信息传输链，其中每个环节上都会有意识形态的作用。首先，不是所有内容都可以进入新闻文本中，有一些违反法律或损害社会善良风俗的内容不会被报道。其次，在各种消息来源中，政府是最重要的来源，其发布的消息是媒体关注的重点。最后，新闻文本的其他参加者也会对其生产过程施加压力，这种过程不一定是显性的，更多时候是隐性的。例如，如果一个房地产公司是一家报纸的重要广告商，那么该报在报道房地产行业的许多负面消息（尤其是与该公司有关的消息）时就会比较谨慎。而在关于娱乐业的新闻中，一些演艺人士所在的公司可能会采取各种公关手段，促使媒体报道有关这些人士的消息，以使他们在公众视野中有持续的热度，由此增加或保持其商业价值。

  关于互文性的常见分析集中于文本的体裁、语体、语域、引语、社会行为者、转述方式、消息来源等。例如，在新闻文本的分析中，可以考察文本中出现了哪些人的声音，他们的声音占据多大分量，哪些人的声音被压制。这些分析可以揭示文本的意识形态。就反恐话语的分析而言，本章将考察消息来源在塑造公众关于反恐战争认识的过程中的重要作用。我们的分析表明，美国公众对于反恐战争的支持是美国政府和媒体刻意影响的结果。

<<< 第十一章 美国主流媒体与政府的合谋

第二节 消息来源

一、美国行政部门对恐怖主义信息的垄断

当"9·11"事件发生时，无论是美国政界还是公众，都迫切想知道是哪些组织和人员发动了袭击，他们袭击美国的原因是什么，美国应如何应对袭击事件。作为国家元首、政府首脑和武装部队总司令，美国总统必须就这些问题向全国做出说明，以显示一切情况都在美国政府的掌握之中，政府有能力确保美国不会再次受到袭击。总统自然成为关于"9·11"事件的信息的首要来源。由此，总统关于恐怖主义的观点成为对美国公众影响最大的因素。在国际方面，总统是美国最重要的代言人，其在各种国际场合发表的观点对其他国家有很大影响。美国总统作为世界上唯一的超级大国的领导人，被视为国际舞台上权力最大的政治人物。因此，美国总统选择如何看待恐怖主义以及如何应对恐怖主义，在很大程度上为这一问题设定了国际标准，许多国家都会遵循该标准。

美国总统所领导的行政部门（Executive Branch）负有应对恐怖主义的职责，几乎所有关于恐怖主义的信息都掌握在行政部门手中。与反恐有关的行政部门包括中央情报局、联邦调查局、国土安全部[1]、国务院、国家安全委员会等。除了这些部门以外，总统会成立一些特别小组，由其信任的顾问组成，共同制定应对恐怖主义的措施。总而言之，行政部门在恐怖主义问题上不仅有决策权，而且有情报和信息控制权。国务院从2004年开始，每年都发布一个关于国际恐怖主义的报告，说明所发生的恐怖袭击事件以及政府的应对措施。尽管如此，有关恐怖主义的大部分信息都不会向公众披露，即使一些恐怖袭击事件发生在20多年前，有关信息一直没有解密。

美国行政部门几乎垄断了关于恐怖主义的信息，这种情况在历届政府中都是如此，将来也不可能改变。根据《信息自由法》，规定民众有权请求查阅联邦政府机构的记录或信息，但同时规定9项免于披露和3项禁止披露的情况。其中包括国防和外交方面的涉密信息，以及联邦调查局的国外情报或反情报及恐怖主义有关的涉密记录。行政部门宣称，如果向公众披露恐怖主义有关的信息，会使美国的情报能力受到威胁或损害。1998年8月20日，美国使用巡航导弹攻

---

[1] 国土安全部是在"9·11"事件后的2002年11月25日成立的新部门。

击了苏丹首都喀土穆的一家制药厂,宣称该制药厂为"基地"组织生产化学武器的工厂。克林顿在导弹袭击后拒绝向公众披露任何有关证据,理由是需要保护美国的情报来源和情报能力。

而在"9·11"事件后,布什政府根据同样的理由,拒绝向公众提供任何关于"基地"组织及其领导人拉登参与袭击事件的证据。并且,布什于2003年3月25日签署总统命令,进一步加强了国家安全相关涉密信息的控制,即使之前的政府已授权解密的文件,也可以禁止向公众披露。布什政府和美国国会"9·11"调查委员会都曾指责《华盛顿时报》,宣称该报1998年8月21日发表的一篇报道提到美国监听到拉登使用卫星电话的情况,导致拉登第二天就不再使用卫星电话,转而使用其他通信方式。布什政府以保护美国的情报能力为由,限制向媒体和公众提供恐怖主义有关的信息。

行政部门掌握大部分关于恐怖主义的信息的后果是,国会(立法部门)和最高法院(司法部门)都依赖于行政部门提供的信息。媒体更是如此。在报道恐怖主义问题时,行政部门成为各家媒体主要的信息来源。而行政部门向媒体选择性地提供恐怖主义的信息,以引导媒体从美国政府的视角进行报道,从而促使公众支持政府的反恐决策和行动。因此,美国国内的报纸、杂志、电视台、广播电台和网站关于恐怖主义的报道在很大程度上是在重复美国政府的观点和言论,而不是把各种视角都考虑在内的平衡、中立、客观的报道。

除了媒体以外,从事恐怖主义问题研究的学者和专家同样依靠政府来源的信息,由此使美国政府提供的各种信息产生巨大的影响力。这是因为,在恐怖主义问题的研究中,美国政府禁止研究人员与任何恐怖分子有直接的接触,并且研究人员自己也回避与恐怖分子有接触或采访其中的任何人。由此产生一个问题,即一个被认为恐怖主义研究专家的人从来没有见过一个恐怖分子或与一个恐怖分子交谈过。他们在研究中依赖于美国政府部门提供的信息或数据库,这使得政府在恐怖主义相关信息上有极大的控制权,其提供的信息对研究人员有强烈的引导作用。

二、消除或控制其他消息来源

美国政府在垄断国内关于恐怖主义信息的同时,采取措施禁止国内新闻机构报道一些敏感信息。例如,1991年海湾战争时,由于担心国内公众看到这些照片后,会像越南战争期间一样产生反战情绪,美国总统老布什禁止媒体拍摄美军阵亡官兵遗体运送回国的照片。这项规定在克林顿政府时期没有严格执行。而2003年3月伊拉克战争前,美国国防部发布命令,要求所有阵亡美军遗体被运送回国的军事基地不举行欢迎仪式，也不允许媒体拍摄照片。直到2009年2月27日，奥巴马政府解除了这项禁令，允许媒体在与阵亡人员家属协商后，对阵亡官兵遗体运送回国的场面进行摄影报道。

美国还采取各种手段阻止国际来源的信息。例如，2001年10月11日，美国轰炸了阿富汗东部城市贾拉拉巴德附近一个塔利班训练营地时，造成200多平民死亡，其中大部分为妇女和儿童。之后，美国国防部立即与美国地球之眼卫星公司（GeoEye）签订协议，购买其关于阿富汗的所有卫星图像数据的独家使用权。该公司的Ikonos卫星分辨率达到0.82米，其拍摄的图像清晰地显示在贾拉拉巴德的训练营地之间恐怖分子受训人员行进的情景。[1]美国国防部担心，卫星图像会显示美军在阿富汗空袭造成的平民大量死亡的情况，这些图像如果被媒体获得，其报道会对美军的形象造成损害，削弱美国国内和国际对战争行动的支持。

为了控制国际上关于恐怖主义的消息来源，美国甚至采取极端行动。2001年10月3日，美国国务卿鲍威尔与卡塔尔埃米尔会面，要求卡塔尔政府发挥其对半岛电视台的影响力，减少关于拉登的报道，并在节目中不要邀请反美人士。美国认为，半岛电视台的报道是有偏向的，并在中东地区鼓励反美情绪。

2001年10月7日，拉登通过卡塔尔半岛电视台发布录像，号召全世界穆斯林发动对美国的圣战。之后，10月10日，美国国家安全事务助理赖斯与美国五大电视网负责人举行电话会议，委婉地要求他们在播出拉登及其助手的录像前，进行审查，理由是担心这些录像会煽动更多针对美国的袭击或者其中含有向潜伏在美国的"基地"组织成员发布的秘密指令。美国宪法第一修正案规定公民享有言论自由，但不得违反联邦最高法院规定的18种限制情况。而拉登及其助手的录像不属于这些限制情况，因此美国政府无权要求各电视网停播录像。但是，五家公司最终达成一项前所未有的协议，同意限制录像的播出。

2001年10月8日，美国轰炸了塔利班宣传伊斯兰教思想的广播电台，目的是阻止其向阿富汗国内民众和外界发出自己的声音。2001年11月13日，美军空袭了半岛电视台驻喀布尔的办事处。这是当时在阿富汗进行报道的唯一外国新闻机构。

在伊拉克战争期间，半岛电视台对美军在伊拉克的情况和伊拉克平民伤亡情况都进行了详细的报道。美国认为其偏向伊拉克，但阿拉伯国家的观众认为其报道比西方媒体更全面、更客观。半岛电视台在阿拉伯国家中有巨大的影响

---

[1] CAMPBELL D. US buys up all satellite war images [EB/OL]. Theguardian, 2001-10-17.

力。2004年4月8日，美军发射导弹袭击了半岛电视台驻巴格达的记者站，几乎完全摧毁其办公大楼，造成该台摄像师塔里克·阿尤布死亡。

三、战地记者的管理

在2003年开始的伊拉克战争中，美国国防部自越南战争后首次允许记者随军报道，即所谓嵌入式报道。美国军方认识到，嵌入式报道对美军而言利大于弊。由于美军相对于伊拉克军队而言占据绝对优势，记者随同美军行动时进行的战地报道能够向公众生动地展示美军强大的火力和精确的打击能力，对伊拉克政府、军方和人民产生威慑作用，削弱其抵抗的意志。此外，嵌入式报道能够使美国对伊拉克政府媒体和其他媒体发布的对美军不利的新闻做出反驳，并且这种反驳在公众看来更加可信。随军采访的记者超过700人，分布在美国陆军、空军、海军和海军陆战队中，其中约100人是外国记者。美国各大媒体，包括美国广播公司、全国广播公司、哥伦比亚广播公司和有线新闻电视网（CNN）在内的商业性广播电视新闻网，《纽约时报》和《华盛顿邮报》等日报，像《滚石》和《人民》这样的大众杂志，以及MTV这样的有线频道。另外有1 445名记者获得美国国防部批准，以独立记者（unilateral）的身份在战区进行报道。①

在战区自行开展报道是极其危险的事情，而嵌入式报道使记者能够比较安全地、近距离地观察到战争进行的情况，为读者提供及时、生动的第一手报道。但是，这样的报道本质上必定是单方面的，反映美国军方的视角。据《华盛顿邮报》2003年3月22日报道，有线新闻网（CNN）记者沃尔特·罗杰斯（Walter Rodgers）在叙述自己随同美国陆军第7骑兵师在伊拉克报道时说，在与官兵的接触中会与他们建立友谊，在报道中会自我审查，担心泄露敏感信息，危及他们的生命。许多嵌入式记者都公开承认，自己与所随同的美军分队建立了深厚的感情。美国自由撰稿记者诺曼·所罗门（Norman Solomon）曾在2007年纪录片《战争制造者》（*War Made Easy*）中对此做出评论指出，这些记者的心态是正常的，但背离了新闻报道中的独立原则，使其报道无法做到客观公正。2003年3月24日，全国广播公司记者马文·卡尔布（Marvin Kalb）在《编辑与出版人》（*Editor & Publisher*）杂志的一篇文章中也指出，"9·11"事件是美国新闻报道的一个分水岭。美国公众当时的爱国热情高涨，各大媒体的记者在报

---

① Christopher Paul & James J. Kim. Reporters on the Battlefield. 2004-12-22 [EB/OL]. https://www.rand.org/content/dam/rand/pubs/monographs/2004/RAND_ MG200. pdf.

道时面临巨大压力,很少有记者有勇气对布什政府的战争政策提出批评。

美国国防部对于独立记者的管理比较严格。《基督教科学箴言报》记者菲利普·斯马克(Philip Smucker)随同美国海军陆战队第一师采访,但不属于美国国防部的嵌入式报道计划的人员。2003年3月26日,斯马克接受CNN和全国公共广播电台(NPR)采访时,提到了该美军分队所在的方位。第二天,美军将其从伊拉克驱逐出去。从采访录音的文字稿判断,他所提到的美军所在的位置信息是美国和英国的电视台、广播电台和报纸同期报道中已经提到的。而在伊拉克战争爆发前,斯马克的父亲曾两次因为参加反战游行而被捕。[1]

四、对不同意见者的制裁

"9·11"事件发生后的一年内,美国政界和民众的心理处于一种强烈的亢奋状态,一心渴望采取武力手段击败对手。在这种举国上下一片狂热的状态下,少数一些敢于提出不同意见的人士受到强烈批评和制裁。

美国作家沙立文(Andrew Sullivan)在2001年9月16日《星期日泰晤士报》上发表文章,把反对发动战争的人称为"第五纵队"。《纽约时报》记者、《华盛顿邮报》专栏作家迈克尔·凯利(Michael Kelly)2001年9月26日在《华盛顿邮报》发表文章,把反对美国发动阿富汗战争的人称为绥靖主义者(appeaser),将他们与"二战"前英国纵容纳粹的侵略行为的绥靖主义者相提并论,并宣称,客观地看,今天的绥靖主义者就是在支持恐怖分子。2001年12月6日,司法部长阿什克罗夫特在参议院司法委员会做证时宣称,对布什政府的反恐政策或措施提出批评的人实际上是在帮助恐怖分子,为美国的敌人提供弹药,并使美国的盟友犹豫不决,因为这样会损害国内的团结,削弱美国的意志。

全国广播公司和国家地理频道记者彼得·阿内特(Peter Arnett)2003年3月31日接受伊拉克国家电视台采访时说,美国的战争计划已失败,必须制订新的计划,因为美国政府错误地判断了伊拉克抵抗的决心。4月1日,阿内特被两家媒体解雇。

布什在"9·11"事件当天发表的演讲中把恐怖分子称为懦夫(coward)。但是,2001年9月17日,全国广播公司的访谈节目"政治不正确"中,参与节目的嘉宾迪奈什·德苏扎(Dinesh D'Souza)对布什的话提出疑问,认为恐怖分

---

[1] KURTZ H. U. S. Military Expels Journalist for Pinpoint Reporting [EB/OL]. Washingtonpost, 2003-03-28.

子是勇士（warrior）。主持人比尔·马赫（Bill Maher）表示赞同，并评论说美国从 3000 千米以外发射导弹打击对手的做法是懦夫行为，而当飞机撞击大楼时还待在飞机里并不是懦夫行为。白宫新闻秘书弗莱彻（Ari Fleischer）对马赫的言论表示谴责，并警告公众应注意言行。马赫向公众致歉，表示自己只是对美国的军事政策提出批评，并没有批评美国军队。该节目于 2002 年 6 月被停播。

2001 年 9 月 12 日，科罗拉多大学教授沃德·丘吉尔（Ward Churchill）发表了一篇文章，题为《有一些人在反击：自食苦果的懦夫受到惩罚》，对美国的外交政策提出尖锐批评，认为美国自己的错误政策导致其受到袭击。[①]他认为，"9·11"事件中的袭击者不是懦夫，而驾驶着隐形战机在巴格达上空投下炸弹，杀死成千上万无辜平民的人才是懦夫。丘吉尔认为，从法律角度而言，世界贸易中心的一些受害者并不是无辜的平民，而是在美国的全球金融帝国核心的技术官僚，将其称为"小艾希曼们"。[②]丘吉尔的文章当时并没有引起很多注意，直到 2005 年 1 月，才引起广泛争议。2005 年 3 月 3 日，福克斯电视台主持人比尔·奥雷利（Bill O'Reilly）在节目中称他为"叛徒"。2007 年 7 月 24 日丘吉尔被科罗拉多大学解雇，理由是其研究工作中存在学术不端。

第三节　战争支持者作为主要消息来源

"9·11"事件后，美国的主流媒体在支持发动阿富汗战争和伊拉克战争方面没有分歧。这体现在，主流媒体在报道恐怖主义问题时，把支持战争的精英人士作为主要消息来源，尤其是由他们撰写特约评论（Op-Ed），表达对反恐战争的支持，而不给予反对战争的人表达观点的机会。[③]主流媒体在报道来源于布什政府的消息时，几乎从不质疑。并且，它们在报道中把与"基地"组织和伊

[①] 这篇文章的题目是 Some People Push Back: On the Justice of Roosting Chickens。
[②] 阿道夫·艾希曼是"二战"中纳粹德国一名党卫军中校。他在战争早期参加把犹太人从德国、奥地利和其他德国盟国驱逐出境的工作，后来负责把犹太人运送到纳粹的死亡集中营。"二战"结束后，艾希曼逃亡到阿根廷，后于 1960 年被以色列情报机关"摩萨德"绑架，秘密运送回以色列。1961 年，他被以色列以战争罪、反人类罪和杀害犹太人等 15 项罪名起诉。艾希曼没有否认大屠杀的真实性，也没有否认自己在其中的作用，但宣称自己只是执行上级的命令。他被判死刑，于 1962 年 6 月 1 日被执行绞刑。
[③] 美国的精英阶层包括政治领导人、工商界领导人、作家、知名大学的教授、重要的智库研究人员、主要的全国性媒体记者。这些人可能在特定问题上有分歧，但总体而言拥有共同的意识形态，在公共话语和主流意识形态的生产中居于优势地位。

拉克有关的许多关键信息排除在外，包括美国与"基地"组织及伊拉克在历史上的密切关系。

一、精英阶层关于袭击事件的解释

"9·11"事件发生后的几个月中，没有任何组织或个人宣布对袭击事件负责。这为美国精英阶层解释袭击者的动机提供了方便，因为他们的话语不会受到挑战。美国公众在震惊、悲痛和愤怒之余，首先想知道的是为什么美国会受到攻击。布什政府的答案是，美国之所以受到袭击是因为恐怖分子是邪恶的，他们仇恨美国及美国所代表的一切。布什在反恐话语中一直传递的信息是，美国自身对于"9·11"事件没有任何责任，完全是一个无辜的受害者，一个由于其善良的行为反而受到惩罚的受害者。他认为，恐怖主义所代表的伊斯兰极端组织与美国所代表的文明世界之间在进行一场大规模的意识形态斗争，恐怖分子的目标是控制世界。这样的说明使得公众不必对袭击事件进行深刻的反思。

精英阶层的其他成员关于袭击者的动机的说明或者与布什的解释相同，或者略有不同，但没有本质差异。《纽约时报》专栏作家弗里德曼（Thomas L. Friedman）自"9·11"事件后发表了许多评论文章，大力支持反恐战争。弗里德曼在这些文章中宣称，恐怖主义的目的不是改变美国任何特定的政策，而是完全受到仇恨和虚无主义的驱使。他们的目标是美国的生活方式所依赖的体制。

美国保守主义智库胡佛研究所研究员、专栏作家斯蒂尔（Shelby Steele）认为，恐怖主义之所以发生是因为第三世界中那些生活在贫困中的人无法对自己的生活承担起责任，因此感到沮丧无望。恐怖分子本身就是劣等的人，他们不应该把自己的困境归咎于其他人，西方国家繁荣的原因在于其体制，而不是依靠过去的殖民和奴隶制度。

美国新保守主义学者、曾在里根政府中担任教育部长的班尼特（William J. Bennett）在其2003年1月出版的《我们为什么战斗》一书中提出，"9·11"事件中的劫机者不能代表真正的伊斯兰教，但是其表现出来的暴力在伊斯兰历史和文化中是内在的（Bennett, 2003）。班尼特在书中呼吁美国政府和公众承担三个责任：进行全球反恐战争；积极反对世界任何地方的压迫；毫不动摇地保卫以色列。班尼特在书中对深入探讨"9·11"事件的深层原因不屑一顾，在阿拉伯和以色列的冲突问题上对阿方的立场没有丝毫考虑。

美国作家、历史学家布特（Max Boot）认为，"9·11"事件之所以发生是因为美国在外交政策上立场不够强硬，在许多地区的控制力度不够大。美国在苏联侵略阿富汗的战争中为阿富汗穆斯林游击队提供武器和培训，但在苏联撤离阿富汗后，美国也撤出，导致阿富汗陷入军阀混战，最终塔利班武装崛起并取得政权。"基地"组织在塔利班的庇护下，发动了对美国的恐怖袭击。布特提出的解决办法是，美国不应该成为一个更温和的、善意的大国，而是成为一个帝国（empire），制定更有扩张性的政策并在其实施上更加坚定。

美国保守派政治作家库尔特（Ann Coulter）在2003年出版的《叛国罪：自由主义从冷战到反恐战争的背叛行为》（*Treason*：*Liberal Treachery from the Cold War to the War on Terrorism*）一书中，对以民主党为代表的自由主义提出强烈批评，并对布什政府的反恐战争表示大力支持。她认为，冷战后的历届民主党政府，从杜鲁门、卡特到克林顿，美国多次采取绥靖政策，牺牲美国的利益和安全，只有以共和党为代表的保守主义能够保卫美国，里根、老布什和小布什都是应对美国在国内和国外面临威胁的最好的例子。① 该书出版后3周，销售达到50万册。

二、新保守主义人士作为主要消息来源

有研究表明，新保守主义及其智库"新美国世纪计划"（Project for the New American Century，PNAC）在"9·11"事件后在美国主流媒体上占据主导地位。② 该智库由美国政治评论员克里斯特尔（William Kristol）和历史学家卡根（Robert Kagan）于1997年创立。其最初的25位创始成员是一些知识分子和新保守主义政客，几乎都是犹太人。该智库计划在全球建立"美国统治下的和平"

---

① "9·11"事件后，民主党和共和党对于发动反恐战争没有大的分歧。
② 新保守主义在美国出现于20世纪70年代的一些知识分子当中，这些人的共同特点是反对共产主义，并鄙视60年代的反主流文化运动（counterculture），尤其是政治上的激进思想和对权威与传统的反对。新保守主义认为，西方社会（尤其是美国社会）已变得没有道德观念、没有目标、堕落退化，西方文明已陷入危机。造成这种现象的原因很多。一方面是因为上述的反主流文化运动，另一方面是因为宗教在人们生活中的影响力下降。另外，文化多样性或文化多元主义削弱了一个国家的传统文化。在经济方面，新保守主义认为，市场是商品和劳务分配最高效率的手段，但是不受监管的资本主义会导致贫富两极分化。新保守主义主张实行累进所得税制，征收遗产税，建立现代福利国家，但同时应削减社会福利计划，因为这会使人们产生依赖性，削弱其主动性和进取心。新保守主义在外交和军事方面主张，利用美国强大的军事力量在全球推进其国家利益，推广民主政权，并相信民主国家之间不会发生战争。新保守主义从20世纪80年代开始，在里根、老布什和小布什政府中，在美国外交领域拥有巨大的影响力。美国政府针对世界各地的反美政权和左翼运动采取积极的干涉政策。一方面，其军费大幅增加，对苏联的立场变得强硬，并最终促成苏联解体；另一方面在拉丁美洲向一些亲美政权提供经济和军事援助，镇压了这些国家内部的共产党领导的反政府武装。来源：《不列颠百科全书》网站关于新保守主义的定义。

>>> 第十一章 美国主流媒体与政府的合谋

(Pax Americana)，即通过武力使美国成为全球帝国。PNAC 于 2000 年 9 月发布的一份报告题为《重建美国的国防》，主张大幅增加国防开支，并确保美国能够同时打赢几场大规模战争。PNAC 的 25 位创始成员中有 10 位在布什政府中担任重要职位，包括副总统切尼、国防部长拉布斯菲尔德、副国防部长沃尔福威茨，国家安全委员会负责近东、西南亚和北非事务的高级主管艾布拉姆斯，负责国际安全事务的助理国防部长罗德曼、负责全球事务的副国务卿多布里扬斯基（Paula Dobriansky）、副总统切尼的办公厅主任利比（Lewis Libby）等人。①

2000 年之前，PNAC 就一直在鼓动推翻萨达姆政府。1998 年，PNAC 致函克林顿、参议院多数党领袖洛特、众议院议长金里奇，要求对伊拉克采取更强硬的政策。随后，美国国会通过《伊拉克解放法案》，并由克林顿签署生效。2000 年 11 月布什当选总统和 2001 年的"9·11"事件为 PNAC 实施其全球扩张计划、在伊拉克实现政权更迭提供了机会。

尽管 PNAC 一直在计划推动美国政府对伊拉克动武，关于该组织的情况在美国主流媒体中很少报道。即使有个别报道，也不涉及其在发动伊拉克战争中的关键作用。但是，该智库的许多成员都被作为常规的新闻来源，尤其是在各大电视网的新闻报道中。这就为 PNAC 提供了很好的机会，使其能够在不引起公众注意的情况下，塑造其对恐怖主义和伊拉克问题的认识，最终获得公众对发动伊拉克战争的大力支持。例如，对于《纽约时报》在"9·11"事件之前和之后各 6 个月的报道的分析表明，除了在布什政府中担任高级官员的 PNAC 成员以外，PNAC 的其他成员或支持者作为该报的消息来源的频次远远高于其反对者。在"9·11"事件之前，PNAC 的成员或支持者作为消息来源的次数为 72 次，在"9·11"事件之后为 133 次，增加了 85%。而 PNAC 的反对者作为消息来源的次数在"9·11"事件前为 5 次，之后为 8 次。进一步的分析表明，在"9·11"事件前，PNAC 的支持者作为消息来源包括多纳利（Thomas Donnelly）、克里斯托尔（William Kristol）、波尔（Richard Perle）、格拉奇特（Marc Gerecht）、施密特（Gary Schmitt）、卡根（Robert Kagan）。其中 PNAC 创始人克里斯托尔作为消息来源的次数达到 42 次，PNAC 核心成员 Richard Perle 达到 21 次，这两人占 PNAC 支持者作为消息来源的 87.5%。"9·11"事件之后，克里斯托尔作为消息来源的次数达 48 次，Richard Perle 为 61 次，两人合计占 PNAC 支持者作为消息来源的 81.9%。相比而言，PNAC 的反对者作为消息来源的次数微不足道，

---

① 新美国世纪计划于 2006 年解散，由克里斯托尔和卡根于 2009 年新创立的一个智库"外交政策倡议"（Foreign Policy Initiative）取代，后者于 2017 年解散。

"9·11"事件前的 5 次中，约瑟夫·奈出现了 4 次；而"9·11"事件后的 8 次中，约瑟夫·奈出现了 7 次（Altheide，2016）。

第四节　美国主流媒体关于恐怖主义报道的
偏向、错误和夸大

公众一般有一种错误的观念，认为《纽约时报》和《华尔街日报》这样的主流媒体在报道一个问题的不同方面时，会做到平衡。但是，有研究发现，两家媒体没有刊登对反恐战争持批评态度的文章，其中发表的评论中没有一篇认为军事行动是应对恐怖主义的错误手段，也没有一篇文章提到在美国各地爆发的反战示威活动。2001 年 10 月 7 日发动阿富汗战争前，所有评论文章都认为，必须针对"9·11"事件采取报复行动。并且，两家报纸都对布什政府的表现持赞扬态度，而对民主党和左派提出批评。此外，当公众在是否对伊拉克采取军事行动问题上有分歧时，两家媒体刊登了很多关于在伊拉克实现政权更迭的评论文章及社论，并试图把伊拉克与"9·11"事件和大规模杀伤性武器联系起来。这些文章产生了巨大的影响力，以至于到 2002 年 8 月时，53% 的受访者认为伊拉克直接参与了"9·11"事件。而 2003 年布什发表国情咨文后一天，福克斯新闻台进行的民意调查显示，87% 的受访者相信萨达姆与"基地"组织有合作关系。

美国主流媒体在报道与"基地"组织和恐怖主义有关的问题时，往往使用模糊的语言，夸大其威胁。例如：

（1）In places like the Philippines and the former Soviet republic Georgia, the United States has tried to counter indigenous groups <u>linked to Al Qaeda</u> by sending in troops to train local soldiers.

　　　　　　　　　　　　　　　　　　　　　　　　　—Douglas Frantz
　　　　　　　They are Coming After Us. But Who Are They Now?
　　　　　　　《纽约时报》2002 年 10 月 20 日

（2）American law enforcement officials are monitoring the activities of at least six groups in the United States they suspect are <u>linked to Al Qaeda</u>, senior government officials in the United States and Europe said this week.

　　　　　　　　　　　　　　　　　　　　　　　　　—Don Van Natta Jr
　　　　　　　　　　　　　　　　　　Six Groups Said to Be Monitored in

<<< 第十一章 美国主流媒体与政府的合谋

U. S. for Possible Al Qaeda Links
《纽约时报》2003年8月23日

上面段落中，有下划线的表达式 linked to Al Qaeda（与"基地"组织有联系）是很模糊的说法。究竟是这些组织的领导人宣誓效忠于拉登，还是其中有些成员在"基地"组织的营地中受过训练，或者他们与"基地"组织一样都仇恨美国和犹太人？通过这样似是而非的说法，美国媒体向读者传递一种印象，在世界各地（包括美国国内）有无数个与"基地"组织有密切关系的恐怖主义组织潜伏着，或正在积极活动。他们的目标像布什 2006 年 9 月 7 日演讲中所说的那样，是把美国的势力从中东地区赶出去，建立一个从西班牙到印度尼西亚、横贯亚非欧三大洲的哈里发帝国（califate）。美国媒体的报道与政府的宣传共同起作用，对"基地"组织的威胁无限夸大，使公众处于恐惧和焦虑之中，从而支持布什政府在反恐战争中的各种措施，甚至对严重损害公民权利的许多措施都愿意接受。实际上，"基地"组织没有在任何一个国家取得政权，其造成的美国公民的死亡人数与其他原因相比微不足道。"9·11"事件造成的死亡人数为 2996 人，受伤人数超过 6 000 人。而根据美国疾病控制与预防中心的数据，从 2001 年至 2014 年，美国国内有 440 995 人死于枪击，平均每年超过 3.1 万人，包括杀人、意外和自杀。2001 年美国死于交通事故的人数达到 42 116 人，是"9·11"事件中死亡人数的 14.06 倍。①

在美国的秘密监狱问题上，美国的各大媒体在报道中都予以忽视。直到美国发动伊拉克战争后一年，2004 年，美国公众对战争的态度发生转变，由之前的强烈支持转变为质疑。2004 年 5 月 23 日，CNN 报道说，根据该公司的民意调查，美国公众对伊拉克战争的支持率下降到 48%。美国媒体之前与政府保持高度一致的报道政策也发生转变。2005 年 11 月 2 日，《华盛顿邮报》记者普利斯特（Dana Priest）报道，中情局从 2001 年阿富汗战争开始后，陆续在包括泰国、阿富汗和多个东欧国家在内的 8 个国家建立一些秘密监狱，用于关押在阿富汗俘获的"基地"组织高级领导人。应白宫的要求，报纸的编辑在报道发表前，删除了其中许多信息，并且没有公布与美国合作的东欧国家的名称。长期以来，美国政府对此一直既不承认也不否认。2006 年，美国公民自由联盟提起诉讼以后，布什于 9 月 6 日发表关于设立特别军事法庭审判外国恐怖分子嫌疑人的演讲，公开承认秘密监狱的存在。这是根据布什 2001 年 9 月 17 日的总统命令授

---

① EVE B. American deaths in terrorism vs. gun violence in one graph [EB/OL]. CNN, 2016-10-03.

权，建立秘密监狱关押在阿富汗俘获的"基地"组织重要成员。2008年4月30日，美国国会参议院情报委员宣布通过2009年情报授权法案，其中一个条款要求美国情报界应使红十字会知晓并接触其关押的任何人。

美国司法部长阿什克罗夫特曾于2003年3月4日在对参议院司法委员会作证时，宣称纽约市布鲁克林区的法鲁克（al Farouq）清真寺向"基地"组织提供了资金。《纽约时报》3月5日对此进行了报道。但是，后来发现，阿什克罗夫特的说法是错误的。

2004年5月26日，《纽约时报》为其关于伊拉克的错误报道向公众道歉。2004年6月16日，美国国会"9·11"调查委员会宣布，没有发现令人信服的证据说明伊拉克与"基地"组织之间有合作关系，从而使布什政府发动伊拉克战争的主要理由之一无法成立。

第五节 小 结

美国主流媒体在反恐战争中背离其一直倡导的所谓的客观公正的原则，成为美国政府推动阿富汗战争和伊拉克战争的重要力量。造成这种现象的主要原因是，美国政府严格控制与恐怖主义有关的信息，使主流媒体在新闻报道中严重依赖政府来源的消息。并且，主流媒体本身所代表的精英阶层与美国政府拥有共同的意识形态，在其报道中倾向于政府是意料之中的。此外，在"9·11"事件后公众狂热的爱国主义氛围中，主流媒体面对巨大的压力，不愿意刊登批评反恐战争的报道。这说明，美国宪法第一修正案所谓的言论自由，在反恐战争中并没有得到保障。由于主流媒体与美国政府的合谋，布什政府动员公众支持阿富汗战争和伊拉克战争的过程十分顺利，从而在没有遇到很大障碍的情况下实现了其代表的新保守主义的政策目标。

结　语

本书在前面的一些章节中，以批评话语分析理论为框架，运用认知语言学及其他学派的理论提供的概念分析工具，考察了美国反恐话语的策略。我们的讨论既包括语言层面的分析，也包括社会、文化与历史语境的考察。这些讨论充分证明了反恐战争中各种话语策略共同作用，构成一个很有说服力的话语体系。

一、反恐话语的主要策略总结

"9·11"事件是冷战后国际政治中的里程碑事件。作为唯一的超级大国，美国本土受到袭击，其国际威望及美国民众的信心受到沉重打击。但是，这也为新保守主义主导的美国政府提供了一个等待已久的机会。美国借机发动长达10年的全球反恐战争，在世界各地扩张美国的势力，推行所谓的民主和自由模式，追求建立美国统治下的和平。美国在阿富汗推翻了塔利班政权，建立了新的政府。以美国为主体组成的国际安全援助部队与阿富汗新政府合作，在阿境内开展了与塔利班武装的长期战争。在伊拉克，美国推翻了萨达姆政府，建立了新政府，并与反美武装长期作战。同时，美国在中东、非洲、南亚、东南亚的多个国家，或者与当地政府合作，或者发动单边行动，对其怀疑为恐怖分子的组织或与美国敌对的武装分子实施打击行动。2011年5月2日，美军特种作战部队在巴基斯坦发动突袭，拉登在袭击中身亡。这是反恐战争中的一个里程碑事件。

战争是人类社会出现以来就有的现象。从历史上来看，影响战争胜负的因素很多，包括国家的地理、领土面积、气候、人口、经济规模、武器装备、军事思想、军队素质、政治领导人和军事领导人的能力等。而直接影响军队战斗力的最重要的因素是武器装备、军事思想和战争的正义或非正义性。美国发动的反恐战争不同于常规战争，其对手是非国家行为体，没有可以清晰识别出来的身份。因此，恐怖主义问题不适合用战争的手段解决。但是，美国政府为了追求霸权，把反恐斗争建构为一场战争。为了得到国内民众和国际社会的支持，美国必须将其塑造为正义战争，占领道义高地，以避免其在越南战争时期遭遇的国内和国际强大的反对压力。否则，即使在军事实力上拥有绝对优势，美国也难以取得胜利。

基于这些考虑，美国政府通过媒体不断塑造公众关于反恐战争的认识，将其建构为一场美国为了所谓文明世界的生存而进行的战争，而不是针对一个犯罪组织进行的执法行动。在塑造公众认识的过程中，美国政府和媒体没有采取宣传（propaganda）的手段，①因为这样的操纵手段过于明显，可信度容易受到怀疑。根据批评话语分析的研究，拥有权力的集团会以隐蔽的、潜移默化的方式，通过话语将其意识形态传播给大众。这种意识形态会成为大众概念系统的一部分，被其视为自然的、常识性的知识。美国政府借助于媒体的作用而生产反恐话语，把政府关于恐怖主义的意识形态制造为美国社会的共识，从而使反恐战争顺利进行。反恐战争结束以后，美国公众对当时布什政府的政策和媒体与政府的合谋进行反思，并提出强烈的质疑和批评。但是，这些已不重要。布什政府所代表的新保守主义通过反恐战争达到了自己的政治目的，并在经济上获得巨大利益。

美国政府和媒体在反恐话语中说服公众依靠的不是事实和证据，而是诉诸情感和心理。其中使用的各种话语策略把美国塑造为一个优秀的民族，作为国际社会的领导者，为了民主和自由而战斗，而把"基地"组织、塔利班政权和萨达姆政府、各种反美武装等对手塑造为邪恶的象征，对世界和平构成威胁。反恐话语充满了谬误，但是对公众有强大的说服作用。这说明，话语的力量不在于准确说明事实，或提出有力的证据。反恐话语中的主要话语策略总结如下。

（1）反恐话语在各种实体的范畴化中广泛使用二元对立的范畴，由此把"基地"组织及美国的其他对手塑造为与其所谓的文明世界对立的事物。这一策略简化了复杂的社会政治现象，使公众更容易理解和把握恐怖主义的概念。二元对立的范畴掩盖了恐怖主义背后的真相，更容易实现对舆论的操纵。

（2）反恐话语中广泛使用概念隐喻对"基地"组织及其领导人拉登和塔利班政权进行妖魔化。其中占主导地位的是两类隐喻。第一类隐喻把反恐行动塑造为狩猎，第二类隐喻把恐怖主义塑造为疾病。这两类隐喻成为公众集体意识的组成部分，对其关于恐怖主义的认识有明显的操纵作用。

---

① 汉语中的"宣传"常常与英语中的 propaganda 对应起来，但实际上后者是贬义词，指为了一个政党或政治领导人获得支持而发布的思想或声明，这些思想或声明很可能是错误的或夸大的。

(3) 概念转喻在塑造美国公众的认识方面有重要作用。在宏观层面，美国政府通过部分指代整体的转喻，把"9·11"事件及有关的问题从现实和历史中切割出来，为公众提供一个简单的解释。在微观层面，反恐话语通过一些标志性的人物和事件激活公众关于二战的集体记忆，由此把反恐战争与反法西斯战争相提并论。

(4) 反恐话语中的委婉语和冒犯语出现频次很高。美国政府和媒体通过委婉语的使用鼓舞公众的士气，掩盖自己的政治目的，塑造自己一方的正面形象。而冒犯语的使用能够贬低和羞辱对手，塑造其负面形象，激发公众的仇恨和报复心理。

(5) 美国政府和媒体在反恐话语中建构了许多框架，可以分为正面框架与负面框架。前者把美国的军事行动和秘密行动塑造为反恐战争和解放战争。后者把"基地"组织、塔利班和伊拉克等对手塑造为邪恶的象征。这些框架在关于恐怖主义的话语中占据主导地位，使得其他反对美国的单边主义和侵略战争的框架受到压制。

(6) 作为图片的一种形式，政治漫画是交际的重要模态。我们考察的政治漫画分为两个阶段。第一个阶段是"9·11"事件之后至2010年年底，第二个阶段是2011年5月1日美军刺杀拉登到6月1日。第一阶段的政治漫画把反恐战争的地位提升至与美国历史上参加过的几场重大战争相当，并凸显美国的坚强决心、仁慈善良和民族团结。同时，塑造"基地"组织、拉登及塔利班政权的负面形象。第二个阶段的漫画主题则分散很多。除了凸显恐怖主义的负面形象以外，这些漫画显示了美国民众对政府反恐政策的不满和对经济的担忧。

(7) 话语策略不仅体现在文本分析的层面。更重要的是，这些策略的作用依赖于美国公众集体意识深层的民族认同和民族神话。这些认同和神话包括大熔炉、美国梦、美国例外论、天定命运论、山巅之城等观念。它们对于说服公众支持反恐战争起到了关键作用。

(8) 反恐话语的生产和传播依赖于媒体。美国主流媒体在反恐战争中背离了其倡导的所谓客观公正的原则，而是在反恐问题上与政府保持一致。主流媒体与政府的合谋使布什政府进行战争动员的过程十分顺利，在没有遇到很大抵制的情况下实现了其新保守主义的政治目标。

二、话语策略的强大影响

美国政府的反恐话语成为占据支配地位的霸权话语，促使美国的民族主义情绪高涨，并产生强烈的报复心理。这些为其报复行动提供合法性和道义基础，从而使其发动两场战争成为顺理成章的事情。第一场战争得到国际社会的支持，中国、俄罗斯等大国以及欧盟成员国都支持美国针对塔利班的打击行动。但是，第二场战争是美国不顾国际社会的反对而发动的。美国以伊拉克与"基地"组织有同谋关系，并拥有大规模杀伤性武器为借口，发动伊拉克战争，推翻了萨达姆政府。但是，美国随后在伊拉克没有找到大规模杀伤性武器的任何证据。

2004年10月6日，中央情报局向国会提交了关于伊拉克的报告，宣布伊拉克没有大规模杀伤性武器，也没有制订发展这类武器的计划。这一结论是经过中情局1200名工作人员15个月的工作后得出的。伊拉克战争对布什政府的信誉产生了很大影响，因为布什政府通过在伊拉克大规模杀伤性武器问题上制造谎言的方式，获得美国公众对伊拉克战争的支持。尽管如此，布什仍然在11月3日的总统选举中以微弱优势战胜民主党候选人克里，连任成功。这说明，布什政府的反恐话语对美国公众的心理仍然有重大的影响。反恐话语中把"基地"组织及其他美国所认为的恐怖组织的威胁无限夸大，使公众产生恐惧，并把布什塑造为一个立场坚定、行事果断的强力领导人形象，从而影响了美国公众的投票。

美国政府的反恐话语，在主流媒体的支持下，完全压制了其他话语，公众几乎注意不到各种对反恐战争提出疑问的意见，也没有注意到美国国内和世界各地对反恐战争的反对态度，尤其是国际社会对美国发动伊拉克战争的强烈反对。反恐话语在美国公众心目中创造了一个现实，它之所以成为现实是因为美国公众相信它是事实。这样的现实不像关于物理世界或自然世界的认识，不是可以直接检验的，而是完全取决于人们的信念。美国公众由此认为，反恐话语的逻辑是理性的、正确的，因此不会对通过各种话语策略所建构的反恐战争的合法性提出疑问。

从前面章节的分析可以看出，反恐话语产生强大的意识形态作用的一个重要原因在于，所有话语策略所建构的现实是前后一致、反复强化的，并且这一现实是简单的，以至于把复杂的现实过分简单化。而且，从历史的角度观察，反恐话语所建构的现实，在许多方面与美国历届政府宣扬的美国例外论和天定命运论等与民族认同和民族神话有关的叙事一脉相承。而从宗教的角度观察，反恐话语中浓厚的宗教寓意在美国这样一个以基督教为主的社会中很容易引起共鸣。[1]由于这些原因，反恐话语激发了美国强烈的民族主义和爱国热情，反恐

---

[1] 根据美国皮尤中心（Pew Research Center）2014年的调查，美国成年人（18岁及以上）中有70.6%人声称自己信仰基督教，5.9%的人声称信仰犹太教、伊斯兰教、佛教、印度教等其他宗教。声称自己是无神论者的成年人占22.8%，还有0.6%的人声称不知道自己信仰什么。

战争的支持者被塑造为爱国主义者,愿意为了保卫国家而战斗,这是符合美国道德观念的。而反恐战争的反对者被塑造为缺乏爱国精神的人,不愿意为了保卫国家而战斗,这是不道德的。这样的意识形态作用的结果是,对反恐战争,尤其是伊拉克战争,持反对态度的人在道义上处于一种困境。因此,很少有人公开反对战争,即使有少数人反对,他们的声音也不会被听到,并且他们会受到制裁,或者失去其工作,或者受到人身攻击,个人名誉受损。

正如批评话语分析所揭示的那样,在社会生活中居于支配地位的政治话语掩盖了事物之间的联系和因果关系,使居于弱势地位的社会阶层或群体认识不到社会关系的本质,从而在思想上受到控制。反恐话语更是如此。因此,必须通过解析其中的意识形态,使得其中的各种复杂因素之间的联系变得透明,使美国公众和国际社会认识到美国政府为了精英阶层的利益和建立美国的全球霸权而发动反恐战争。反恐话语所建构的社会现实成为美国公众认识的一部分,使其失去了思辨能力。公众在其狂热的爱国热情被激发起来后,不去深入思考与"9·11"事件有密切联系的一系列问题。这些问题包括:

(1) 把反恐看作一场战争(更不用说全球战争)是否合适?

(2) 美国与"基地"组织、塔利班和伊拉克在历史上是不是没有任何联系?

(3) "9·11"事件与美国长期以来的中东政策有没有关系,美国在阿以冲突(尤其是以色列和巴勒斯坦的冲突)中长期偏袒以色列是否招致了袭击?

(4) 美国不顾国际社会反对,单方面发动伊拉克战争是否正确?

(5) "基地"组织和其他反对美国的组织和个人是否在本质上就是邪恶的,而美国的民族身份本质上建立在善良和美德的基础上,并受到上帝庇护?

如果能够提出这些问题并深入思考,公众就会认识到反恐话语中黑白分明的逻辑是不符合现实的,"9·11"事件之所以发生很可能不是因为恐怖主义组织本身就是野蛮的、邪恶的,没有任何政治动机,而更可能是因为中东的伊斯兰国家在西方几十年的政策和话语压制下,因屈辱和愤怒而产生的仇恨。而这种屈辱和愤怒的情绪,美国公众在"9·11"事件后自己也感受到了,并因此而产生了强烈的报复心理。

三、批评话语分析的思想解放作用

批评话语分析的目的不仅在于描写和解释语言现象,更重要的在于培养人们对自己的权利和利益的意识,使人们获得启蒙和解放。语言分析是为了解构意识形态而服务的。自20世纪70年代以来,批评话语分析的研究深刻地表明,在自然世界或物理世界之外，社会生活中人们所理解为真的事物实际上都受到其所在的社会世界和文化世界的塑造，是由人们对现实的理解所决定的。话语所建构的所谓事实总是服务于特定的目的和意图。建立一个特定的视角或叙事，就会使该视角或叙事处于优先地位，并成为人们普遍接受的事实。但是，运用合适的概念分析工具对其进行解构，就可以发现其被接受为事实的文化过程和历史过程，从而对其提出疑问。

  按照维特根斯坦的观点，语言是思维的前提。这意味着，人们思考和理解现实的过程是基于先前存在的各种话语。话语不仅是现实的表征，更对现实有建构作用。话语既可以扩展，也可以限制人们在建构经验时的各种选择。人们的身份和社会关系都是在话语中不断建构和再现的。按照后现代主义的哲学观，人们在感知和体验现实世界时，无法获得真理，或关于任何特定情景的所有事实，而是只能依赖基于特定的文化立场和社会立场而产生的话语，以及其中的观点。各种话语之间相互竞争，而权力决定了哪些话语处于优先地位，被公众作为事实而接受。通过对反恐话语进行解构，就可以揭示其中被美国精英阶层伪装为客观事实和真理的那些文化观念和社会观念，避免受到这些观念的控制。

  在目前这样一个信息快速流动、不同国家之间交往和联系日益密切的世界中，无论是个体还是国家，保持思辨能力尤其重要。这对维护和促进个体的权利、社会的平等和国家的利益都有重要意义。批评话语分析在其中可以发挥关键作用。正如约瑟夫·奈在《权力大未来》一书中所说的："我们都需要更好地理解国际政治中拥有权力意味着什么，以及权力正在发生什么样的转移。传统上来说，一个大国的标志是其能够在战争中获胜。但是，在一个信息时代，成功不仅仅取决于哪一方的军队获胜，而且取决于哪一方讲述的故事获胜。"正是由于其重要作用，批评话语分析在西方国家被广泛应用于社会学、经济学、教育学、管理学、政治学、文学、历史学、新闻学、人类学等各个学科中，成为一种跨学科的思路和视角。

参考文献

一、英文文献

[1] ALEXANDER Y. International Terrorism: National, Regional and Global Perspectives [M]. New York: Praeger, 1976.

[2] ALOUSQUE I N. Metaphor and ideology in the business press: The case of the Endesa Takeover [J]. Miscelánea: A Journal of English and American Studies, 2011, 43: 73-85.

[3] ALTHEIDE D L. Terrorism and the Politics of Fear [J]. Cultural Studies: Critical Methodologies. 2006, 6 (4): 415-439.

[4] ALTHUSSER L. For Marx [M]. Ben Brewster (trans.). London: New Left Books, 1977.

[5] ALTHUSSER L. Lenin and Philosophy and Other Essays [M]. New York: Monthly Review Press, 1971.

[6] ANDERSON B. Imagined Communities [M]. New York: Verso, 1983.

[7] LEAGUE OF ARAB STATES. Arab Convention for the Suppression of Terrorism [R]. Cairo: Council of Arab Ministers of the Interior and the Council of Arab Ministers of Justice, 1998.

[8] BAKER B. Decoding the language of Jihad [J/OL]. Middle East Quarterly, 2009, 16 (1) [2015-05-15]. https://www.meforum.org/articles/2009/decoding-the-language-of-jihad.

[9] BAKHTIN M. Speech Genres and Other Late Essays [M]. MCGEE V W. (trans.), EMERSON C, HOLQUIST M (eds.). Austin: University of Austin Press, 1986.

[10] BAKHTIN M. The Dialogic Imagination: Four Essays [M]. EMERSON C, HOLQUIST M (trans.), and HOLQUIST M (ed.). Austin: University of Texas

Press, 1981.

[11] BAKKER E. Jihadi Terrorists in Europe [M]. The Hague: Netherlands Institute of International Relations, 2007.

[12] BARSAMIAN D, CHOMSKY N. Propaganda and the Public Mind: Conversations with Noam Chomsky [M]. Cambridge, MA: South End Press, 2001.

[13] BARTHES R. Elements of Semiology [M]. Annette Lavers and Colin Smith (trans.). New York: Hill and Wang, 1967.

[14] BENFORD R, SNOW D. Framing processes and social movements: An overview and assessment [J]. Annual Review of Sociology, 2000, 26 (1): 611-639.

[15] BERNSTEIN B. Class, Codes and Control [M]. London and Boston: Routledge and Kegan Paul, 1971.

[16] BHATIA A. Critical Discourse Analysis of Political Press Conferences [J]. Discourse & Society, 2006, 17 (2): 173-203.

[17] BILLIG M et al. Ideological Dilemmas [M]. London: Sage, 1988.

[18] BILLIG M. Banal Nationalism [M]. London: Sage Publications, 1995.

[19] BILLIG M. Critical discourse analysis and the rhetoric of critique [C] // GILBERT W, Wodak R. Critical Discourse Analysis: Theory and Interdisciplinarity. London: Palgrave Macmillan, 2000: 35-46.

[20] BLOMMAERT J. Discourse: A Critical Introduction [M]. Cambridge: Cambridge University Press, 2005.

[21] BOLINGER D, SEARS D A. Aspects of Language [M]. 3rd edition. New York: Harcourt, Brace Jovanovich, 1981.

[22] BOURDIEU P. Distinction: A Social Critique of the Judgment of Taste [M]. Cambridge, MA: Harvard University Press, 1984.

[23] BOURDIEU P. Language and Symbolic Power [M]. RAYMOND G, ADAMSON M (trans.), and THOMPSON J B (ed.). Cambridge, MA: Harvard University Press, 1991.

[24] BOURDIEU P. The Economics of Linguistic Exchanges [J]. Social Science Information, 1977, 16 (6): 645-668.

[25] BOURDIEU P. The Forms of Capital [C] //RICHARSON J G. Handbook of Theory and Research for the Sociology of Education. Westport, CT: Greenwood Press, 1986: 241-258.

[26] BROWN G, YULE G. Discourse Analysis [M]. Cambridge: Cambridge U-

niversity Press, 1983.

[27] BROWN P, LEVINSON S C. Politeness: Some Universals in Language Usage [M]. Cambridge: Cambridge University Press, 1987.

[28] BROWN R H. Cultural representation and ideological domination [J]. Social Forces, 1993, 71 (3): 657-677.

[29] BRUNER J. The Narrative Construction of Reality [J]. Critical Inquiry, 1991, 18 (1): 1-24.

[30] BURGESS M. A Brief History of Terrorism [J]. Washington, D. C.: Center for Defense Information, 2003.

[31] CAMERON L. Responding to the risk of terrorism: The contribution of metaphor [J]. E. L. T. A., 2010, 26 (special issue): 587 - 614.

[32] CAMMETT J W. Antonio Gramsci and the Origins of Italian Communism [M]. California: Stanford University Press, 1967.

[33] CHALIAND G, BLIN A. The History of Terrorism, from Antiquity to Al Qaeda [M]. Berkeley: University of California Press, 2007.

[34] CHANG G C, MEHAN H B. Discourse in a Religious Mode: The Bush Administration's Discourse in the War on Terrorism and Its Challenges [J]. Pragmatics, 2006, 16 (1): 1-23.

[35] CHARTERIS-BLACK J. Corpus Approaches to Critical Metaphor Analysis [M]. Basingstoke and New York: Palgrave Macmillan, 2004.

[36] CHILTON P, LAKOFF G. Foreign policy by metaphor [C] // SCHÄFFNER C, WENDEN A//Language and Peace. Aldershot: Dartmouth, 1995: 37-60.

[37] CHILTON P. Language and the Nuclear Arms Debate [M]. London: Pinter, 1985.

[38] CHILTON P. Analyzing Political Discourse [M]. London: Routledge, 2004.

[39] CHILTON P. Do Something! Conceptualizing responses to the attacks of 11 September 2001 [J]. Journal of Language and Politics, 2002, 1 (1): 181-195.

[40] CHILTON P. Missing links in mainstream CDA: Modules, blends and the critical instinct [C] //WODAK R, CHILTON P. A New Research Agenda in Critical Discourse Analysis: Theory and Interdisciplinarity. Amsterdam: John Benjamins, 2005: 19-52.

[41] CHILTON P. Orwellian Language and the Media [M]. London: Pluto

Press, 1988.

[42] CHOMSKY N. 9/11 [M]. New York: Seven Stories Press, 2011.

[43] CHOMSKY N. Failed States: The Abuse of Power and the Assault on Democracy [M]. New York: Metropolitan Books, 2006.

[44] CHOMSKY N. Necessary Illusions: Thought Control in Democratic Societies [M]. Boston: South End Press, 1989.

[45] CHOMSKY N. Syntactic Structures [M]. The Hague: Mouton, 1957.

[46] CHOULIARAKI L. Special Issue: The Soft Power of War: Legitimacy and Community in Iraq War Discourses [J]. Journal of Language and Politics, 2005, 4 (1).

[47] CISNEROS J D. Contaminated communities: The metaphor of "immigrant as pollutant" in media representations of immigration [J]. Rhetoric & Public Affairs, 2008, 11 (4): 569-601.

[48] COLLINS J, GLOVER R. Collateral Language: A User's Guide to America's New War [M]. New York: New York University Press, 2002.

[49] CRENSHAW M. The Causes of Terrorism [J]. Comparative Politics, 1981, 13 (4): 379 - 399.

[50] DOMHOFF G W. The Power Elite and the State: How Policy is Made in America [M]. New York: A. de Gruyter, 1990.

[51] DOMHOFF G W. Who Rules America: Power and Politics in the Year 2000 [M]. Mountain View, CA: Mayfield Publishing Company, 1998.

[52] DUCAR C M. (Re) Presentations of U. S. Latinos: A Critical Discourse Analysis of Spanish Heritage Language Textbooks [D]. Ph. D. dissertation, University of Arizona, 2006.

[53] FAIRCLOUGH N, WODAK R. Critical discourse analysis [C] //VAN DIJK T A. Discourse as Social Interaction. Discourse Studies: A Multidisciplinary Introduction (Volume 2). London: Sage, 1997: 258-284.

[54] FAIRCLOUGH N. Analyzing Discourse: Textual Analysis for Social Research [M]. London: Routledge, 2003.

[55] FAIRCLOUGH N. Critical Discourse Analysis [M]. London: Longman, 1995.

[56] FAIRCLOUGH N. Discourse and Social Change [M]. Cambridge: Polity, 1992.

[57] FAIRCLOUGH N. Language and Globalization [M]. London: Routledge, 2006.

[58] FAIRCLOUGH N. Language and Power [M]. London: Longman, 1989.

[59] FAUCONNIER G, TURNER M. The Way We Think: Conceptual Blending and the Mind's Hidden Complexities [M]. New York: Basic Books, 2002.

[60] FAUCONNIER G. Mental Spaces: Aspects of Meaning Construction in Natural Language [M]. 2nd edition. Cambridge: Cambridge University Press, 1994.

[61] FILLMORE C J, BAKER C. A frames approach to semantic analysis [C] //HEINE B, NARROG H. The Oxford Handbook of Linguistic Analysis. Oxford: Oxford University Press, 2010: 313-340.

[62] FILLMORE C J. Frame semantics [C] //The Linguistic Society of Korea. Linguistics in the Morning Calm. Seoul, South Korea: Hanshin Publishing, 1982: 111-137.

[63] FORGACS D. A Gramsci Reader [M]. London: Lawrence and Wishart, 1988.

[64] FOUCAULT M. Power/Knowledge: Selected Interviews and Writings [M]. New York: Pantheon Books, 1980.

[65] FOUCAULT M. The Archaeology of Knowledge [M]. London: Tavistock, 1972.

[66] FOUCAULT M. The History of Sexuality [M]. New York: Vintage, 1990.

[67] FOUCAULT M. The Order of Things: An Archeology of the Human Sciences [M]. New York: Random House, 1970.

[68] FOWLER R et al. Language and control [M]. London: Routledge & Kegan Paul, 1979.

[69] FOWLER R. Language in the News: Discourse and Ideology in the British Press [M]. London: Routledge, 1991.

[70] GANOR B. Defining Terrorism: Is One Man's Terrorist Another Man's Freedom Fighter? [J] Police Practice and Research, 2002, 3 (4): 287-304.

[71] GEE J P. An Introduction to Discourse Analysis: Theory and Method [M]. New York: Routledge, 2005.

[72] GOATLY A. Washing the Brain: Metaphor and Hidden Ideology [M]. Amsterdam: John Benjamins, 2007.

[73] GOFFMAN E. Frame Analysis [M]. New York: Harper and Row, Publishers, 1974.

[74] GRAMSCI A. Selections from the Prison Notebooks of Antonio Gramsci [M]. New York: International Publishers, 1971.

[75] GUMPERZ J, HYMES D. Directions in Sociolinguistics: The Ethnography of Communication [M]. New York: Holt, Rinehart and Winston, 1972.

[76] GUNARATNA R. Ideology in Terrorism and Counter Terrorism: Lessons from Combating al Qaeda and al Jemaah Islamiyah in Southeast Asia [C] //ALDIS A, HERD G. The Ideological War on Terror: Worldwide Strategies for Counterterrorism. New York: Routledge, 2007: 21-34.

[77] GUNARATNA R. Inside Al Qaeda: Global Network of Terror [M]. London: Hurst, 2002.

[78] HALL S. The Problem of Ideology: Marxism without Guarantees [C] // MORLEY D, CHEN K H. Stuart Hall: Critical Dialogues in Cultural Studies. London: Routledge, 1996: 25-46.

[79] HALLIDAY F. Shocked and Awed: A Dictionary of the War on Terror [M]. Berkeley and Los Angeles: University of California Press, 2010.

[80] HALLIDAY M A K. Language as a Social Semiotic [M]. London: Edward Arnold, 1978.

[81] HALLIDAY M A K. An Introduction to Functional Grammar [M]. London: Edward Arnold, 1985.

[82] HALLIDAY M A K. Explorations in the Function of Language [M]. London: Edward Arnold, 1973.

[83] HART C, LUKEŠ D. Introduction [C] //HART C, LUKEŠD. Cognitive Linguistics in Critical Discourse Analysis: Application and Theory. Newcastle: Cambridge Scholars Press, 2007: ix-xi.

[84] HART C. Critical Discourse Studies in Context and Cognition [M]. Amsterdam: John Benjamins, 2011.

[85] HART C. Critical discourse analysis and metaphor: Toward a theoretical framework [J]. Critical Discourse Studies, 2008, 5 (2): 91-106.

[86] HART C. Discourse, Grammar and Ideology: Functional and Cognitive Perspectives [M]. London: Bloomsbury, 2014.

[87] HART C. Event-frames affect blame assignment and perception of aggression: An experimental case study in CDA [J]. Applied Linguistics, 2018, 39 (3): 400-421.

[88] HART C. Metaphor and Intertextuality in Media Framings of the (1984—1985) British Miners' Strike: A Multimodal Analysis [J]. Discourse &

Communication, 2017, 11 (1): 3-30.

[89] HARVEY D. The New Imperialism [M]. Oxford: Oxford University Press, 2003.

[90] HERBST P. Talking Terrorism: A Dictionary of the Loaded Language of Political Violence [M]. Westport, Connecticut/London: Greenwood, 2003.

[91] HERMAN E S, CHOMSKY N. Manufacturing Consent: The Political Economy of the Mass Media [M]. New York: Pantheon Books, 1988.

[92] HERMAN E S. The propaganda model revisited [J]. Monthly Review, 1996, 48 (3): 115-128.

[93] HEWITT C. Understanding Terrorism in America: From the Klan to al Qaeda [M]. London: Routledge, 2003.

[94] HEYWOOD A. Political Ideas and Concepts: An Introduction [M]. London: Macmillan, 1994.

[95] HODGES A, NILEP C. Discourse, War and Terrorism [M]. Amsterdam: John Benjamins, 2007.

[96] HODGES A. The Political Economy of Truth in the 'War on Terror' Discourse: Competing Visions of an Iraq/Al Qaeda Connection [J]. Social Semiotics, 2007, 17 (1): 5-20.

[97] HODGES A. The War on Terror Narrative: The (Inter) Textual Construction and Contestation of Sociopolitical Reality [D]. Doctoral Dissertation, University of Colorado, 2008.

[98] HOFFMAN B. Inside Terrorism [M]. New York: Columbia University Press, 1999/2006.

[99] HORSMAN R. Race and Manifest Destiny: The Origins of American Racial Anglo-Saxonism [M]. Cambridge, MA: Harvard University Press, 1981.

[100] HUNTINGTON S P. The Clash of Civilizations and the Remaking of World Order [M]. New York: Simon & Schuster, 1996.

[101] HYMES D. Foundations in Sociolinguistics: An Ethnographic Approach [M]. Philadelphia: University of Pennsylvania Press, 1974.

[102] HYMES D. On Communicative Competence [C] // PRIDE J B, HOLMES J. Sociolinguistics: Selected Readings. Harmondsworth: Penguin, 1972: 269-293.

[103] IRVINE J, GAL S. Language Ideology and Linguistic Differentiation

[C] // KROSKRITY P. Regimes of Language. Santa Fe: School of American Research, 2000: 35-84.

[104] JACKSON R. Explaining torture in the War on Terrorism [C] //KASSIMERIS G. Warrior's Dishonor: Barbarity, Morality and Torture in Modern Warfare. Aldershot, England: Ashgate, 2006: 141-170.

[105] JACKSON R. Language, policy and the construction of a torture culture in the war on terrorism [J]. Review of International Studies, 2007, 33 (3): 353-371.

[106] JACKSON R. Writing the War on Terrorism: Language, Politics and Counter-Terrorism [M]. Manchester, England: Manchester University Press, 2005.

[107] JEWITT C, KRESS G. Multimodal Literacy [M]. New York: Lang, 2003.

[108] JOHNSON M. The Body in the Mind: The Bodily Basis of Reason and Imagination [M]. Chicago: University of Chicago Press, 1987.

[109] JOINT CHIEFS OF STAFF. Department of Defense Dictionary of Military and Associated Terms [R]. Washington, D. C.: Department of Defense, 2008.

[110] JOSEPH J E. Language and Politics [M]. Edinburgh: Edinburgh University Press, 2006.

[111] KAGAN R. The Benevolent Empire [J]. Foreign Policy, Summer 1998, (111): 24-35.

[112] KEEN S. Faces of the Enemy [M]. San Francisco: Harper & Row, 1986.

[113] KEITH A, BURRIDGE K. Euphemism & Dysphemism: Language Used as a Shield and Weapon [M]. New York: Oxford University Press, 1991.

[114] KLOCKE B. Framing the World: Elite Ideologies in U. S. Media Discourse of the War on Terrorism Campaign [D]. Doctoral dissertation, University of Colorado at Boulder, 2004.

[115] KOCH T. The News as Myth: Fact and Context in Journalism [M]. NY: Greenwood Press, 1990.

[116] KRAMARAE C, SCHULZ M, O'BARR W. Language and Power [M]. Beverly Hills, CA: Sage, 1984.

[117] KRESS G, HODGE R. Language as Ideology [M]. London: Routledge and Kegan Paul, 1979.

[118] KRESS G, VAN LEEUWEN T. Multimodal Discourse: The Modes and

Media of Contemporary Communication [M]. London: Edward Arnold, 2001.

[119] KRESS G, VAN LEEUWEN T. Reading Images: The Grammar of Visual Design [M]. London: Routledge, 1996.

[120] KRESS G. Critical Discourse Analysis [J]. Annual Review of Applied Linguistics, 1990, (11): 84-99.

[121] KRESS G. History and Language: Towards a social account of language change [J]. Journal of Pragmatics, 1989, (13): 445-466.

[122] KRESS G. Multimodality: A Social Semiotic Approach to Contemporary Communication [M]. London: Routledge, 2009.

[123] KRISTEVA J. Desire in Language: A Semiotic Approach to Literature and Art [M]. New York: Columbia University Press, 1980.

[124] KRISTEVA J. The Kristeva Reader [M]. MOI T (ed.). Oxford: Blackwell, 1986.

[125] KROSKRITY P. Regimes of Language [M]. Santa Fe: School of American Research, 2000.

[126] KRUEGER, A B, MALECKOVA J. Education, Poverty and Terrorism: Is There a Causal Connection? [J] Journal of Economic Perspectives, 2003, 17 (4): 119-144.

[127] LAKOFF G, JOHNSON M. Metaphors We Live by [M]. Chicago: University of Chicago Press, 1980.

[128] LAKOFF G, JOHNSON M. Philosophy in the Flesh: The Embodied Mind and its Challenge to Western Thought [M]. New York: Basic Books, 1999.

[129] LAKOFF G, TURNER M. More Than Cool Reason: A Field Guide to Poetic Metaphor [M]. Chicago: University of Chicago Press 1989.

[130] LAKOFF G. Don't Think of an Elephant! Know Your Values and Frame the Debate, The Essential Guide for Progressives [M]. White River Junction, Vt.: Chelsea Green, 2004.

[131] LAKOFF G. Metaphor, Morality, and Politics, Or, Why Conservatives Have Left Liberals in the Dust [J]. Social Research, 1995, 62 (2): 177-214.

[132] LAKOFF G. Moral Politics: How Liberals and Conservatives Think [M]. Chicago: University of Chicago Press, 1996/2002.

[133] LAKOFF G. The Contemporary Theory of Metaphor [C] //ORTONY A. Metaphor and Thought (2nd edition). Cambridge: Cambridge University Press, 1993:

202-251.

[134] LAKOFF G. Whose Freedom? The Battle over America's Most Important Idea [M]. New York: Farrar, Straus and Giroux, 2007.

[135] LAKOFF G. Women, Fire, and Dangerous Things: What Categories Reveal about the Mind [M]. Chicago: University of Chicago Press, 1987.

[136] LANGACKER R W. Foundations of Cognitive Grammar [M]. Vol. I and II. Stanford: Stanford University Press, 1987/1991.

[137] LAQUEUR W. Terrorism and History [M]. Oxford: Oxford University Press, 1999a.

[138] LAQUEUR W. The Age of Terrorism [M] (2nd edition). Boston: Little & Brown, 1987.

[139] LAQUEUR W. The New Terrorism: Fanaticism and the Arms of Mass Destruction [M]. London: Oxford University Press, 1999b.

[140] LAZAR M. Feminist Critical Discourse Analysis: Gender, Power and Ideology in Discourse [M]. Houndsmills, UK: Palgrave Macmillan, 2005.

[141] LEAGUE OF NATIONS. Convention for The Prevention and Punishment of Terrorism [Z]. Nov. 16, 1937.

[142] LEECH G N, SHORT M H. Style in Fiction: A Linguistic Introduction to English Fictional Prose [M]. London and New York: Longman, 1981.

[143] LEVINSON S C. Pragmatics [M]. Cambridge: Cambridge University Press, 1987.

[144] LI J. Intertextuality and national identity: Discourse of national conflicts in daily newspapers in the United States and China [J]. Discourse and Society, 2009, 20 (1): 85-121.

[145] LOCKE T. Critical Discourse Analysis [M]. London: Continuum, 2004.

[146] LOS RÍOS M E C, ALONSO P F. A multimodal analysis of cognitive tools portraying terrorist affairs [J]. Revista de Lenguas para Fines Específicos, 2017, 23 (2): 359-383.

[147] LUCY J. The Scope of Linguistic Relativity: An Analysis and Review of Empirical Research [C] //GUMPERZ J, LEVINSON S C//Rethinking Linguistic Relativity. Cambridge: Cambridge University Press, 1996: 37-69.

[148] MARTIN G. Understanding Terrorism: Challenges, Perspectives, and Issues [M]. Thousand Oaks, CA: Sage, 2010.

[149] MCADAMAS D et al. Family metaphors and moral intuitions: How conservatives and liberals narrate their lives [J]. Journal of Personality and Social Psychology, 2008, (4): 978-990.

[150] MCCAULEY C, SEGAL M D. Terrorist Individuals and Terrorist Groups: The Normal Psychology of Extreme Behavior [C] //GROEBEL J, F. GOLDSTEIN J F. Terrorism. Seville, Spain: Publicaciones de la Universidad de Sevilla, 1989: 39-64.

[151] MCCAULEY C. Psychological Issues in Understanding Terrorism and the Response to Terrorism [C] //STOUT C E. The Psychology of Terrorism: Theoretical Understandings and Perspectives, Vol. III. Psychological Dimensions to War and Peace. Westport, CT: Praeger 2002: 3-29.

[152] MERARI A. Terrorism as a Strategy of Insurgency [J]. Terrorism and Political Violence, 1993, 5 (4): 213-251.

[153] MOUFFE C. Gramsci & Marxist Theory [M]. London: Routledge & Kegan Paul, 1979.

[154] MUSOLFF A. Metaphor Scenarios in Public Discourse [J]. Metaphor and Symbol, 2006, 21 (1): 23-38.

[155] MUSOLFF A. Migration, media and "deliberate" metaphors [J]. Metaphorik. de, 2011, (21): 7-19

[156] NATIONAL COMMISSION ON TERRORIST ATTACKS UPON THE UNITED STATES. The 9/11 Commission Report: Final Report of the National Commission on Terrorist Attacks upon the United States [R]. New York: W. W. Norton, 2004.

[157] NATIONAL INTELLIGENCE COUNCIL. Mapping the Global Future. Report of the National Intelligence Council's 2020 Project [R/OL] [2017-05-15] http: //www. dni. gov/nic/NIC_ globaltrend2020. html.

[158] NYE J S. The Information Revolution and Soft Power [J]. Current History, 2014, 113 (759): 19-22.

[159] O'HALLORAN K. Critical Discourse Analysis and Language Cognition [M]. Edinburgh: Edinburgh University Press, 2003.

[160] O'HALLORAN K. Critical discourse analysis and the corpus-informed interpretation of metaphor at the register level [J]. Applied Linguistics, 2007, 28 (1): 1-24.

[161] OLIVER P, JOHNSTON H. What a Good Idea: Frames and Ideology in Social Movement Research [J]. Mobilization, 2000, (5): 37-54.

[162] ORTONY A. Metaphor and Thought (2nd edition) [M]. Cambridge: Cambridge University Press, 1993.

[163] PANITCH L. The New Imperial State [J]. New Left Review, 2000, (2): 5-20.

[164] PENNEBAKER J W, Chung C K. Computerized Text Analysis of Al-Qaeda Transcripts [C] //KRIPPENDORFF K, BOCK M A. A Content Analysis Reader. Thousand Oaks, Calif.: Sage, 2008: 453-465.

[165] ROACH K. The World Wide Expansion of Anti-Terrorism Laws After 11 September 2001 [Z]. Lecture at the University of Siena, 29 April 2003.

[166] PNAC. Rebuilding America's Defenses: Strategy, Forces and Resources for a New Century [M]. Washington, DC: Project for the New American Century, 2000.

[167] QIAN Y F. Discursive Constructions around Terrorism in the "People's Daily" (China) and "The Sun" (UK) before and after 9 · 11: A Corpus-based Contrastive Critical Discourse Analysis [M]. Oxford: Peter Lang, 2010.

[168] RAMPTON S, JOHN S. Weapons of Mass Deception: The Uses of Propaganda in Bush's War on Iraq [M]. New York: Center for Media and Democracy, 2003.

[169] RAND. RAND Database of Worldwide Terrorism Incidents. Santa Monica: RAND Corporation [2016-07-12]. http://www.rand.org/nsrd/projects/terrorism-incidents.html RAPOPORT D. Introduction: Inside the Terrorist Organizations [M]. New York: Columbia University Press, 1998: 2-10.

[170] REA T, John W. The Arab-Israeli Conflict [M]. Oxford: Oxford University Press, 1993.

[171] RICENTO T. The Discursive Construction of Americanism [J]. Discourse & Society, 2003, 14 (5): 611-637.

[172] RICHARDSON J E. Analyzing Newspapers: An Approach from Critical Discourse Analysis [M]. New York: Palgrave. Influence of Media on World Politics. European Journal of Communication, 2001, 16 (4): 523-544.

[173] SAGEMAN M. Understanding Terror Networks [M]. Philadelphia: University of Pennsylvania Press, 2004.

[174] SAID, E W. Orientalism [M]. New York: Pantheon Books, 1978.

[175] SANTA ANA, O. Brown Tide Rising: Metaphors of Latinos in Contemporary American Public Discourse [M]. Austin, TX: University of Texas Press, 2002.

[176] SAPIR, E. Language: An Introduction to the Study of Speech [M]. New York: Harcourt Brace, 1921.

[177] SCHIFFRIN D. Approaches to Discourse Analysis [M]. Oxford: Blackwell, 1993.

[178] SCHMID A, ALBERT I J. Political Terrorism: A New Guide to Actors, Authors, Concepts, Data Bases, Theories, and Literature [M]. Amsterdam: Transaction Publishers, 1988.

[179] SCOLLON R. Mediated Discourse: The Nexus of Practice [M]. London: Routledge, 2001.

[180] Senate Intelligence Committee. Report of the Select Committee on Intelligence on Postwar Findings about Iraq's WMD Programs and Links to Terrorism and How They Compare with Prewar Assessments together with Additional Views [R]. Sep. 8, 2006. http://intelligence.senate.gov/phaseiiaccuracy.pdf.

[181] SHAHEEN J G. Reel Bad Arabs: How Hollywood Vilifies a People [M]. New York: Olive Branch Press, 2001.

[182] SHALOM S R. The Continuity of US imperialism [J]. New Politics, 1999, 7 (2): 33-39.

[183] SHERMAN D J, TERRY N. Terror, Culture, Politics: Rethinking 9/11 [M]. Bloomington: Indiana University Press, 2006.

[184] SHI-xu. Understanding contemporary Chinese political communication: A historico-intercultural analysis and assessment of its discourse on human rights [J]. Journal of Language and Politics, 2012, 11 (1): 93-114.

[185] SIGAL L V. Reporters and Officials: The Organization and Politics of Newsmaking [M]. Lexington, MA: D. C. Heath, 1973.

[186] SILBERSTEIN S. War of Words: Language, Politics, and 9/11 [M]. London: Routledge, 2002.

[187] SILKE A. Terrorism: All That Matters [M]. London: Teach Yourself, 2014.

[188] SIMPSON P. Language, Ideology and Point of View [M]. London/New York: Routledge, 1993.

[189] SINCLAIR A. An Anatomy of Terror: A History of Terrorism [M]. London: Macmillan, 2003.

[190] SLOAN S. Terrorism: The Present Threat in Context [M]. Oxford: Berg, 2006.

[191] SLOTKIN R. The Fatal Environment: The Myth of the Frontier in the Age of Industrialization, 1800-1890 [M]. New York: Atheneum, 1985.

[192] SMEDT T D, GUY D P, PIETER V O. Automatic Detection of Online Jihadist Hate Speech [J]. CLiPS Technical Report Series, 2018, (7): 1-31.

[193] SPENCER A. The Social Construction of Terrorism: Media, Metaphors and Policy Implications [J]. Journal of International Relations and Development, 2012, 15 (3): 393-419.

[194] STAKELBECK E. The Terrorist Next Door: How the Government Is Deceiving You about the Islamist Threat [M]. New York: Regnery, 2011.

[195] STOCKWELL P. Towards a critical cognitive linguistics [C] //COMBRINK A, BIERMAN I. Discourses of War and Conflict. Potchefstroom: Ptochefstroom University Press, 1999: 510-528.

[196] STRENTZ T. The Terrorist Organizational Profile: A Psychological Role Model [C] //ALEXANDER Y, GLEASON J. Behavioral and Quantitative Perspectives on Terrorism. New York: Pergamon, 1981: 86-104.

[197] THOMPSON J. Rhetorical Trajectories in the Bush Administration's Justifications for the Preemptive Invasion of Iraq [D], Kansas: University of Kansas, 2006.

[198] THOMPSON J. Ideology and Modern Culture: Critical Social Theory in the Era of Mass Communication [M]. Stanford, CA: Stanford University Press, 1990.

[199] TOOLAN M. Critical Discourse Analysis: Critical Concepts in Linguistics [M]. New York: Routledge, 2002.

[200] TUMAN J S. Communicating Terror: The Rhetorical Dimensions of Terrorism [M]. 2nd ed. Thousand Oaks, CA: Sage, 2009.

[201] VAN DIJK T A. News as Discourse [M]. Hillsdale, New Jersey: Lawrence Erlbaum, 1988.

[202] VAN DIJK T A. Racism and the Press [M]. London: Routledge, 1991.

[203] VAN DIJK T A. Elite Discourse and Racism [M]. Newbury Park, CA: Sage, 1993a.

[204] VAN DIJK T A. Principles of critical discourse analysis [J]. Discourse &

Society, 1993b, 4 (2): 249-283.

[205] VAN DIJK T A. Ideology: A Multidisciplinary Approach [M]. London: Sage, 1998.

[206] VAN DIJK T A. Multidisciplinary CDA: A plea for diversity [M] // WODAK R, MEYER M. Methods of Critical Discourse Analysis. London: Sage, 2001: 95-120.

[207] VAN DIJK T A, KINTSCH W. Strategies of Discourse Comprehension [M]. New York: Academic Press, 1983.

[208] VAN LEEUWEN T. Language and Representation—The Recontextualization of Participants, Activities and Reactions [D], Sydney: University of Sydney, 1993.

[209] VAN LEEUWEN T. Speech, Music, Sound [M]. Houndmills, Basingstoke, Hampshire: Macmillan Press, 1999.

[210] VAN LEEUWEN T. Introduction to Social Semiotics [M]. London: Routledge, 2005.

[211] VAN LEEUWEN T, WODAK R. Legitimizing immigration control. A discourse-historical analysis [J]. Discourse Studies, 1999, 1 (1): 83-118.

[212] VAN LEEUWEN T, JEWITT C. Handbook of Visual Analysis [M]. London: Sage, 2001.

[213] VERGANI M, BLIUC ANA-MARIA. The Language of New Terrorism: Differences in Psychological Dimensions of Communication in Dabiq and Inspire [J]. Journal of Language and Social Psychology, 2018, 37 (3): 376-387.

[214] VICTOROFF J. The Mind of the Terrorist: A Review and Critique of Psychological Approaches [J]. Journal of Conflict Resolution, 2005, 49 (1): 3-42;

[215] VOLOSINOV V. N. Marxism and the Philosophy of Language [M]. New York: Seminar Press, 1973.

[216] WAUGH W L. International Terrorism: How Nations Respond to Terrorists [M]. Salisbury, N. C.: Documentary Publications, 1982.

[217] WEBER M. The Protestant Ethic and the Spirit of Capitalism [M]. New York: Scribner, 1958.

[218] WEISS G, WODAK R. Critical Discourse Analysis: Theory and Interdisciplinarity [M]. Houndmills, UK: Palgrave Macmillan, 2003.

[219] WINKLER C. Recalling U. S. Terrorism History in Contemporary Presidential Discourse [M] //O'HAIR D, HEATH R, AYOTTE K, LEDLOW G R. Ter-

rorism: Communication and Rhetorical Perspectives. Cresskill, NJ: Hampton Press, 2008: 193-217.

[220] WODAK R. Language, Power and Ideology: Studies in Political Discourse [M]. Amsterdam: Benjamins, 1989.

[221] WODAK R. Gender and Discourse [M]. London: Sage, 1997.

[222] WODAK R. Does sociolinguistics need social theory? New perspectives on critical discourse analysis [J]. Discourse & Society, 2000, 2 (3): 123-147.

[223] WODAK R. The discourse-historical approach [M] //Wodak R, Meyer M. Methods of Critical Discourse Analysis. London: Sage, 2001: 63-94.

[224] WODAK R. What CDA is about— a summary of its history, important concepts and its developments [M] //Wodak R, Meyer M. Methods of Critical Discourse Analysis. London: Sage, 2001: 1-14.

[225] WODAK R, MEYER M. Methods of Critical Discourse Analysis [M] London: Sage, 2001.

[226] WODAK R, CILLIA R D. Politics and language: Overview [M] // BROWN K. Encyclopedia of Language and Linguistics (2nd edition). London: Elsevier, 2006: 707-719.

[227] WU M. Globalization and Language Sovereignty: The Use of English on China's Television and in Public Signs [C]. Paper presented at the conference on "Asian Culture and Media Studies", Beijing Broadcasting Institute, December, 2003.

[228] YOUNG L, HARRISON C. Systemic Functional Linguistics and Critical Discourse Analysis: Studies in Social Change [M]. London: Continuum, 2004.

二、中文文献

[1] 白桂梅. 从国际法角度看国际恐怖主义的界定问题 [J]. 现代国际关系, 2002, (10): 28-34.

[2] 陈春华, 胡亚敏. "美国的山巅之城"神话 [J]. 世界文化, 2012, (12): 4.

[3] 陈丽江. 批评语言学之批评 [J]. 外语研究, 2007, (1): 22-25.

[4] 陈中竺. 批评语言学述评 [J]. 外语教学与研究, 1995, (1): 21-27.

[5] 戴炜华, 高军. 批评语篇分析: 理论评述和实例分析 [J]. 外国语, 2002, (6): 42-48.

[6] 丁建新. 作为社会符号的"反语言" [J]. 外语学刊, 2010, (2):

76-83.

[7] 丁建新,廖益清.批评话语分析述评[J].当代语言学,2001,(4):305-310.

[8] 丁建新,廖益清.批评视野中的语言研究[M].广州:中山大学出版社,2006.

[9] 范可.文明冲突与和而不同[J].广西民族学院学报(哲学社会科学版),2003,(5):39-46.

[10] 傅敬民.布迪厄符号权力理论评介[J].上海大学学报(社会科学版),2010,17(6):104-117.

[11] 高航.礼貌现象研究评介[J].解放军外语学院学报,1996,(2):9-15.

[12] 高航.国际政治话语中的范畴化:经典范畴论与意识形态的建构[C]//第四届国际认知语义学研讨会论文摘要.长沙:湖南大学,2013:18-19.

[13] 高航.认知语法与汉语转类问题[M].上海:上海交通大学出版社,2009.

[14] 高航.语言相对论对认知语言学隐喻理论的影响[J].解放军外国语学院学报,2002,(5):15-18.

[15] 郜丽娜,刘丰,刘青.伊拉克"战争动员"——批评隐喻分析视角下的美国总统话语研究[J].阜阳师范学院学报(社会科学版),2010,(5):48-50.

[16] 宫玉涛.南亚地区恐怖主义的新态势、威胁与对策[J].南亚研究季刊,2017,(4):9-15.

[17] 谷小娟,张迈曾.语言意识与批评语言意识:外语教学的再思考[J].中国外语,2006,(3):35-38.

[18] 桂诗春.实验心理语言学纲要[M].长沙:湖南教育出版社,1991.

[19] 郭又新.东西方文化交流与艾森豪威尔政府的冷战宣传攻势[J].俄罗斯研究,2007,(2):83-88.

[20] 洪艳青,张辉.认知语言学与意识形态研究[J].外语与外语教学,2002,(2):5-9.

[21] 胡亚敏.坍塌的"山巅之城"——论唐·德里罗的"9·11"小说《坠落的人》[J].外国语文,2016,32(3):1-6.

[22] 胡壮麟.社会符号学研究中的多模态化[J].语言教学与研究,2007,(1):1-10.

275

[23] 纪卫宁. 批判学派的多视角研究——《批评话语分析方法》评介 [J]. 山东外语教学, 2007, (3): 7-10.

[24] 纪卫宁. 话语分析——批判学派的多维视角评析 [J]. 外语学刊, 2008, (6): 76-79.

[25] 纪玉华, 陈燕. 批评话语分析的新方法: 批评隐喻分析 [J]. 厦门大学学报 (哲学社会科学版), 2007, (6): 42-48.

[26] 纪玉华. 批评性话语分析: 理论与方法 [J]. 厦门大学学报 (哲学社会科学版), 2001, (3): 149-155.

[27] 江国青. 反恐、保护人权与世界和平 [J]. 外交评论, 2005, (6): 89-94.

[28] 蒯正明. 从《德意志意识形态》到《资本论》: 马克思意识形态理论的深化与思考 [J]. 理论与改革, 2016, (5): 13-17.

[29] 李辉. 葛兰西的文化领导权理论 [J]. 山东师范大学学报 (人文社会科学版), 2011, 56 (2): 127-130.

[30] 李桔元. 批评话语分析与批评性阅读 [J]. 四川外语学院学报, 2008, (2): 88-92.

[31] 李战子. 多模式话语的社会符号学分析 [J]. 外语研究, 2003, (5): 1-8.

[32] 李长虹. 马克思主义对马克思哲学批判精神的继承及其理论局限性 [J]. 郑州航空工业管理学院学报 (社会科学版), 2011, 30 (4): 59-62.

[33] 梁玉春. 实然与应然: 中国国际话语权面临的困境与提升策略 [J]. 云南行政学院学报, 2013, 15 (4): 154-156.

[34] 廖益清. 评判与鉴赏构建社会性别身份——时尚话语的批评性分析 [J]. 外语学刊, 2008, (6): 71-75.

[35] 林宝珠. 从认知视角解构政治演讲中隐喻的意识形态操控 [J]. 外国语言文学, 2009, 26 (4): 241-246.

[36] 林亚军. "反恐" 话语意识形态分析: 社会建构主义视角下的描写与阐释 [D]. 上海外国语大学, 2012.

[37] 刘立华. 《系统功能语言学与批评话语分析: 社会变化研究》评介 [J]. 现代外语, 2006, (4): 426-428.

[38] 刘立华. 批评话语分析概览 [J]. 外语学刊, 2008, (3): 102-109.

[39] 刘利民. 论思维的语言操作三层次 [J]. 外语学刊, 2006, (3): 12-19.

[40] 卢植. 认知与语言：认知语言学引论 [M]. 上海：上海外语教育出版社, 2006.

[41] 卢植. 语言相对论对当代认知语言学的影响 [J]. 外语学刊, 2006, (3): 32-37.

[42] 毛浩然, 徐赳赳. 话语、权力及其操纵——《话语与权力》评述 [J]. 外国语, 2009, 32 (5): 91-95.

[43] 孟慧丽. 话语权博弈：中国事件的外媒报道与中国媒体应对 [D]. 复旦大学, 2012.

[44] 牛保义. 构式语法理论研究 [M]. 上海：上海外语教育出版社, 2011.

[45] 潘永樑. 语言相关论的再评价 [J]. 解放军外语学院学报, 1995 (1): 1-7.

[46] 潘志高.《纽约时报》上的中国形象：历史、文化及政治成因 [M]. 开封：河南大学出版社, 2003.

[47] 沈继荣, 辛斌. 两种取向, 一种融合——批评话语分析与认知语言学整合研究 [J]. 山东外语教学, 2016, 37 (1): 19-26.

[48] 盛元. 反恐国际法及其建设情况 [J]. 国际资料信息, 2003, (6): 1-9.

[49] 束定芳. 隐喻学研究 [M]. 上海：上海外语教育出版社, 2000.

[50] 束定芳. 近10年来国外认知语言学最新进展与发展趋势 [J]. 外语研究, 2012, (1): 36-44.

[51] 束定芳. 认知语言学研究方法 [M]. 上海：上海外语教育出版社, 2013.

[52] 束金星. 隐喻与政治—"9·11事件"后美国外交政策中的隐喻思维透视 [J]. 西北农林科技大学学报（社会科学版）, 2005, (1): 116-120.

[53] 苏晓军. 认知语言学的社会转向 [J]. 外国语, 2009, 32 (5): 47-51.

[54] 唐青叶. 电视民生新闻的多模式积极话语分析 [J]. 外语研究, 2008, (4): 15-20.

[55] 田海龙. 语篇研究的批评视角：从批评语言学到批评话语分析 [J]. 山东外语教学, 2006, (2): 40-47.

[56] 田海龙. 实践结点研究的批评视角 [J]. 外语与外语教学, 2007, (3): 1-4.

[57] 田海龙. 语篇研究 [J]. 外语教学, 2009, (2): 4-9.

[58] 田海龙. 认知取向的批评话语分析：两种路径及其特征 [J]. 外语研究, 2013, (2): 1-7.

[59] 田海龙. 趋于质的研究的批评话语分析 [J]. 外语与外语教学, 2013, (4): 6-10.

[60] 田海龙. 批评话语分析：阐释、思考、应用 [M]. 天津：南开大学出版社, 2014.

[61] 田海龙. 批评话语研究的三个新动态 [J]. 现代外语, 2019, 42 (6): 855-864.

[62] 汪徽, 辛斌, 张辉. 认知语言学新趋势：学科融合与范式多元——首届"认知语言学与语用学（理论与应用）"国际学术研讨会述评 [J]. 外国语, 2015, 38 (3): 105-108.

[63] 汪少华, 梁婧玉. 基于语料库的当代美国政治语篇的架构隐喻模式分析——以布什与奥巴马的演讲为例 [M]. 北京：北京大学出版社, 2017.

[64] 王磊. 布什反恐话语分析 [D]. 外交学院, 2009.

[65] 王晓升. 从再现生活到再生产权力——意识形态概念的新理解 [J]. 天津社会科学, 2012, (6): 29-35.

[66] 王炎. 命名政治——以色列地名与话语霸权 [J]. 开放时代, 2011, (2): 145-153.

[67] 王子昌. 解构美国话语霸权——对"中国威胁论"的话语分析 [J]. 东南亚研究, 2003, (4): 46-50.

[68] 卫乃兴. 语义韵研究的一般方法 [J]. 外语教学与研究, 2002, (4): 300-307.

[69] 文旭. 认知识解及其对外语教学的启示——应用认知语言学探索之一 [J]. 当代外语研究, 2012, (2): 5-8.

[70] 吴何奇. 上合组织反恐法律机制建设研究 [J]. 北京科技大学学报（社会科学版), 2018, 34 (4): 111-118.

[71] 吴玫. 绘制思维意识图谱，提升话语权竞争力 [J]. 公共外交季刊, 2014, (1): 63-72.

[72] 辛斌. 批评语言学：理论与应用 [M]. 上海：上海外语教育出版社, 2005.

[73] 辛斌.《中国日报》和《纽约时报》中转述方式和消息来源的比较分析 [J]. 外语与外语教学, 2006, (3): 1-4.

[74] 辛斌. 批评语篇分析的社会和认知取向 [J]. 外语研究, 2007, (6):

19-24.

[75] 辛斌. 批评话语研究中的互文性分析 [J]. 外语与外语教学, 2021 (3): 1-12.

[76] 辛斌. 引语研究: 理论与问题 [J]. 外语与外语教学, 2009 (1): 1-6.

[77] 辛斌. 批评话语分析中的认知话语分析 [J]. 外语与外语教学, 2012, (4): 1-5.

[78] 辛斌. 汉英报纸新闻中转述言语的对比研究 [J]. 当代修辞学, 2014, (4): 43-50.

[79] 辛斌. 南海仲裁案"裁决"书的批评性互文分析 [J]. 当代修辞学, 2018, (3): 17-24.

[80] 辛斌. 体裁互文性的话语分析——以南中国海仲裁案为例 [J]. 外国语, 2018, 41 (5): 96-103.

[81] 辛斌, 赖彦. 语篇互文性分析的理论与方法 [J]. 当代修辞学, 2010, (3): 32-39.

[82] 颜冰, 张辉. 基于中美贸易战话语的批评认知语言学研究——趋近化理论的视角 [J]. 外语研究, 2018, 35 (6): 16-22.

[83] 严辰松, 高航. 语用学 [M]. 上海: 上海外语教育出版社, 2005.

[84] 杨信彰. 话语中的识解因素与语境 [J]. 外语教学与研究, 2003, (2): 97-101.

[85] 臧佩红. 战后日本的历史教科书问题 [J]. 日本学刊, 2005, (5): 135-150.

[86] 张凤. 文本分析的符号学视角 [M]. 哈尔滨: 黑龙江人民出版社, 2008.

[87] 张辉. 批评认知语言学视域下多语话语体系建构的探索 [J]. 中国外语, 2021, 18 (1): 22-23.

[88] 张辉. 批评认知语言学与社会再语境化 [J]. 深圳大学学报 (人文社会科学版), 2022, 39 (1): 40-48.

[89] 张辉. 批评认知语言学: 语言理解与接受的分析视角——再论批评认知语言学的理论建构 [J]. 外语与外语教学, 2021, (3): 31-43.

[90] 张辉, 江龙. 试论认知语言学与批评话语分析的融合 [J]. 外语学刊, 2008, (5): 12-19.

[91] 张辉, 张天伟. 批评话语分析的认知转喻视角研究 [J]. 外国语文,

2012, 28 (3): 41-46.

[92] 张辉, 杨艳琴. 批评认知语言学: 理论基础与研究现状 [J]. 外语教学, 2019, 40 (3): 1-11.

[93] 张辉, 颜冰. 政治冲突话语的批评认知语言学研究——基于叙利亚战争话语的个案研究 [J]. 外语与外语教学, 2019, (4): 14-27+146.

[94] 张辉, 张艳敏. 批评认知语言学: 理论源流、认知基础与研究方法 [J]. 现代外语, 2020, 43 (5): 628-640.

[95] 张辉, 纪晓丽. 新冠疫情新闻叙事的批评认知语言学研究 [J]. 当代修辞学, 2021, (4): 42-56.

[96] 张睿壮. 山巅之城今安在 [N]. 人民日报, 2016-10-16.

[97] 张卫东. 殊途同归的解构与颠覆——巴赫金与巴特符号学思想的内在动源刍议 [J]. 俄罗斯文艺, 2012, (1): 131-136.

[98] 张宵, 田海龙. 从批评性语篇分析的理论渊源看其跨学科特征 [J]. 天津商业大学学报, 2009, 29 (4): 64-67.

[99] 张艳敏, 张辉. 突发公共卫生事件话语的批评认知语言学分析——2018 "疫苗事件" 中外媒体报道的个案研究 [J]. 解放军外国语学院学报, 2020, 43 (6): 73-81.

[100] 张志洲. 话语质量: 提升国际话语权的关键 [J]. 红旗文稿, 2010, (14): 22-24.

[101] 赵一凡. 从卢卡奇到萨义德: 西方文论讲稿续编 [M]. 北京: 生活·读书·新知三联书店, 2009.

[102] 赵月枝, 叶晓华. 中国与全球资本: 文化视野中的考量 [J]. 新闻与传播评论, 2005, (00): 140-152.

[103] 郑海翠, 张迈曾. 和谐理念的多模式话语建构 [J]. 外语学刊, 2008, (2): 107-112.

[104] 朱国华. 权力的文化逻辑 [M]. 上海: 上海三联书店, 2004.

[105] 朱永生. 功能语言学导论 [M]. 上海: 上海外语教育出版社, 2004.

[106] 朱永生. 多模态话语分析的理论基础与研究方法 [J]. 外语学刊, 2007, (5): 82-86.

[107] 邹应猛. 国际体系转型与中国国际话语权提升战略 [J]. 东南亚纵横, 2010, (10): 85-90.

[108] 佐伊基. 社会语言学演讲录 [M]. 北京: 北京语言学院出版社, 1989.

后 记

在知天命之年，拥有了自己的第二部专著，回想当年博士论文用了3年时间完成，而这本书从2012年到2019年，前后用了7年时间撰写，个中甘苦，唯有自知。然而，回顾那段时光，却也无怨无悔。

本书的缘由是2012年度国家社科基金项目"美国关于恐怖主义的话语策略研究（2001—2011）"（批准号：12BYY129）。该项目于2019年11月通过结项评审，等级鉴定为优秀。申请这个项目是缘于多年形成的对历史、军事和国际关系的兴趣。尽管在攻读硕士和博士学位期间，一直沉浸在语言学领域，但自己的个人兴趣并未减弱。2010年，晋升教授后有了更多的时间，心情也比较轻松，就考虑做一些自己感兴趣的事情，尤其是希望能够在从事语言研究的同时，把原来的兴趣捡起来。

2012年，我考虑把语言研究和自己在历史、军事和国际关系领域的兴趣结合起来，于是申请了当年的国家社科项目，旨在对美国2001—2011年间关于恐怖主义的话语策略进行考察。很幸运的是，题目获得立项。但是，获得国家社科立项的喜悦没有持续多久。接下来的5年里，各种繁重的工作让我无暇开展研究。除了日常教学，不断有各种翻译、专项研究和教材编写任务。

2017年，由于工作变动，我来到河南中医药大学外语学院工作。在工作和生活方面，外语学院院长郭先英教授和书记段其波同志对我十分照顾，其他领导和同事也很关心我。虽然在那里工作时间不长，但我收获了深厚的友情。其间，顺利完成了专著的撰写，并提交了结项报告。

2019年6月，我离开郑州，到上海师范大学外国语学院工作。离开河南中医药大学前，郭先英院长和段其波书记多次找我谈话，恳切挽留。想到郭院长和段书记的厚爱，我心中充满感激和惭愧。在工作调动过程中，上海师范大学的许多领导、老师和同志给予了大力支持和帮助。我要感谢上海师范大学外国语学院院长李照国教授、李凤书记、忻根勇副院长，学校研究生院常务副院长陈昌来教授、人事处处长马英娟教授、副处长张春丽同志、周新荣同志以及办理具体引进工作的徐臻老师。到上师大工作已经3年,在外国语学院的每一天都紧张而忙碌,但生活充实,心情愉快。在工作和生活上得到了许多领导和同事的关心,尤其要感谢外国语学院李凤书记、忻根勇副院长、宋学东副院长、万瑾副书记、卜友红教授、原苏荣教授、郭勇教授、刘峥副教授、刘华博士、赵飞博士。还有其他领导和同事给予了我很多帮助,在此无法一一列举。

在本书的写作和修改过程中,得到许多师友的指点和帮助。感谢南京师范大学辛斌教授通读本书作序,并给予了较高评价。修改期间还聆听了天津外国语大学田海龙教授关于批评话语分析的讲座,受益匪浅。

感谢多年来在我学术道路上给予支持和帮助的众多师友,包括但不限于以下诸位教授:孙致礼、潘永樑、张朝宜、韩振荣、严辰松、史金生、李宗江、程工、钟智翔、王铭玉、郑庆珠、张克亮、潘志高、李志东、赵翠莲、王岚、孙会军、张金生、陈勇、张辉、牛保义、刘辰诞、张克定、王文斌、束定芳、卢植、陈昌来、王义娜、林正军、张韧、张巨文。

感谢为本书的顺利出版提供帮助的众多朋友。《解放军外国语学院学报》编辑部的尚小晴老师仔细校对了书稿全文。华东政法大学马莉教授、上海师范大学宋秀平副教授、北京大学曾腾博士、光明日报出版社张金良老师都为本书的出版做了很多工作。

最后还要感谢我的家人。2012年至今,他们陪伴我经历了太多的事情。我的妻子在做好自己繁重的教学和科研工作的同时,承担了大部分的家务,使我能够专注于研究工作。儿子勤奋好学,知书达礼。2017年是我工作和生活道路发生重大变动的一年。让人欣慰的是,儿子心理素质不错,没有受到大的影响,在当年高考中发挥出色。

高航

2022年6月6日

于上海师范大学